Annales 2021

1re STMG ST2S STI2D STL STD2A

Objectif BAC

Sujets & Corrigés

Français
Écrit + Oral

Franck Mazzucchelli
Certifié de Lettres modernes

Avec la participation de
Emmanuel Lesueur
Agrégé de Lettres classiques

Mode d'emploi

Pour chaque épreuve (commentaire, contraction de texte suivie d'un essai et oral), cet ouvrage vous propose des méthodes générales et des sujets corrigés complétés de fiches de cours.

Les méthodes générales pour réussir les épreuves

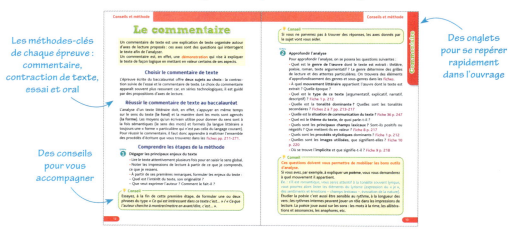

Les méthodes-clés de chaque épreuve : commentaire, contraction de texte, essai et oral

Des onglets pour se repérer rapidement dans l'ouvrage

Des conseils pour vous accompagner

Des sujets corrigés pour préparer l'écrit et l'oral

Une couleur spécifique pour identifier chaque objet d'étude

Un renvoi aux fiches de cours à consulter pour compléter vos connaissances

---

ISBN : 978-2-01-712227-2
© HACHETTE LIVRE 2020, 58, rue Jean Bleuzen, CS70007, 92178 VANVES Cedex
www.parascolaire.hachette-education.com

Tous droits de traduction, de reproduction et d'adaptation réservés pour tous pays.

Achevé d'imprimer en Juillet 2020 en République tchèque par Finidr
Dépôt légal : Août 2020 - Édition 01
18/5400/5

hachette s'engage pour l'environnement en réduisant l'empreinte carbone de ses livres. Celle de cet exemplaire est de : 900 g éq. CO_2
Rendez-vous sur www.hachette-durable.fr

Mode d'emploi

Des corrigés conformes à ce que l'on attend de vous à l'examen

Chaque corrigé est introduit par un travail préparatoire pour comprendre les points-clés du sujet

Les corrigés sous forme de plan détaillé ou de devoir rédigé, avec les conseils du professeur en vert

53 fiches de cours pour réviser l'essentiel

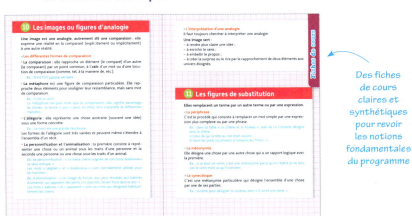

Des fiches de cours claires et synthétiques pour revoir les notions fondamentales du programme

---

Conception graphique de l'intérieur et de la couverture : Alicia Dassonville

Édition : Jeanne Mauboussin
Mise en pages : GRAPH'in-folio

Sommaire

Descriptif des épreuves 6

Le commentaire

Conseils et méthode 12

La poésie du XIXe siècle au XXIe siècle

Sujet 1 – Corrigé : devoir rédigé 17
Victor Hugo, « La sieste », *L'Art d'être grand-père*, 1877
Sujet 2 – Corrigé : devoir rédigé 25
Alphonse de Lamartine, « La Vigne et la Maison », *Poèmes du Cours familier de littérature*, 1857
Sujet 3 – Corrigé : plan détaillé 34
Arthur Rimbaud, « Roman », *Cahier de Douai, Poésies*, 1870-1871
Sujet 4 – Corrigé : plan détaillé 42
Anna de Noailles, « Trains en été », *Les Éblouissements*, 1907

Le roman et le récit du Moyen Âge au XXIe siècle

Sujet 5 – Corrigé : devoir rédigé 48
Kateb Yacine, *Le Polygone étoilé*, 1966
Sujet 6 – Corrigé : devoir rédigé 54
Jules Verne, *Les Cinq Cents Millions de la Bégum*, 1879
Sujet 7 – Corrigé : plan détaillé 63
Albert Cohen, *Mangeclous*, chapitre I, 1938
Sujet 8 – Corrigé : plan détaillé 70
Honoré de Balzac, *Illusions perdues*, 2e partie, 1836-1843

Le théâtre du XVIIe siècle au XXIe siècle

Sujet 9 – Corrigé : devoir rédigé 77
Marivaux, *Le Père prudent et équitable*, scène 1, 1706
Sujet 10 – Corrigé : devoir rédigé 84
Edmond Rostand, *Cyrano de Bergerac*, acte III, scène 10, 1897
Sujet 11 – Corrigé : plan détaillé 93
Jean Tardieu, « Il y avait foule au manoir », *La Comédie du langage*, 1987
Sujet 12 – Corrigé : plan détaillé 101
Beaumarchais, *Le Barbier de Séville*, acte I, scène 1 et scène 2 (extrait), 1775

Sommaire

La contraction de texte et l'essai

Conseils et méthode 110

La littérature d'idées du XVIe siècle au XVIIIe siècle

Sujet 13 – Corrigé : devoir rédigé 117
La Fontaine, *Fables*, Livres VII à IX
Parcours : Imagination et pensée au XVIIe siècle

Sujet 14 – Corrigé : devoir rédigé 138
Montaigne, « Des Cannibales », *Essais*, Livre I, Chapitre 31
Parcours : « Notre monde vient d'en trouver un autre. »

Sujet 15 – Corrigé : devoir rédigé 158
Voltaire, *L'Ingénu*
Parcours : Voltaire, esprit des Lumières

L'épreuve orale

Conseils et méthode 180

Sujet 16 – Corrigé : explication linéaire détaillée 184
Charles Baudelaire, « Une charogne », *Les Fleurs du mal*
Parcours : Alchimie poétique : la boue et l'or

Sujet 17 – Corrigé : travail préparatoire détaillé 195
Victor Hugo, « Veni vidi vixi », *Les Contemplations*
Parcours : « Les Mémoires d'une âme »

Sujet 18 – Corrigé : explication linéaire détaillée 201
Guillaume Apollinaire, « Cortège », *Alcools*
Parcours : Modernité poétique ?

Fiches de cours

LES PROCÉDÉS LITTÉRAIRES
Fiches 1 à 13 – Tonalités et figures de style 212

LES OBJETS D'ÉTUDE
Fiches 14 à 16 – La poésie 224
Fiches 17 à 25 – Le roman 229
Fiches 26 à 32 – Le théâtre 238
Fiches 33 à 37 – La littérature d'idées 244

GRAMMAIRE
Fiches 38 à 53 – Les notions grammaticales et lexicales 249

Descriptif des épreuves

L'épreuve anticipée de français se déroule en Première. Elle compte pour l'obtention du baccalauréat dont les épreuves se poursuivent en terminale.
Elle comprend une **épreuve écrite** d'une durée de 4 heures (de coefficient 5) notée sur 20 et une **épreuve orale** de 50 minutes (également de coefficient 5) notée sur 20.

✎ L'épreuve écrite

L'épreuve écrite du baccalauréat offre **deux sujets au choix :**
- **le commentaire de texte ;**
- **la contraction de texte suivie d'un essai.**

En séries technologiques, le commentaire est guidé par des propositions d'axes de lecture.

Le commentaire (noté sur 20 points)

Un commentaire est une explication de texte organisée autour d'axes de lecture qui sont proposés par le sujet : ces axes sont des questions qui interrogent le texte afin de l'analyser. Ils permettront de guider le commentaire.
Un commentaire est, en effet, une **démonstration** qui vise à expliquer le texte de façon logique en mettant en valeur certains de ses aspects.

Le texte à analyser est extrait d'un des trois objets d'étude suivants :
- La poésie du XIXe siècle au XXIe siècle
- Le roman et le récit du Moyen Âge au XXIe siècle
- Le théâtre du XVIIe siècle au XXIe siècle

Il n'est pas directement en rapport avec les œuvres au programme et les parcours associés.

 Conseil

Avant toute rédaction, au moins 1 h 30 est nécessaire à la lecture attentive et l'analyse du texte, puis à la construction du plan du commentaire. Il est également important de se ménager un temps de relecture avant de rendre la copie.

La contraction de texte suivie d'un essai

À partir de la session 2020, le baccalauréat propose une nouvelle épreuve : **la contraction de texte suivie d'un essai.**

La contraction (notée sur 10 points)

Une contraction est un résumé de texte. Faire une contraction, c'est réduire un texte en le reformulant tout en respectant son énonciation, sa thèse, sa composition et son mouvement.

Les épreuves

Le texte du baccalauréat, d'environ 1 000 mots, devra être réduit au quart, avec une marge de plus au moins 10 %. Le nombre de mots exact devra être signalé en fin de copie. Ne pas être dans la fourchette impartie sera pénalisant.

L'essai (noté sur 10 points)

L'essai est une réponse construite et argumentée à une question liée à l'une des trois œuvres au programme de l'objet d'étude **« La littérature d'idées du XVIe siècle au XVIIIe siècle »** et au parcours qui lui est associé.

Vous pourrez ainsi étayer votre argumentation grâce à votre connaissance de l'œuvre et des textes étudiés pendant l'année et grâce à votre culture générale (œuvres littéraires, exemples tirés du cinéma, de l'actualité, de l'histoire, etc.).

> **Conseil**
> Nous vous conseillons de consacrer environ 1h30 à la contraction et 2h30 à l'essai. Il est également important de se ménager des temps de relecture.

L'épreuve orale

L'épreuve orale comprend 30 minutes de préparation et 20 minutes d'oral.

La présentation du descriptif et le sujet de l'épreuve

Le jour de l'oral, l'élève doit présenter son « descriptif des activités » à l'examinateur : ce descriptif « rend compte du travail qu'il a mené avec la classe durant l'année de première. Il prend la forme d'un récapitulatif des œuvres et des textes étudiés, en distinguant ceux qui ont fait l'objet d'une étude détaillée, sur lesquels les candidats peuvent être interrogés dans **la première partie de l'épreuve**. [...]

Ce descriptif comporte également une partie individuelle indiquant l'œuvre choisie par le candidat parmi celles proposées par l'enseignant au titre des lectures cursives obligatoires ou parmi celles qui ont été étudiées en classe : **cette œuvre fait l'objet de la seconde partie de l'épreuve.** »

« Après avoir accueilli le candidat, l'examinateur lui indique :
– le texte et le passage du texte retenu, avec une éventuelle sélection du passage à expliquer si le texte excède le format d'une vingtaine de lignes de prose continue ;
– la question de grammaire posée, qui ne peut concerner qu'un passage de l'extrait faisant l'objet de l'explication de texte.

Ces éléments sont indiqués par écrit au candidat, au moyen d'une fiche qui lui est remise et qu'il signe avant de commencer sa préparation. »
(Bulletin officiel de l'Éducation nationale spécial n° 1 du 22 janvier 2019).

Le déroulé de l'épreuve

L'épreuve se déroule en **quatre étapes :**

1 **La préparation** (durée : 30 minutes)
Le candidat dispose du texte à étudier et prépare au brouillon son explication linéaire (ou explication qui suit la progression du texte), la question de grammaire et la présentation de l'œuvre qu'il a choisie pour la seconde partie de l'épreuve (s'il reste du temps).

L'explication linéaire d'un texte, sans être nécessairement une analyse ligne par ligne, épouse les mouvements du texte, sa logique, la progression de son sens. Elle n'exclut pas des allers-retours dans le texte. On procédera par unité de sens en s'appuyant sur les paragraphes ou les strophes en poésie : cela aide à éviter la simple paraphrase.

2 **L'explication linéaire et la question de grammaire** (durée : 12 minutes)
Le candidat présente le texte, le lit, procède à la lecture linéaire, conclut et répond à la question de grammaire.
L'examinateur l'écoute sans intervenir (il ne pose pas de questions dans cette partie de l'épreuve). La lecture est notée sur **2 points**, l'explication linéaire sur **8 points** et la question de grammaire sur **2 points.**

3 **La présentation de l'œuvre choisie** (durée : 2/3 minutes)
Le candidat présente une œuvre ou un parcours dans une œuvre (pour les recueils poétiques en particulier), parmi toutes celles étudiées pendant l'année : lectures au programme comme lectures cursives au choix du professeur ou de l'élève.

Cette présentation est personnelle et vous êtes libre de la mener selon votre souhait. **Vous choisirez l'œuvre présentée parmi celles au programme ou parmi les lectures cursives proposées par votre professeur durant l'année de Première.**

On attend :
1. la présentation de l'œuvre ou du parcours dans l'œuvre choisie ;
2. le lien avec l'intitulé du parcours et l'œuvre obligatoire ou le lien avec le parcours si vous avez choisi une œuvre au programme ;
3. l'explication plus détaillée d'un extrait ou d'un poème du parcours (cette étape n'est pas obligatoire, mais elle enrichira votre présentation) ;
4. votre avis personnel et la justification du choix de l'œuvre.

4 **L'entretien avec l'examinateur** (durée : 5/6 minutes)
« Le candidat réagit aux relances de l'examinateur qui, prenant appui sur la présentation du candidat et sur les éléments qu'il a exposés, évalue les capacités à dialoguer, à nuancer et étoffer sa réflexion, à défendre son point de vue sur la base de la connaissance de l'œuvre. » (Bulletin officiel de l'Éducation nationale spécial n° 1 du 22 janvier 2019).

Les épreuves

Le candidat doit donc s'attendre à être questionné sur ses choix, sur sa connaissance de l'œuvre, ses thèmes, sa composition, sur l'auteur, ce qu'il a aimé, moins aimé, les éventuels travaux d'écriture ou de recherche en rapport avec l'œuvre, etc.

Les étapes 3 et 4 font l'objet d'une note globale sur 8 points.

 ## Ce que l'on attend de vous

Le commentaire
- Si vous choisissez le commentaire, vous serez évalué(e) sur :
– votre capacité à faire une lecture fine du texte ;
– votre capacité à organiser votre commentaire (la construction de plusieurs sous-parties dans chaque partie est un attendu) ;
– votre capacité à mobiliser des procédés littéraires pour l'analyse ;
– votre bonne maîtrise de l'orthographe et de la grammaire.

La contraction de texte et l'essai
- Pour la contraction de texte, vous serez évalué(e) sur :
– votre capacité à comprendre un texte ;
– votre capacité à en restituer les idées principales et la logique ;
– votre capacité à reformuler ;
– votre maîtrise de la langue.

- Pour l'essai, vous serez évalué(e) sur :
– votre capacité à comprendre une question et à y répondre ;
– votre capacité à organiser une réponse construite ;
– votre capacité à défendre et développer votre point de vue ;
– votre capacité à mobiliser vos connaissances et votre culture personnelle ;
– votre maîtrise de la langue.

L'oral
- Pour l'explication linéaire, vous serez évalué(e) sur :
– votre capacité à expliquer un texte de manière fine ;
– votre capacité à mobiliser des procédés littéraires ;
– votre capacité à mobiliser vos connaissances ;
– votre clarté et votre aisance à l'oral ;
– votre maîtrise de la langue.

- Pour l'entretien, vous serez évalué(e) sur :
– votre capacité à convaincre, persuader et communiquer votre intérêt pour un texte, une œuvre ;
– votre capacité à écouter et répondre précisément à une question ;
– votre capacité à développer une réponse ;
– votre clarté et votre aisance à l'oral ;
– votre maîtrise de la langue.

 Se préparer dans l'année

L'épreuve écrite

Le commentaire
Le commentaire est un exercice qui demande d'en maîtriser **la méthode.** L'apprentissage de cette méthode commence au collège, se poursuit en Seconde et se perfectionne en Première.
Tout au long de cette année, vous allez réaliser des commentaires guidés par votre professeur et l'exercice de l'explication linéaire pour l'oral vous aidera également à maîtriser les procédés de l'analyse littéraire.

La contraction de texte et l'essai
L'apprentissage de la contraction et de l'essai se fera également en classe à partir de la Seconde. Ces deux exercices demandent **la maîtrise d'une méthode,** mais aussi **de connaissances.** En effet, la question de l'essai invite à réinvestir le travail de l'année sur les œuvres au programme et les parcours associés.

> **Conseil**
>
> La meilleure méthode pour progresser dans la maîtrise du commentaire et des exercices de la contraction et de l'essai est d'en faire soi-même. Vous trouverez dans la suite des annales des sujets pour vous entraîner. Lisez attentivement leurs corrections et les conseils qui les accompagnent.

L'épreuve orale
Cette épreuve évalue votre capacité à vous exprimer à l'oral, mais également vos connaissances et votre investissement durant l'année.

L'explication linéaire
On attend de vous que vous soyez capable d'exprimer votre point de vue de façon nuancée et précise sur un extrait d'œuvre.
Cette épreuve ne s'improvise pas, vous devrez vous entraîner régulièrement durant l'année pour la mener à bien. Elle demande aussi de la mémoire : vous devrez faire l'effort de mémoriser régulièrement les éléments d'explication donnés par le professeur durant l'année. Elle demande donc un gros travail qui doit être régulier pour être efficace.
La grammaire devra également faire l'objet d'un travail régulier. Vous devrez en maîtriser le vocabulaire technique et montrer vos capacités d'analyse des faits de langue. Vous devrez également vous entraîner régulièrement à la lecture, car elle est désormais évaluée.

L'entretien
On évalue votre sensibilité personnelle à l'égard d'une œuvre littéraire. Votre présentation, pour être convaincante, devra être construite et montrer votre investissement personnel et votre engagement : il s'agit de motiver et défendre un choix de lecture. Cette présentation devra être préparée durant l'année avec soin, dès la lecture de l'œuvre.

Le commentaire

Conseils et méthode

Le commentaire

Un commentaire de texte est une explication de texte organisée autour d'axes de lecture proposés : ces axes sont des questions qui interrogent le texte afin de l'analyser.
Un commentaire est, en effet, une **démonstration** qui vise à expliquer le texte de façon logique en mettant en valeur certains de ses aspects.

Choisir le commentaire de texte

L'épreuve écrite du baccalauréat offre **deux sujets au choix** : la contraction suivie de l'essai et le commentaire de texte. Le choix du commentaire apparaît souvent plus rassurant car, en séries technologiques, il est guidé par des propositions d'axes de lecture.

Réussir le commentaire de texte au baccalauréat

L'analyse d'un texte littéraire doit, en effet, s'appuyer en même temps sur le sens du texte (**le fond**) et la manière dont les mots sont agencés (**la forme**). Les moyens qu'un écrivain utilise pour donner du sens sont à la fois sémantiques (le sens des mots) et formels (la langue littéraire a toujours une « forme » particulière qui n'est pas celle du langage courant). Pour réussir le commentaire, il faut donc apprendre à maîtriser l'ensemble des procédés d'écriture que vous trouverez dans les **fiches pp. 211-271**.

Comprendre les étapes de la méthode

Dégager les principaux enjeux du texte

- Lire le texte attentivement plusieurs fois pour en saisir le sens global.
- Noter les impressions de lecture à partir de ce que je comprends, ce que je ressens.
- À partir de ses premières remarques, formuler les enjeux du texte :
– Quel est l'intérêt du texte, son originalité ?
– Que veut exprimer l'auteur ? Comment le fait-il ?

 Conseil

Essayez, à la fin de cette première étape, de formuler une ou deux phrases du type *« Ce qui est intéressant dans ce texte c'est... »* / *« Ce que l'auteur cherche à montrer/mettre en avant/dire, c'est... »*.

Conseils et méthode

 Conseil

Si vous ne parvenez pas à trouver des réponses, les axes donnés par le sujet vont vous aider.

Approfondir l'analyse

Pour approfondir l'analyse, on se posera les questions suivantes :
- Quel est le **genre de l'œuvre** dont le texte est extrait : théâtre, poésie, roman, texte argumentatif ? Le genre détermine des grilles de lecture et des attentes particulières. On trouvera des éléments d'approfondissement des genres et sous-genres dans les **fiches.**
- À quel **mouvement littéraire** appartient l'œuvre dont le texte est extrait ? Quelle époque ?
- Quel est le **type de ce texte** (argumentatif, explicatif, narratif, descriptif) ? **Fiche 1 p. 212**
- Quelle est la **tonalité dominante ?** Quelles sont les tonalités secondaires ? **Fiches 2 à 7 pp. 213-217**
- Quelle est la **situation de communication du texte ? Fiche 36 p. 247**
- Quel est le **thème du texte,** de quoi parle-t-il ?
- Quels sont les **principaux champs lexicaux ?** Sont-ils positifs ou négatifs ? Que mettent-ils en valeur ? **Fiche 8 p. 217**
- Quels sont les **procédés stylistiques** dominants ? **Fiche 1 p. 212**
- Quelles sont les **images utilisées,** que signifient-elles ? **Fiche 10 p. 220**
- Où se trouve l'**implicite** et que signifie-t-il ? **Fiche 9 p. 218**

 Conseil

Ces questions doivent vous permettre de mobiliser les bons outils d'analyse.
Si vous avez, par exemple, à expliquer **un poème**, vous vous demanderez à quel mouvement il appartient.
Ex. : s'il est romantique, vous serez attentif à la tonalité souvent lyrique, vous pourrez alors lister les éléments du lyrisme (expression du « je », des sentiments et émotions – champs lexicaux –, évocation de la nature). Étudier la poésie c'est aussi être sensible au rythme, à la longueur des vers ; les rythmes internes peuvent jouer un rôle dans les impressions de lecture. La poésie joue aussi sur les sons : les mots à la rime, les allitérations et assonances, les anaphores, etc.

Conseils et méthode

Conseil

Étudier un roman va mobiliser d'autres outils : un roman alterne récit et descriptions. À quel moment se situe le texte ? S'il s'agit d'un récit, étudiez sa progression, les verbes d'action, les temps verbaux, les interactions entre les personnages, etc. Si vous êtes face à une description, soyez attentifs au vocabulaire ; la description est-elle positive ou négative ? Que cherche-t-elle à mettre en valeur ? Contient-elle des éléments symboliques ?

Tout au long de l'année, vous apprendrez à **manier ces différents outils** d'analyse et à vous les approprier, notamment en pratiquant les explications linéaires. **L'objectif est de parvenir à dépasser la simple redite du texte pour mettre en lumière ce qui fait son intérêt.**

étape 3 — Construire le plan du commentaire

- Prendre connaissance des axes proposés et s'assurer qu'ils sont bien compris. Vérifier que les enjeux du texte que vous avez mis au jour dans l'**étape 1** correspondent bien aux axes. Vous avez la possibilité d'inverser ou de modifier les axes, si vous le jugez bon, et d'ajouter un troisième axe qui aurait émergé de votre propre analyse. Toutefois, même si les axes ne sont que suggérés, il est préférable de les suivre. Vous pourrez alors vous concentrer sur la construction de sous-parties.
- Chercher des idées qui confirment les axes et des preuves dans le texte pour alimenter le commentaire en citations.
- Chercher les citations qui justifient les axes de lecture.
- Organiser les différentes idées trouvées en paragraphes. Le commentaire doit comporter plusieurs sous-parties (idéalement trois) dans chaque axe : chaque sous-partie est guidée par une idée qui illustre l'axe.
- Articuler les paragraphes, donc les idées, logiquement, comme une démonstration qui vise à convaincre que le point de vue sur le texte est recevable.

Conseil

L'enjeu principal est d'arriver à construire des sous-parties : vous aurez normalement trouvé plusieurs idées (donc des arguments) à expliquer dans chaque grande partie correspondant à un axe du sujet.

Conseils et méthode

> **Conseil**
>
> **Pour construire le plan,** il faut chercher à classer les idées. Plusieurs possibilités s'offrent à vous :
> • de l'idée la plus simple à la plus complexe ou de la plus explicite à la plus implicite ;
> • de la moins importante à vos yeux à la plus importante ;
> • de la plus courte (dans son développement) à la plus longue.

 Rédiger

Introduction : la présentation du commentaire ou l'introduction. Elle comprend trois étapes :

• **la présentation du texte** : mentionner l'auteur, le titre de l'œuvre et du texte, la date, le genre, la forme et le type de texte, le contexte littéraire et biographique de l'auteur si vous connaissez des éléments utiles à l'explication du texte ;

• **la problématique** : sous une forme interrogative ou affirmative, la problématique énonce l'idée principale qui va guider le commentaire ;

• **l'annonce du plan** : elle doit énoncer les deux ou trois grandes parties qui vont être développées dans le commentaire.

Développement : deux grandes parties organisées en sous-parties

Pour chaque grande partie, vous pouvez suivre le modèle suivant :

• Rédiger une phrase qui énonce l'idée de la première grande partie du commentaire (reprise de l'axe proposé par le sujet).

• Rédaction du premier paragraphe :

– rédiger l'idée du paragraphe (cette idée doit confirmer/illustrer/expliquer l'idée de l'axe) ;

– expliquer cette idée en s'appuyant sur des citations du texte et des analyses, notamment des procédés littéraires.

• Rédaction des deux ou trois autres paragraphes sur le même modèle : classer les paragraphes selon le classement retenu (du plus simple au plus complexe, etc.).

• Rédaction d'une phrase de transition reliant les deux parties (donc les deux axes).

• Saut d'une ligne et rédaction de la deuxième partie sur le modèle de la première.

Conseils et méthode

Conseils
- Tout est rédigé, il ne doit pas y avoir de titres apparents sur la copie.
- Marquez un alinéa, c'est-à-dire un retrait par rapport à la marge, à chaque nouveau paragraphe pour le rendre bien visible.
- Sautez une ligne entre l'introduction et le développement, entre les deux grandes parties du développement et entre le développement et la conclusion.

Il faut éviter :
– la paraphrase qui consiste à « raconter » le texte en ne faisant que redire la même chose sans l'expliquer ;
– une compilation de citations sans explications ;
– un catalogue de remarques sans organisation ;
– des remarques de style sans explication ni interprétation ;
– un commentaire mal rédigé et/ou à la présentation peu soignée.

Conclusion
- Le bilan : faire la synthèse des éléments essentiels développés dans le commentaire.
- L'ouverture (facultatif) : si possible, il faut essayer de remettre l'extrait dans son contexte (l'histoire du genre, son époque, etc.), le mettre en relation avec d'autres textes, l'œuvre de l'auteur, le mouvement littéraire auquel il appartient, etc.

étape 5 Vérifier

Avant de rendre sa copie, il est important de prendre le temps d'effectuer une série de vérifications parmi lesquelles :
- la cohérence d'ensemble : le respect des axes proposés et les articulations logiques ;
- la mise en page : l'introduction, la conclusion et les différentes parties et sous-parties doivent être bien visibles ;
- l'exactitude des citations et leur cohésion avec la structure des phrases ;
- l'orthographe, la grammaire et la ponctuation.

La meilleure méthode pour progresser dans la maîtrise du commentaire est d'en faire soi-même. Vous trouverez dans la suite des annales des sujets pour vous entraîner. Lisez ensuite attentivement leurs corrections et les conseils qui les accompagnent.

Objet d'étude : La poésie du XIXe siècle au XXIe siècle

Vous ferez le commentaire du texte de Victor Hugo, en vous aidant du parcours de lecture suivant :
- vous montrerez que l'enfant et son sommeil sont idéalisés ;
- vous analyserez les émotions que suscite le spectacle de l'enfant endormie.

Victor Hugo, « La sieste », *L'Art d'être grand-père*, **1877.**

1   Elle fait au milieu du jour son petit somme ;
    Car l'enfant a besoin du rêve plus que l'homme,
    Cette terre est si laide alors qu'on vient du ciel !
    L'enfant cherche à revoir Chérubin, Ariel,
5   Ses camarades, Puck, Titania[1], les fées,
    Et ses mains quand il dort sont par Dieu réchauffées.
    Oh ! comme nous serions surpris si nous voyions,
    Au fond de ce sommeil sacré, plein de rayons,
    Ces paradis ouverts dans l'ombre, et ces passages
10 D'étoiles qui font signe aux enfants d'être sages,
    Ces apparitions, ces éblouissements !
    Donc, à l'heure où les feux du soleil sont calmants,
    Quand toute la nature écoute et se recueille,
    Vers midi, quand les nids se taisent, quand la feuille
15 La plus tremblante oublie un instant de frémir,
    Jeanne[2] a cette habitude aimable de dormir ;
    Et la mère un moment respire et se repose,
    Car on se lasse, même à servir une rose.
    Ses beaux petits pieds nus dont le pas est peu sûr
20 Dorment ; et son berceau, qu'entoure un vague azur
    Ainsi qu'une auréole entoure une immortelle,
    Semble un nuage fait avec de la dentelle ;
    On croit, en la voyant dans ce frais berceau-là,
    Voir une lueur rose au fond d'un falbala[3] ;

25 On la contemple, on rit, on sent fuir la tristesse,
    Et c'est un astre, ayant de plus la petitesse ;
    L'ombre, amoureuse d'elle, a l'air de l'adorer ;
    Le vent retient son souffle et n'ose respirer.
    Soudain, dans l'humble et chaste alcôve[4] maternelle,
30 Versant tout le matin qu'elle a dans sa prunelle[5],
    Elle ouvre la paupière, étend un bras charmant,
    Agite un pied, puis l'autre, et, si divinement
    Que des fronts dans l'azur se penchent pour l'entendre,
    Elle gazouille... — Alors, de sa voix la plus tendre,
35 Couvrant des yeux l'enfant que Dieu fait rayonner,
    Cherchant le plus doux nom qu'elle puisse donner
    À sa joie, à son ange en fleur, à sa chimère[6] :
    — Te voilà réveillée, horreur ! lui dit sa mère.

---

1. Chérubin, Ariel, Puck, Titania sont des personnages surnaturels ou féeriques issus de la littérature.
2. Jeanne est la petite-fille de Victor Hugo.
3. *Falbala* : bande de tissu plissée.
4. *Alcôve* : renfoncement dans le mur d'une chambre, où l'on place un ou plusieurs lits.
5. *Prunelle* : pupille de l'œil.
6. *Chimère* : rêve.

Corrigé 1   **LA POÉSIE**

Victor Hugo (1802-1885) : poète, dramaturge, romancier, homme politique, il est considéré comme le chef de file du **romantisme** qui revendique le renouvellement des formes littéraires, l'exaltation des sentiments personnels et des émotions, et la liberté autant sociale qu'artistique. *L'Art d'être grand-père* est un recueil de poèmes publié en 1877 : grand-père heureux, il y célèbre le bonheur de voir grandir ses petits-enfants.

Aide pour le premier axe

L'adjectif « idéalisé » signifie « qui est montré comme idéal », donc rêvé, irréel, parfait. Pour montrer que l'enfant et son sommeil sont idéalisés, relevez les mots du texte qui tendent à éloigner la scène de la réalité, puis cherchez à les commenter.
Le premier axe fournit deux sous-parties, votre première partie pourra ainsi facilement comporter au moins deux paragraphes :
– L'enfant est idéalisé.
– Son sommeil est idéalisé.

Aide pour le deuxième axe

Les émotions que l'enfant suscite peuvent varier tout au long du texte, soyez attentif à la composition du poème :
– Ces émotions sont celles du grand-père qui voit la scène, et éventuellement celles de la mère.
– Relevez le vocabulaire des émotions (le mot est au pluriel dans la consigne) et des sentiments, et cherchez à déterminer précisément quels sont ces émotions et sentiments (nommez-les précisément).
Vous pouvez construire un paragraphe par émotion. Ces émotions peuvent aussi être celles du lecteur, c'est-à-dire les vôtres : analysez ce que vous ressentez à la lecture du poème et expliquez-le.
Ainsi, pour le deuxième axe également, il est possible de construire plusieurs paragraphes.

Pour l'étude du vocabulaire, aidez-vous de la **fiche 8**.

LA POÉSIE — Corrigé 1

✎ Corrigé : devoir rédigé

> *Les textes en vert apparaissant dans ce corrigé, titres et textes en marge, ne doivent pas figurer dans votre devoir. Nous les avons insérés pour vous guider et vous aider à repérer les parties du commentaire.*

Les conseils du professeur

Introduction

Après *Les Contemplations*, recueil de poèmes publié en 1856 et teinté d'une tonalité souvent élégiaque après la mort de sa fille Léopoldine, *L'Art d'être grand-père* est, au contraire, le recueil poétique sur la joie d'être grand-père. Victor Hugo s'est beaucoup investi dans l'éducation de ses deux petits-enfants, Jeanne et Georges, après la mort de leur père Charles Hugo, et ce recueil, publié en 1877, livre le quotidien du grand-père poète. Le poème que nous allons commenter peint une scène quotidienne, « La sieste » de la petite Jeanne.

Fiche 6 p. 216 — Présentez le texte et son contexte.

Mais ce tableau n'est pas seulement celui de la réalité car il est transfiguré par l'art poétique d'Hugo.

Élaborez une problématique.

Nous montrerons, en effet, comment l'enfant et son sommeil sont idéalisés afin, notamment, de traduire la force des émotions qui étreignent le grand-père devant ce spectacle attendrissant.

Annoncez le plan en reprenant les axes proposés.

Développement

Le poème dresse le tableau d'une enfant qui dort, mais ce n'est pas un tableau objectif. Jeanne, vue par les yeux de son grand-père plein d'amour, est idéalisée.

Annoncez par une phrase l'idée principale de la première grande partie.

Le sujet du tableau est donc la petite-fille de Victor Hugo, Jeanne, qui apparaît dès le premier mot du texte grâce au pronom « Elle », puis aux vers 2 et 4 à travers « l'enfant ». Cette répétition donne immédiatement à la scène une dimension solennelle, voire sacrée, que renforce l'alexandrin, la rapprochant de la façon de désigner « l'enfant Jésus » endormi, image populaire qui frappe l'imagination du lecteur. L'évocation des « pieds

Corrigé 1 — LA POÉSIE

nus » (v. 19), de l'« azur » (v. 20) et du « rose » (v. 24) peignent d'ailleurs l'enfant à la façon d'un « Chérubin » (v. 4), motif récurrent de l'iconographie religieuse. Jeanne est ensuite explicitement comparée à un « ange » à la fin du poème (v. 37). Le caractère sacré de l'enfant est enfin suggéré par la présence d'une « auréole » qui entoure le berceau comme pour « une immortelle » (v. 21). Ainsi, l'enfant semble faire partie intégrante du monde céleste quand, à son réveil, « des fronts dans l'azur se penchent pour l'entendre » (v. 33).

Mais au-delà de l'enfant, c'est le sommeil qui est sacralisé dans le poème, comme en témoigne le vers 8 qui commence par ces mots : « Au fond de ce sommeil sacré… ». Le sommeil est présenté comme un accès à un monde merveilleux qui permet de côtoyer d'autres « Chérubin[s] » (v. 4), « les fées » (v. 5) et les personnages fantastiques shakespeariens tels qu'Ariel, Puck et Titania (v. 4 et 5). Ainsi, le sommeil est une voie vers des « paradis ouverts » (v. 9) et des « passages / D'étoiles » (v. 9 et 10) car la sieste est en lien avec le divin : « Dieu » fait rayonner l'enfant (v. 35) et réchauffe ses mains (v. 6). La sieste de Jeanne est donc regardée par son grand-père comme un moment féerique, merveilleux, un moment de communion avec l'au-delà et ses « éblouissements » (v. 11) ; l'idéalisation touche ici à la sacralisation.

Toutefois, cette idéalisation de la sieste de l'enfant est peut-être encore d'une autre nature, de portée symbolique. D'abord, la désignation de Jeanne par le terme générique « l'enfant » lui confère une dimension universelle et la répétition de « On » aux vers 23 et 25 place le lecteur au rang de spectateur, au même titre que le poète. Le poème illustre ainsi une phrase des *Contemplations* – « quand je vous parle de moi, je vous parle de vous » – et semble vouloir faire de cette expérience personnelle de Victor Hugo une réflexion universelle : la sieste d'un enfant est un instant divin qui permet d'échapper à cette terre « si laide » (v. 3). On touche là au thème classique de l'innocence de l'enfant

> Utilisez la première phrase du paragraphe pour annoncer l'idée principale.

qui rachète les fautes de l'homme, l'enfant qui « vient du ciel », qui est le témoin du paradis perdu, de cet idéal rendu accessible dans ce rare et fragile moment de la sieste.

Ce tableau de Jeanne endormie est donc une vision toute subjective car il est vu à travers les yeux pleins d'émotions d'un grand-père.

> Élaborez une phrase de transition entre la 1re et la 2nde partie (qui développe le deuxième axe).

Le lecteur peut sentir le regard attendri que pose Victor Hugo sur sa petite fille. Le vers 19 le montre à lui seul : « Ses beaux petits pieds nus, dont le pas est peu sûr ». On sent l'émotion et l'affection que porte le grand-père à cette enfant qui commence à marcher et dont il s'occupait beaucoup. Le détail du pied repris au vers 32 souligne son regard attentif contemplant l'enfant qui dort puis se réveille enfin. La scène est décrite avec minutie aux vers 31 et 32 : d'abord « elle ouvre la paupière », puis « étend un bras », enfin « agite un pied, puis l'autre ». L'adjectif « charmant » pointe l'admiration du poète pour sa petite-fille dont il avait déjà souligné la beauté au vers 19 et qu'il qualifie de « rose » au vers 18. Or, cette admiration dépasse le regard du poète, étendue par le pronom personnel indéfini « On » du vers 25 à l'ensemble de la famille (la mère en premier lieu sans doute), et même au lecteur témoin à son tour de la scène. Tout le monde « contemple » (v. 25) le chérubin. Dans un mouvement de gradation, le ciel même est témoin de la scène comme le montre le vers 33 : « des fronts dans l'azur se penchent pour l'entendre ».

Cette tendresse contemplative provoque de la joie chez le grand-père et peut-être chez la mère : **« On la contemple, on rit, on sent fuir la tristesse »** (v. 25). Le rythme ternaire et entraînant accentue l'allégresse du vers et confirme le sentiment dominant du poème déjà porté par les modalités exclamatives des vers 2 et 3 qui témoignaient de cet enthousiasme *lyrique*.

> Citez régulièrement le texte (la mention des vers ou lignes n'est pas obligatoire).
>
> Fiche 5 p. 215

Corrigé 1 — **LA POÉSIE**

Enfin, l'enfant elle-même est qualifiée de « joie » (v. 37). En somme, la contemplation de la sieste de Jeanne entraîne un double plaisir. Tout d'abord esthétique devant la beauté de ce tableau divin, chargé d'une grande affection pour l'enfant. Mais l'instant est divin également parce que c'est un moment de calme et de répit.

Il s'agit moins ici d'une émotion que d'une sensation, mais le poème insiste sur « cette aimable habitude » de la sieste qui permet à tout le monde et en particulier à la mère de se reposer (v. 16). Le mot « aimable » est sans doute teinté d'une ironie amusée car il souligne *a contrario* l'énergie de l'enfant réveillée. Or, même la nature est au diapason du silence de la petite fille : quatre vers (v. 12 à 15) décrivent ce moment où la nature se tait pour laisser place au sommeil, « à l'heure où les feux du soleil sont calmants ». Les personnifications des vers 27 et 28 (« L'ombre, amoureuse d'elle » / « Le vent retient son souffle ») établissent même un lien de cause à effet entre le calme de la nature et la sieste de Jeanne, comme si elle se taisait pour mieux la laisser dormir de peur de la réveiller.

Commentez les figures de style.

Fiche 10 p. 220

C'est pourtant ce qui va arriver. Introduit par l'adverbe « Soudain » au vers 29, l'éveil est décrit méticuleusement et va provoquer une chute inattendue et drôle. Au dernier vers et par le discours direct rompant avec le récit, la mère s'écrie « — Te voilà réveillée, horreur ! ». On comprend mieux encore avec ce dernier vers l'ironie tendre du mot « aimable » lorsqu'on imagine que la fin de la sieste marque la fin du calme de la maison et du court moment de repos dont tout le monde, même la nature, a bénéficié. Par un effet de contraste avec l'idéalisation du tableau de la petite fille dormant des deux vers précédents (« Cherchant le plus doux nom qu'elle puisse donner / À sa joie, à son ange en fleur, à sa chimère : »), le dernier vers sonne comme un retour brusque à la réalité, accentué par le discours direct.

23

Conclusion

Victor Hugo livre donc ici un poème plein de tendresse et de joie qui idéalise le quotidien, son propre quotidien, puisqu'on sait combien il s'est investi dans l'éducation de ses petits-enfants. Mais cette saynète est teintée d'une ironie amusée particulièrement perceptible dans la fin du poème qui ramène le grand-père contemplatif et la mère attendrie et fatiguée à la réalité prosaïque de l'énergie d'une enfant éveillée.

La sieste est ici un moment familier et privilégié qui opère grâce au langage poétique un rapprochement avec un être aimé, occasion pour le poète d'un épanchement lyrique très personnel, mais qui se veut également universel lorsqu'on garde en mémoire cette phrase de la préface des *Contemplations* : « quand je vous parle de moi, je vous parle de vous ».

Reprenez les principaux éléments de votre commentaire.

Composez une ouverture en rapprochant le texte d'une autre œuvre du poète.

Objet d'étude : La poésie du XIXe siècle au XXIe siècle

Vous ferez le commentaire du texte de Lamartine en vous aidant du parcours de lecture suivant :

- **vous montrerez comment l'âme évoque de façon poétique la dégradation de la maison ;**
- **vous analyserez comment le poème associe la vie et la mort.**

Alphonse de Lamartine, « La Vigne et la Maison », *Poèmes du Cours familier de littérature*, 1857.

Le poète présente une conversation entre son âme et lui-même. Il vient de décrire avec nostalgie la maison et les lieux de son enfance. L'âme lui tient le discours suivant.

L'âme

1   Que me fait le coteau, le toit, la vigne aride ?
    Que me ferait le ciel, si le ciel était vide ?
    Je ne vois en ces lieux que ceux qui n'y sont pas !
    Pourquoi ramènes-tu mes regrets sur leur trace ?
5   Des bonheurs disparus se rappeler la place,
    C'est rouvrir des cercueils pour revoir des trépas[1] !

    Le mur est gris, la tuile est rousse,
    L'hiver a rongé le ciment ;
    Des pierres disjointes la mousse
10 Verdit l'humide fondement ;
    Les gouttières, que rien n'essuie,
    Laissent, en rigoles de suie,
    S'égoutter le ciel pluvieux,
    Traçant sur la vide demeure
15 Ces noirs sillons par où l'on pleure,
    Que les veuves ont sous les yeux ;

La porte où file l'araignée,
Qui n'entend plus le doux accueil,
Reste immobile et dédaignée
20 Et ne tourne plus sur son seuil ;
Les volets que le moineau souille,
Détachés de leurs gonds de rouille,
Battent nuit et jour le granit ;
Les vitraux brisés par les grêles
25 Livrent aux vieilles hirondelles
Un libre passage à leur nid !

Leur gazouillement sur les dalles
Couvertes de duvets flottants
Est la seule voix de ces salles
30 Pleines des silences du temps.
De la solitaire demeure
Une ombre lourde d'heure en heure
Se détache sur le gazon ;
Et cette ombre, couchée et morte,
35 Est la seule chose qui sorte
Tout le jour de cette maison !

---

1. *Trépas :* morts.

Corrigé 2 — LA POÉSIE

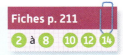

Travail préparatoire

Fiches p. 211
❷ à ❽ ❿ ⓬ ⓮

Alphonse de Lamartine (1790-1869) fut poète, historien, écrivain et homme politique. Sa poésie, d'influence romantique et teintée de christianisme, mêle souvent les sentiments du poète à l'évocation de la nature et de ses paysages.

Aide pour le premier axe

L'axe invite à commenter la dégradation de la maison : commencez par relever le vocabulaire de la dégradation et tout ce qui caractérise la maison. Il s'agit ensuite de mettre en valeur l'aspect « poétique » de la description. Le terme « poétique » est à interpréter. On peut le comprendre de la manière suivante :
– La poésie est associée à une forme particulière, versifiée. On peut donc, dans un premier temps, montrer que ce texte est un poème. Vous vous aiderez de la **fiche 14** sur le vocabulaire de la poésie.
– La poésie est associée au lyrisme et à l'élégie **(fiche 3)** : relevez les indices des deux tonalités en vous aidant des **fiches 5 et 6**.
– La poésie est associée à la beauté : relevez ce qui, dans la description de la maison, la rend belle, la transforme en un objet esthétique. Aidez-vous de la **fiche 8** sur l'étude du vocabulaire.
– La langue poétique embellit la réalité par différents procédés stylistiques et notamment l'utilisation d'images **(fiche 10)**. Il convient de les rechercher et les commenter.

Aide pour le deuxième axe

Dans un premier temps, relevez tout le vocabulaire associé aux idées de vie et de mort et cherchez à l'associer aux sentiments du poète. Là encore vous pouvez vous aider des **fiches 5 et 6**.
Dans la poésie romantique et dans celle d'Alphonse de Lamartine en particulier, le paysage est étroitement associé aux sentiments du poète. Cherchez les liens entre paysage, nature et sentiments liés à la vie et la mort.
Enfin, certains éléments de la description revêtent une valeur symbolique : l'ombre, le ciel… Cherchez à les interpréter.

LA POÉSIE — Corrigé 2

Corrigé : devoir rédigé

Les textes en vert apparaissant dans ce corrigé, titres et textes en marge, ne doivent pas figurer dans votre devoir. Nous les avons insérés pour vous guider et vous aider à repérer les parties du commentaire.

Introduction

Le poème d'Alphonse de Lamartine, extrait de « La Vigne et la Maison » publié dans les *Poèmes du Cours familier de littérature* en 1857, peint la maison familiale du poète à travers une conversation entre lui-même et son âme, livrant les sentiments de l'écrivain par deux voix qui se répondent.

C'est ici l'âme qui prend la parole et l'intérêt de cet extrait réside dans la manière particulière dont la description de la maison décrépite illustre les émotions en demi-teinte du poète sur son passé.

Nous examinerons donc d'abord la façon dont l'âme évoque de manière poétique la dégradation de la maison puis comment le poème, à travers cette description, associe la vie et la mort.

Développement

Ce poème peint une maison qui porte les stigmates du temps, mais la description qu'en fait Alphonse de Lamartine est teintée d'un lyrisme poétique.

La dimension poétique du texte est immédiatement perceptible par sa forme : le poème est composé de quatre strophes dont la première, un sizain en alexandrins, introduit les autres strophes composées de dix octosyllabes. Dans cette première strophe, l'âme prend la parole et indique immédiatement le sujet et le registre du poème. La dimension lyrique du texte apparaît nettement dès les deux premiers vers grâce à l'anaphore qui les commence : « Que me fait / Que me ferait ».

Corrigé 2 — **LA POÉSIE**

La modalité interrogative et la présence de la première personne mettent en évidence l'objectif du poème : peindre les sentiments que provoque la vision de la maison d'enfance du poète. Or, le deuxième vers relève de l'hyperbole, il place les émotions du poète face à ce souvenir sur le même plan qu'une interrogation métaphysique : et « si le ciel était vide ? ». Ainsi, ces deux premiers vers transportent le lecteur dans un univers symbolique et lyrique et en soulignent la dimension poétique. Enfin, il convient de préciser que le lyrisme est plus proche de l'élégie, autre registre lié à la poésie, puisque les premiers sentiments évoqués sont les « regrets » des « bonheurs disparus » : la nostalgie du passé rend plus forte la douleur présente. Le poète s'attriste, en effet, que sa maison natale fasse resurgir à sa mémoire ses aïeux décédés : la contempler, c'est « rouvrir des cercueils pour revoir des trépas ! ».

Or, la maison porte les stigmates du temps : toute la deuxième strophe et aussi la troisième sont consacrées à la description de la dégradation de la bâtisse. La dimension poétique de cette description est perceptible d'abord par le jeu des couleurs qui suggèrent à nos yeux une maison certes en pleine décrépitude mais qui forme une œuvre picturale harmonieuse, teintée de « gris », roux, vert, « noirs », « rouille » et certainement d'autres couleurs encore portées par ce qu'il reste de « vitraux ». Le rythme même rappelle le caractère poétique du texte ; rappelons que le lyrisme est lié par son étymologie à la lyre, et donc à la musique et au rythme : la deuxième strophe est construite sur un effet de gradation qui va du premier vers au rythme binaire (« Le mur est gris, la tuile est rousse »), à une augmentation des unités de sens séparées par un point-virgule. Ainsi, le deuxième vers prolonge le premier, puis deux vers sont consacrés aux effets de la mousse et enfin six aux effets de l'eau sur la gouttière. Si l'on applique le même rôle à la ponctuation dans la strophe suivante, on observe un rythme plus régulier avec quatre vers qui décrivent la porte

Fiche 12 p. 222

Fiche 6 p. 216

> Utilisez des liens logiques pour mettre en évidence l'organisation de votre commentaire.

close, puis trois vers pour les « volets » et trois pour les « vitraux brisés ». On peut tirer plusieurs interprétations de ces observations. D'abord, ce rythme semble intensifier la dégradation qui trouve symboliquement son apogée dans l'évocation personnifiée de la maison qui « pleure » son chagrin par ses « noirs sillons ». C'est le moment le plus noir du texte, celui qui insiste le plus sur la tristesse de la dégradation. Ensuite, la description semble s'apaiser par la régularité des unités de sens, et paraît du même coup moins sombre. Les « vitraux » redonnent des couleurs à la maison, les « hirondelles » de la vie, et le point d'exclamation qui ponctue la troisième strophe produit le même effet.

Ainsi, la description de la dégradation de la maison n'aboutit pas à un tableau complètement négatif, d'autant plus que la présence des animaux est aussi poétique à bien des égards. D'abord, l'utilisation imagée de l'araignée, sorte de gardienne désormais inutile de la porte, traduit l'aspect familier du souvenir. La maison est personnifiée parce qu'elle « entend » ; l'animal rappelle qu'autrefois la maison était habitée et que ses habitants étaient accueillants, ce que traduit l'expression « doux accueil ». La présence des oiseaux, « moineau » et « hirondelles », évoque aussi la douceur et confère à cette maison, pourtant en partie détruite, une fonction protectrice puisqu'elle accueille leurs « nid(s) ». La maison, elle-même semble ainsi devenue un grand nid puisque ses « dalles » sont maintenant couvertes de « duvets flottants », un peu aussi comme une évocation du paradis. Or, ce sont elles qui « livrent » le passage aux « vieilles hirondelles » : le verbe d'action participe de la personnification en laissant croire que c'est la maison qui accueille volontairement les oiseaux, que l'adjectif « vieilles » rend d'ailleurs plus attachants, de telle sorte que le rapport de fidélité entre la maison et les hirondelles traduit par métaphore celui du poète à la maison de son enfance.

Fiche 10 p. 220

Corrigé 2 — **LA POÉSIE**

Comme on le voit, l'évocation de la maison témoigne de sa dégradation mais celle-ci est transfigurée par la poésie qui associe, par le jeu des images notamment, la vie et la mort.

> Élaborez une phrase de transition.

L'image de la mort paraît sans doute la plus évidente parce qu'elle introduit le poème. La première strophe, avec toute la solennité de l'alexandrin, insiste sur l'idée de « vide » et de disparition qui traduit de façon euphémistique la mort (« ceux qui n'y sont pas »). Ainsi, le sentiment dominant qui accompagne ce vide est celui du « regret[s] », celui « des bonheurs disparus ». C'est le rôle ambigu du souvenir de ramener à la vie ces moments heureux pour mieux en souligner l'absence. Tout le poème est d'ailleurs au présent ; c'est l'observation directe de la maison natale qui provoque ces réactions, comme le prouve le déictique du dernier vers : « cette maison ». Or, la dernière chose vue est justement cette « ombre », « la seule chose qui sorte / Tout le jour de cette maison ». Le symbole qui clôt le poème est riche de sens. Il représente d'abord l'ombre réelle que le soleil crée à partir du volume de la maison. L'effet d'allongement suggéré dans la dernière partie de la quatrième strophe correspond donc à l'abaissement du soleil. Mais, bien sûr, cette ombre qui grandit traduit aussi la mort qui avance. Les verbes employés par le poète traduisent métaphoriquement cette idée. En effet, l'ombre est « lourde », elle est « couchée et morte ».

Mais la métaphore de l'ombre suggère aussi le cycle des jours et du temps qui passe auquel est liée la dégradation de la maison. Tout le centre du poème en exprime les effets. À la mort des êtres qui peuple la maison est associée la destruction progressive du lieu qui les a vus vivre. L'idée de décrépitude est exprimée systématiquement, on l'a vu, en catégorisant un à un les éléments qui s'abîment. Le champ lexical de la détérioration rend compte méthodiquement du travail de sape du temps et des éléments : « l'hiver » ronge, les « gonds » rouillent,

Fiche ❽ p. 217

LA POÉSIE — Corrigé 2

les vitraux sont « brisés ». La maison semble souffrir comme les hommes : les derniers vers de la deuxième strophe laissent d'ailleurs planer une ambiguïté. La structure grammaticale de ces vers associe la maison aux « veuves », sans que l'on puisse en déterminer avec certitude le sens. Deux possibilités s'offrent au lecteur : soit on considère que « les veuves » voient cette maison qui leur inspire de la tristesse, comme c'est le cas pour l'âme, soit on considère qu'il s'agit d'une personnification qui ferait de la maison une veuve elle-même, dont les « noirs sillons » renverraient par métaphore à des yeux maquillés et humides de tristesse, « par où l'on pleure ». Quoi qu'il en soit, les deux interprétations font de la maison le témoin principal du temps passé et elle suscite les tristes souvenirs.

Pourtant, la dégradation de la maison ne porte pas que l'idée de la mort en elle parce que le poète associe la nature à son deuil. En effet, de la même manière que les souvenirs qu'il éprouve face à « ces lieux » font « rouvrir des cercueils pour revoir des trépas », la « vigne » elle-même suggère l'absence, celle de l'eau à travers l'adjectif « aride ». Le ciel participe également au tableau des sentiments : il est « vide », puis « pluvieux » pour exprimer la tristesse. Le poème de Lamartine s'inscrit ainsi dans la veine *romantique* qui met en adéquation les sentiments du poète avec la nature qui l'entoure. Or, la nature ne semble pas pouvoir exprimer complètement la mort. L'ombre marque les « silences du temps » mais aussi de ses cycles : l'ombre du deuil sera donc amenée à se rétracter et c'est peut-être aussi ce qui est suggéré aux deux derniers vers qui montrent l'ombre quittant la demeure. Comme si la vie reprenait ses droits. Et la même idée est encore plus évidente avec les oiseaux qui redonnent vie à la maison. C'est même directement de nouvelles naissances qu'elle abrite grâce à l'image du nid. Et nous avons montré d'ailleurs dans la première partie que la construction des deux strophes centrales du poème formait un mouvement qui allait de la mort

> Annoncez l'idée de votre sous-partie dès le début du paragraphe.

> Utilisez vos connaissances des mouvements littéraires.

Corrigé 2 — **LA POÉSIE**

vers la vie. Or, à y regarder de plus près, le temps et les éléments sont aussi des facteurs de vie : grâce à eux, la « mousse » croît sur les vieux murs, les volets « battent » et l'ombre se déplace « Tout le jour » de telle sorte que la vie et la mort semblent liées. Cette concomitance se retrouve d'ailleurs sur l'ensemble du poème. Et la dernière strophe reflète davantage encore la cohabitation des deux : certes « la solitaire demeure » est accablée des « silences du temps », mais ce silence est rompu par le « gazouillement » des oiseaux et animé par les « duvets flottants » qui tranchent avec la pesanteur de l'« ombre lourde ».

Conclusion

Le double mouvement du poème correspond à la nature du souvenir : devant la maison de son enfance, Alphonse de Lamartine prend paradoxalement conscience des instants de son passé et c'est de ce bonheur perdu qu'il souffre. La maison, dans sa description poétique, reflète cette ambiguïté : maison du souvenir des aïeux décédés, mais aussi lieu autrefois aimé qui ne semble pas avoir complètement perdu ses vertus protectrices.

Vie et mort cohabitent dans ce poème élégiaque qui illustre le romantisme de son auteur sondant son cœur et dévoilant ses sentiments étroitement liés à la nature, grâce à un dialogue intime avec son âme, double du poète et porte-parole de ses émotions.

> Reprenez les principaux éléments de votre commentaire.

> Composez une ouverture en mettant en relation le poème avec le mouvement littéraire auquel il appartient.

4 heures

Objet d'étude : La poésie du XIXᵉ siècle au XXIᵉ siècle

Vous ferez le commentaire du texte d'Arthur Rimbaud, en vous aidant du parcours de lecture suivant :
- **vous montrerez l'importance des sensations dans l'évocation des lieux ;**
- **vous mettrez en évidence l'insouciance des premières émotions amoureuses.**

Arthur Rimbaud, « Roman », *Cahier de Douai*, in *Poésies*, 1870-1871.

Le poète Rimbaud a produit toute son œuvre poétique alors qu'il n'était lui-même qu'un adolescent.

Roman

I

1   On n'est pas sérieux, quand on a dix-sept ans.
    — Un beau soir, foin des bocks et de la limonade[1],
    Des cafés tapageurs aux lustres éclatants !
    — On va sous les tilleuls verts de la promenade[2].

5   Les tilleuls sentent bon dans les bons soirs de juin !
    L'air est parfois si doux, qu'on ferme la paupière ;
    Le vent chargé de bruits, — la ville n'est pas loin, —
    A des parfums de vigne et des parfums de bière...

II

    — Voilà qu'on aperçoit un tout petit chiffon
10 D'azur sombre[3], encadré d'une petite branche,
    Piqué[4] d'une mauvaise étoile, qui se fond
    Avec de doux frissons, petite et toute blanche...

34

Nuit de juin ! Dix-sept ans ! — On se laisse griser[5].
La sève est du champagne et vous monte à la tête...
15   On divague[6] ; on se sent aux lèvres un baiser
Qui palpite là, comme une petite bête...

III

Le cœur fou Robinsonne[7] à travers les romans,
— Lorsque, dans la clarté d'un pâle réverbère,
Passe une demoiselle aux petits airs charmants,
20   Sous l'ombre du faux-col effrayant de son père...

Et, comme elle vous trouve immensément naïf,
Tout en faisant trotter ses petites bottines,
Elle se tourne, alerte et d'un mouvement vif...
— Sur vos lèvres alors meurent les cavatines[8]...

IV

25   Vous êtes amoureux. Loué jusqu'au mois d'août.
Vous êtes amoureux — Vos sonnets la font rire.
Tous vos amis s'en vont, vous êtes mauvais goût.
— Puis l'adorée, un soir, a daigné vous écrire... !

— Ce soir-là... — vous rentrez aux cafés éclatants,
30   Vous demandez des bocks ou de la limonade...
— On n'est pas sérieux, quand on a dix-sept ans
Et qu'on a des tilleuls verts sur la promenade.

---

1. *Foin des bocks et de la limonade :* le poète renonce à boire de la bière (les bocks) et de la limonade.
2. *Promenade :* espace bordé d'arbres, où l'on se promène à pied.
3. *D'azur sombre :* de ciel sombre.
4. *Piqué :* tacheté.
5. *Griser :* rendre un peu ivre.
6. *On divague :* on laisse errer nos pensées, on déraisonne.
7. *Le cœur fou Robinsonne :* le cœur s'échappe et vagabonde.
8. *Cavatine :* air d'opéra pour soliste.

LA POÉSIE — Corrigé 3

 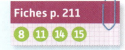

Arthur Rimbaud (1854-1891) est une figure déterminante de la littérature française bien qu'il ait composé toute son œuvre entre 15 et 20 ans avant de choisir définitivement l'aventure qui le mènera dans de multiples voyages à travers le monde. Il a marqué la poésie de son influence parce que sa vie et son personnage sont fascinants (il est surnommé « l'homme aux semelles de vent ») et parce qu'il a contribué à faire évoluer la poésie vers de nouvelles formes, plus libres. Lorsque Rimbaud rédige le *Cahier de Douai*, il n'a que 16 ans.

Aide pour le premier axe

Plusieurs lieux sont évoqués dans ce poème, relevez-les et notez quelles sensations y sont associées.

Les sensations sont perçues par les cinq sens : vue, odorat, toucher, ouïe, goût ; examinez-les tous.

Les sensations sont souvent liées à des sentiments, ne confondez pas les deux, surtout que le sentiment amoureux est l'objet de la seconde partie, mais vous pouvez cependant les mettre en relation dans cette partie si vous n'empiétez pas sur l'axe suivant.

Pour l'étude du vocabulaire, aidez-vous de la **fiche 8**.

Aide pour deuxième axe

Le texte raconte une rencontre amoureuse entre deux adolescents, mettez cela en valeur en insistant sur « l'insouciance », c'est-à-dire la légèreté, l'absence de sérieux de cet amour.

Demandez-vous si cette insouciance est totale ou si, au contraire, il n'y a pas une part de lucidité dans le regard du poète.

Pour l'étude du vocabulaire, aidez-vous de la **fiche 8**.

Corrigé 3 — LA POÉSIE

✏ Corrigé : plan détaillé

> *Les textes en vert apparaissant dans ce corrigé, titres et éléments entre crochets, ne doivent pas figurer dans votre devoir. Nous les avons insérés pour vous guider et vous aider à repérer les parties du commentaire.*

Introduction

Lorsqu'Arthur Rimbaud écrit « Roman » (dans *Cahier de Douai*), il a à peine seize ans (même s'il affirme en avoir dix-sept). Ce poème, composé de huit quatrains d'alexandrins, reflète les préoccupations d'un adolescent puisqu'il fait le tableau d'un vagabondage durant lequel aura lieu une rencontre amoureuse. *[présentation du texte et de son contexte]*

Pourtant, cette dimension anecdotique n'est pas la seule lecture possible. *[problématique]*

Ainsi, nous allons montrer que si les sensations teintent les lieux décrits des sentiments du jeune poète afin d'illustrer l'insouciance des premières émotions amoureuses, le poème manifeste aussi un certain recul. *[annonce du plan]*

I. L'importance des sensations dans l'évocation des lieux

A. Une promenade entre ville et nature

Le poème se présente comme l'itinéraire cyclique d'un jeune homme partant des « cafés tapageurs » évoqués aussi au deuxième vers à travers « des bocks et de la limonade » puis se promenant dans les rues bordées de « tilleuls » pour revenir ensuite à son point de départ (v. 30).

Le poème est construit dans un constant balancement entre nature et ville :
– v. 7 et 8 : « Le vent chargé de bruits, – la ville n'est pas loin, / – A des parfums de vigne et des parfums de bière… ». La structure binaire de ces vers témoigne de l'oscillation du poème entre ces deux espaces.
– Une description impressionniste : nature et ville sont évoquées par petites touches. Les « bocks », la « bière », les « lustres éclatants » des « cafés », un « réverbère » pour la ville, alors que la nature est suggérée par « les tilleuls verts », la « vigne », « la sève »…

B. Tous les sens en éveil

La promenade est sensuelle, tous les sens sont évoqués : la vue à travers les « tilleuls verts », les « lustres éclatants », le chiffon « d'azur », l'ouïe grâce au « vent chargé de bruits », à l'adjectif « tapageurs », le toucher à « l'air [...] parfois si doux », l'odorat, à travers la répétition du mot « parfums », et enfin le goût, indirectement évoqué par la « bière » et la « limonade ».

La synesthésie : les sens semblent se mélanger et se correspondre, ainsi « le vent [est] chargé de bruits », ce qui mélange les sensations tactiles et auditives et le terme « parfums » (v. 8) renvoie à l'odorat pour la « vigne » et prend une acception plus large lorsqu'il se rapporte à la « bière » et qu'il désigne son odeur autant que son goût.

C. Un climat estival et sensuel

Les « tilleuls » qui « sentent bon », « l'air [...] doux » et les « parfums de vigne » indiquent qu'il s'agit de la période estivale.

La nature semble se mêler aux êtres et aux choses, renforçant l'impression de synesthésie ; « un baiser / Qui palpite là, comme une petite bête... », « La sève est du champagne ».

La répétition de l'adjectif « bon » au vers 5 souligne une vie tournée vers le plaisir des sens. La modalité exclamative renforce cette impression.

Ainsi, le cadre du poème, qui dévoile un certain lyrisme, est propre à l'évocation de l'amour. Ce motif est d'ailleurs classique : ce sont les amours de vacances qui durent « jusqu'au mois d'août ». *[phrase de transition]*

II. L'insouciance des premières émotions amoureuses

A. L'adolescence insouciante et naïve

La répétition au début et à la fin du poème du motif « On n'est pas sérieux, quand on a dix-sept ans » fonctionne comme une annonce programmatique que renforce la diérèse de « sérieux » au premier vers, il doit se prononcer « sé/ri/ieux » pour que le vers soit un alexandrin [voir la **fiche 14** sur le vocabulaire de la poésie] ; elle insiste sur l'adjectif mais celui-ci est précédé de « pas » et, d'une certaine manière, la décomposition syllabique qu'impose la diérèse dénature le mot.

Corrigé 3 — **LA POÉSIE**

La répétition du premier vers à la fin du poème agit comme le refrain d'une chanson et participe du sentiment de légèreté du poème. Cela rejoint un thème cher à Rimbaud, la bohème, qui se ressent également ici à travers le caractère dilettante de l'adolescent. Une insouciance qui éclate au vers 13 : « Nuit de juin ! Dix-sept ans ! ». La double exclamation illustre l'enthousiasme.

Le poème souligne aussi la naïveté de l'adolescent : « elle vous trouve immensément naïf ».

B. La rencontre d'une jeune fille

L'événement marquant de ce poème est la rencontre d'une jeune fille mise en évidence grâce à un effet d'attente. Annoncée de façon elliptique et métonymique [voir la **fiche 11** sur les figures de substitution] dès la troisième strophe à travers l'apparition d'« un tout petit chiffon », que souligne en un écho sonore, comme une préfiguration du sentiment amoureux, le mot « frissons » à la fin de cette même strophe, la métaphore s'éclaire à la cinquième strophe : « Passe une demoiselle ».

L'évidence de ce moment est mise en valeur par un présentatif : « – Voilà qu'on aperçoit » (v. 9). La jeune fille est comme une apparition dans « la clarté d'un pâle réverbère » (v. 18), ce qui lui confère un effet fantastique et met en valeur son entrée en scène.

La description (toujours par touches impressionnistes) de la jeune fille met en avant sa jeunesse et sa légèreté : « petits airs charmants », « petites bottines ». Ce dernier groupe nominal est précédé du verbe « trotter » et l'allitération en « t » en souligne l'effet [voir la **fiche 15** sur les effets sonores].

Elle le regarde, indice d'un intérêt partagé dès les premiers instants : « Elle se tourne, alerte et d'un mouvement vif... ».

C. L'amour

Le thème principal de ce poème est donc l'amour : « Vous êtes amoureux. Loué jusqu'au mois d'août. » La première partie du vers est d'ailleurs reprise au vers suivant. Agissant comme un refrain, ce « Vous êtes amoureux » souligne l'évidence du sentiment.

Le poète insiste aussi sur la sensualité du « baiser » (v. 15) même s'il est imaginaire, sur le « cœur fou » (v. 17) et les « lèvres » (v. 15 et 24).

Enfin, la modalité exclamative et les points de suspension suggèrent la force de l'émotion et l'attente qui l'accompagne : « Avec de doux frissons, petite et toute blanche... » (v. 12). Le poème peint l'ivresse d'un amour naissant : « La sève est du champagne et vous monte à la tête... ».

La sensualité de la rencontre amoureuse s'accorde avec le thème de la bohème et de cette adolescence qui goûte le plaisir de ses sens, mêlant ses sensations à celle de la nature : « Le cœur fou Robinsonne » puis « On divague ; on se sent aux lèvres un baiser / Qui palpite là, comme une petite bête... ». L'enjambement des vers 15 et 16 [voir sur la **fiche 15** « Le rythme : le vers et la phrase »] exprime le désir amoureux qui envahit tout le corps de l'adolescent qui « se laisse griser » (v. 13).

D. Une insouciance teintée d'ironie

Mais cette insouciance est relative : d'abord parce que le poète se met à distance par un « on » qui a une valeur généralisante et confère au poème une dimension universelle. Cette impression est renforcée par le « vous » (qui apparaît au vers 14) par lequel il semble se juger.

À la même époque, dans une lettre à Paul Demeny, Rimbaud écrit : « Je est un autre [...] j'assiste à l'éclosion de ma pensée : je la regarde, je l'écoute... » On peut lire « Roman » comme une illustration de ce précepte rimbaldien.

Ensuite, le regard porté sur cette expérience n'est pas dénué d'ironie : l'amoureux qui délaisse ses amis pour un amour unique est jugé avec sévérité : « Tous vos amis s'en vont, vous êtes mauvais goût. » On peut voir dans cette remarque un jugement distancié sur le caractère envahissant de cet amour.

La jeune fille n'est pas non plus complètement innocente : elle juge le poète « immensément naïf » (v. 21).

Le poème égratigne la bourgeoisie à travers la description métonymique du « faux-col effrayant de son père » et sans doute aussi les clichés romantiques de cette nature en adéquation avec les sentiments du poète, lorsque, par exemple, la mise en relation des « parfums de vigne » et de « bière » tourne en dérision la solennité des émotions romantiques.

D'ailleurs, l'amoureux est un poète qui offre des « sonnets » à son amoureuse. La conscience du jeune homme est déjà celle d'un poète et peut-être avant tout cela, puisqu'il retourne à sa vie bohème des cafés, laissant de côté la jeune amoureuse qui a pourtant « daigné [...] écrire » (v. 28) parce qu'« On n'est pas sérieux, quand on a dix-sept ans » (v. 31) ou peut-être parce que ses « sonnets la font rire ».

Conclusion

Le titre du texte renseigne peut-être sur le projet de Rimbaud. Il s'agit bel et bien d'un « Roman » d'amour raconté au fil du texte selon un schéma classique. Une promenade, une rencontre comme un coup de foudre qui fait naître l'amour. Mais ce qui semble relever de la simple anecdote adolescente est en réalité plus profond que cela. D'abord, Rimbaud a su donner à son poème une dimension universelle : ce qui est décrit ici est un cliché des amours estivales adolescentes. Le poète ne semble d'ailleurs pas s'être laissé prendre au piège, jugeant d'un œil ironique son histoire et abandonnant finalement son amour pour revenir à sa vie de bohème. *[bilan]*

Ce poème révèle la précocité de Rimbaud qui porte à la fois sur lui-même, l'amour, la société et son art poétique un regard distancié d'une étonnante lucidité pour un jeune homme de 16 ans. *[ouverture]*

4 heures

Objet d'étude : La poésie du XIXe siècle au XXIe siècle

Vous ferez le commentaire du texte d'Anna de Noailles, en vous aidant du parcours de lecture suivant :
- **vous dégagerez les caractéristiques des paysages traversés par les trains ;**
- **vous montrerez que les trains sont présentés comme des êtres humains.**

Anna de Noailles, « Trains en été », *Les Éblouissements*, 1907.

1   Pendant ce soir inerte[1] et tendre de l'été,
    Où la ville, au soir bleu mêlant sa volupté[2],
    Laisse les toits d'argent s'effranger dans l'espace,
    J'entends le cri montant et dur des trains qui passent...
5   — Qu'appellent-ils avec ces cris désespérés ?
    Sont-ce les bois dormants, l'étang, les jeunes prés,
    Les jardins où l'on voit les petites barrières
    Plier au poids des lis et des roses trémières ?
    Est-ce la route immense et blanche de juillet
10 Que le brûlant soleil frappe à coups de maillet[3] ;
    Sont-ce les vérandas dont ce dur soleil crève
    Le vitrage ébloui comme un regard qui rêve ?
    — Ô trains noirs qui roulez en terrassant le temps,
    Quel est donc l'émouvant bonheur qui vous attend ?
15 Quelle inimaginable et bienfaisante extase[4]
    Vous est promise au bout de la campagne rase ?
    Que voyez-vous là-bas qui luit et fuit toujours
    Et dont s'irrite ainsi votre effroyable amour ?
    — Ah ! de quelle brûlure en mon cœur s'accompagne
20 Ce grand cri de désir des trains vers la campagne...

---

1. *Inerte* : sans mouvement, sans énergie.
2. *Volupté* : plaisir sensuel.
3. *Maillet* : sorte de marteau.
4. *Extase* : joie extrême.

Corrigé 4 **LA POÉSIE**

 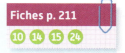

Anna de Noailles (1876-1933) est une poétesse et romancière, d'origine gréco-roumaine, née à Paris. Célèbre de son vivant, sa poésie exprime souvent un goût pour la nature et des sentiments forts qui oscillent entre la sensualité et un esprit plus tragique.

Aide pour le premier axe
Identifiez les différents paysages.
Décrivez les paysages que vous avez identifiés : quelles sont leurs caractéristiques ? Leurs spécificités ? Sont-ils des paysages urbains ? Ou bien des paysages de campagne ?
De quelle manière sont-ils décrits : de façon positive ou négative ?
Quel est le rythme de leur succession (voir la notion de rythme dans la **fiche 15**) ?
Leur succession obéit-elle à une logique ?

Vous pouvez vous aider de la **fiche 24** sur la description.

Aide pour le deuxième axe
Si les trains sont « présentés comme des êtres humains », il s'agit d'une comparaison particulière appelée « personnification » **(fiche 10).**
Relevez le vocabulaire désignant les trains, et observez la façon dont il devrait normalement caractériser les humains.
Interprétez ce que vous avez trouvé : qu'est-ce que cela veut dire ? Pourquoi la poétesse compare-t-elle les trains à des humains ?

LA POÉSIE — Corrigé 4

✎ Corrigé : plan détaillé

> *Les **textes en vert** apparaissant dans ce corrigé, titres et éléments entre crochets, ne doivent pas figurer dans votre devoir. Nous les avons insérés pour vous guider et vous aider à repérer les parties du commentaire.*

Introduction

« Trains en été » est un poème lyrique en alexandrins, de forme libre, extrait du recueil *Les Éblouissements*. Le titre du recueil donne déjà une clé de lecture du poème en suggérant, par la polysémie du mot, les dimensions du regard et de l'émotion, qui seront intimement liées dans ce poème. C'est par l'évocation des trains que l'éblouissement va ici trouver sa voie. *[présentation du texte et de son contexte]*

Il sera donc intéressant de s'interroger sur les rôles que jouent les trains dans ces éblouissements. *[problématique]*

C'est à travers une succession de tableaux des paysages traversés que l'on pourra saisir la dimension métaphorique des trains, créatures humanisées et vecteurs du désir. *[annonce du plan]*

I. Les caractéristiques des paysages traversés par les trains

A. La ville comme point de départ

Le point d'ancrage du poème est d'abord la ville d'où la poétesse « enten[d] [...] des trains qui passent », comme l'indique le pronom personnel de la première personne au vers 4.

La ville est décrite comme un écrin paisible propice à la rêverie : le « soir inerte et tendre » et le sentiment de « volupté » évoqué au vers 2 confortent cette impression. La ville, dépeinte comme un tableau en couleur dominé par le bleu et l'argent (métonymie de l'ardoise et/ou du zinc), semble s'endormir. L'arrivée des trains vient rompre l'harmonie de ce tableau.

Les trains agissent comme un déclencheur, leurs « cris » sonores vont arracher la poétesse à l'inertie (« inerte » v. 1) du paysage urbain pour l'emmener, par le questionnement, vers le déplacement à travers d'autres paysages.

Corrigé 4 **LA POÉSIE**

B. Des paysages qui défilent

Après les quatre premiers vers initiaux, gare de départ de la rêverie, le train va traverser une succession de paysages évoqués par de petites touches de deux vers, liés chacun par une rime plate ou suivie [voir la fiche 14], comme pour mimer la régularité du rythme sonore binaire des trains à vapeur. Notons que les groupes de vers – à l'exception du premier qui peut être vu comme l'ébranlement du train en gare – sont syntaxiquement liés, du fait que le second enjambe le premier [voir la fiche 15 « Le rythme : le vers et la phrase »] et du fait des anaphores (« Sont-ce », « Est-ce », « Sont-ce »). Ces anaphores créent une allitération [voir la fiche 15 « Les effets sonores »] en « s » qui reproduit le sifflement du train.

Quatre paysages différents sont évoqués, par quatre questions de deux alexandrins : d'abord la campagne bucolique, qui s'inscrit dans le lyrisme du début du texte avec « les bois dormants, l'étang, les jeunes prés » (v. 6), la nature généreuse et fleurie des jardins (v. 7 et 8), puis la route (v. 9 et 10) et enfin « les vérandas » (v. 11 et 12).

Le « vitrage » évoque d'ailleurs celui du train par lequel le voyageur observe tous ces paysages qui défilent. Par un glissement métonymique [voir « les figures de substitution » dans les outils d'analyse] propre au poème, le regard du lecteur rejoint le « regard qui rêve » de la poétesse (v. 12) et fait le même voyage qu'elle, transporté par les vers au rythme des trains.

C. Une ligne d'horizon

Si la disposition des paysages montre le déplacement des trains, elle met également en lumière un changement d'atmosphère : on passe, en effet, d'une nature généreuse, dans les deux premiers tableaux, à la dureté des paysages frappés par le soleil, avec cette « route immense » comme ligne de démarcation.

Aux deux premiers tableaux, dans lesquels dominent implicitement le vert des bois, de l'eau, des « jeunes prés » et les couleurs des fleurs, succède la lumière aveuglante (qui éblouit au v. 12) du « dur soleil » qui brûle et « frappe ».

Le paysage s'assèche, la nature se raréfie pour devenir finalement « la campagne rase », dernier paysage évoqué par le poème, désigné comme le « bout » du voyage, comme une ligne d'horizon qui correspond à la ligne de fuite des trains.

Ainsi, au cœur de ces paysages, les trains acquièrent une dimension métaphorique et deviennent des créatures porteuses des désirs de la poétesse. *[phrase de transition]*

II. Des trains présentés comme des êtres humains

A. Des trains personnifiés

Les trains sont personnifiés dès leur apparition au quatrième vers : « les cris » du vers 5 et du dernier vers traduisent, par un terme normalement propre à l'homme, les coups de sifflets qui retentissent à l'approche d'un passage à niveau pour prévenir de l'imminence de l'arrivée du train.

L'adjectif « désespérés », qui suit ce cri, exprime un sentiment qui concourt également à la personnification. Au vers 18, d'autres sentiments apparaissent : l'irritation et l'« amour ».

La poétesse s'adresse d'ailleurs directement au train par les questions des vers 13 à 18 : le « vous » représente les trains, comme s'il s'agissait de personnes vivantes.

Les trains apparaissent même au vers 13 comme des sortes de démiurges que l'on invoque et capables d'agir sur le temps : « Ô trains noirs qui roulez en terrassant le temps ».

B. Une communion avec la nature

Les trains ne sont pas les seuls éléments personnifiés puisque certains éléments du paysage le sont également : c'est le cas du vitrage « ébloui comme un regard » et du soleil qui « frappe à coups de maillet ».

Notons que les personnifications tournent donc autour de l'image du soleil et que la poétesse décrit, dans une phrase exclamative à la fin du poème, la « brûlure » qui consume son « cœur ».

Le poème semble donc, à travers les personnifications, lier intimement le destin du train traversant les différents paysages avec les aspirations de la poétesse.

C. Un voyage comme une quête

Nous pouvons lire le parcours des trains comme la traduction ou la métaphore des aspirations de la poétesse.

Les questions posées aux trains semblent être des interrogations que la poétesse se fait à elle-même, ce que confirment les deux derniers vers du poème : « de quelle brûlure en mon cœur s'accompagne / Ce grand cri de désir des trains vers la campagne... ».

Pourtant, ce désir est ambigu puisque cette campagne, idéale au début du texte, devient peu à peu aride et brûlante, comme un désir trop fort, un amour « effroyable » qui « irrite ». Est-ce que ce désir est tellement fort qu'il en est devenu insupportable ? Ou est-ce une espérance vaine qui se dérobe à la poétesse trop souvent et qui « fuit toujours » (v. 17) ? Cette « extase » promise et « bienfaisante » est-elle vraiment « inimaginable » ? La clé du texte est laissée à l'interprétation du lecteur.

Conclusion

Les trains sont donc ici tout à la fois le vecteur du voyage, à travers différents paysages, et plus profondément le véhicule d'un désir ambivalent, un sentiment extatique et dévorant, une ligne de fuite vers un amour qu'on peine à identifier complètement. *[bilan]*

La dimension métaphorique et onirique du train transfigure le réalisme des paysages et c'est une des forces de la poésie de pouvoir transformer la réalité par le jeu des images. *[ouverture]*

SUJET 5

Objet d'étude : Le roman et le récit du Moyen Âge au XXIe siècle

Vous ferez le commentaire du texte de Kateb Yacine. Vous pourrez vous intéresser plus particulièrement :
- **à ce qui sépare la mère et le fils au moment du récit ;**
- **au regard sévère que le narrateur adulte porte sur l'enfant qu'il a été.**

Kateb Yacine, *Le Polygone étoilé*, **Éditions du Seuil, 1966.**

Le père du narrateur, petit garçon brillant, décide de l'envoyer à l'école française, alors qu'il suivait jusque-là ses études à l'école coranique, comme la plupart des petits Algériens depuis la récente indépendance de l'Algérie, proclamée en 1962. La mère est contrariée par cette décision, mais ne le dit pas.

1   Après de laborieux et peu brillants débuts, je prenais goût rapidement à la langue étrangère, et puis, fort amoureux d'une sémillante[1] institutrice, j'allais jusqu'à rêver de résoudre, pour elle, à son insu, tous les problèmes proposés dans mon volume d'arithmétique !
5   Ma mère était trop fine pour ne pas s'émouvoir de l'infidélité qui lui fut ainsi faite. Et je la vois encore, toute froissée, m'arrachant à mes livres – tu vas tomber malade ! – puis un soir, d'une voix candide, non sans tristesse, me disant : « Puisque je ne dois plus te distraire de ton autre monde, apprends-moi donc la langue française... » Ainsi se refer-
10 mera le piège des Temps Modernes sur mes frêles racines, et j'enrage à présent de ma stupide fierté, le jour où, un journal français à la main, ma mère s'installa devant ma table de travail, lointaine comme jamais, pâle et silencieuse, comme si la petite main du cruel écolier lui faisait un devoir, puisqu'il était son fils, de s'imposer pour lui la camisole du
15 silence, et même de le suivre au bout de son effort et de sa solitude – dans la gueule du loup.

Sujet 5 — LE ROMAN ET LE RÉCIT

Commentaire

20 Jamais je n'ai cessé, même aux jours de succès près de l'institutrice, de ressentir au fond de moi cette seconde rupture du lien ombilical, cet exil intérieur qui ne rapprochait plus l'écolier de sa mère que pour les arracher, chaque fois un peu plus, au murmure du sang, aux frémissements réprobateurs[2] d'une langue bannie, secrètement, d'un même accord, aussitôt brisé que conclu... Ainsi avais-je perdu tout à la fois ma mère et son langage, les seuls trésors inaliénables[3] – et pourtant aliénés !

1. *Sémillante* : joyeuse, vive.
2. *Réprobateurs* : accusateurs.
3. *Inaliénables* : qu'on ne peut retirer, enlever.

 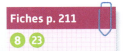

Travail préparatoire — Fiches p. 211

Kateb Yacine (1929-1989) est né à Constantine en Algérie. Son père lui fait partager sa double culture française et maghrébine. Si l'école française l'éloigne de ses racines, elle lui fait aussi découvrir les vertus libératrices de l'esprit critique. En 1945, à 15 ans, il participe à la grande manifestation des musulmans à Sétif qui protestent contre leur situation injuste. De nombreux Algériens sont tués et il est emprisonné quelques mois, scellant son destin d'écrivain engagé. Il écrit en français puis en arabe. La littérature est pour lui un moyen de défendre son identité et la liberté.

Aide pour le premier axe

La question demande de commenter la séparation entre l'enfant et sa mère. Pour guider l'analyse, demandez-vous :
– De quel type de séparation s'agit-il ? physique ? intellectuelle ? affective ?
– Pourquoi cette séparation ?
– Quels éléments, quels indices la mettent en valeur ?
– Comment cette séparation est vécue par la mère et l'enfant ?

49

LE ROMAN ET LE RÉCIT — Corrigé 5

Aide pour le deuxième axe

Quels sont les indices qui permettent de voir que c'est l'adulte qui parle ?

Quelle est la différence entre le regard de l'enfant et celui de l'adulte ? Comment voit-on que ce regard est sévère ? Quels indices le montrent ?

Pourquoi le narrateur est-il sévère avec lui-même ? Pour quelle(s) raison(s) ?

La méthode que nous venons d'employer est un bon moyen pour construire des sous-parties. Retenons deux choses :
– Nous avons décomposé l'axe en plusieurs questions qui lui sont liées.
– Nous nous sommes posé les questions « Comment ? » et « Pourquoi ? ».

Corrigé : devoir rédigé

Les textes en vert apparaissant dans ce corrigé, titres et textes en marge, ne doivent pas figurer dans votre devoir. Nous les avons insérés pour vous guider et vous aider à repérer les parties du commentaire.

Introduction

Le récit de Kateb Yacine se trouve dans *Le Polygone étoilé* (1966), un livre protéiforme qui mêle le roman, la poésie et le théâtre. Cet extrait qui clôt le livre est directement inspiré de l'enfance du romancier. Il y aborde ses thèmes de prédilection : l'importance de la langue, le lien maternel et la douleur de la colonisation.

Afin de mettre en valeur l'importance cruciale de ce moment de l'enfance dans la vie de l'auteur, nous expliquerons ce qui a marqué la séparation de la mère et du fils au moment du récit, avant de montrer que le narrateur adulte porte un regard sévère sur l'enfant qu'il a été.

Présentez le texte et son contexte.

Élaborez une problématique et annoncez le plan.

Corrigé 5 **LE ROMAN ET LE RÉCIT**

Développement

Cet extrait raconte avant tout la séparation, vécue comme un arrachement, du jeune Kateb Yacine et de sa mère.

Le trajet du narrateur va se trouver lié à l'histoire de son pays. La colonisation française apporte avec elle son administration, sa culture et sa langue. Le père du narrateur fait le choix d'envoyer son fils à l'école française qui concurrence l'école traditionnelle coranique. Juste avant ce passage, Kateb Yacine explique cette décision en rapportant les paroles de son père : « La langue française domine. Il te faudra la dominer ». Il impose donc à son fils un renoncement temporaire à ses racines, lui signifiant qu'il pourra y revenir plus tard. Or, la première phrase de l'extrait montre que cette décision, au premier abord brutale puisqu'elle fait renoncer le jeune garçon à sa culture, a des effets surprenants puisqu'« après de laborieux et peu brillants débuts », Kateb prend « goût rapidement à la langue étrangère ». C'est un tournant majeur dans la vie de l'enfant.

Cette décision n'est pas bien accueillie par la mère du petit Kateb. Elle est immédiatement « contrariée » mais pourtant « ne le dit pas » comme le rappelle le paratexte. Sans doute peut-on observer ici le fonctionnement d'une société patriarcale dans laquelle l'homme prend les décisions. Or, au silence de la mère succèdent la « tristesse » et la « solitude ». Le narrateur la décrit « froissée », « arrachant » l'enfant à ses livres, émue de ce qu'elle ressent comme une « infidélité », d'autant plus qu'entre l'intimité de la mère et son fils viennent se glisser non seulement la langue française, mais aussi une nouvelle figure féminine, la « sémillante institutrice ». La mère est un personnage touchant : elle lutte pour reprendre sa place privilégiée auprès de son fils, lui demandant même de lui apprendre la langue française, passerelle vers ce qu'elle appelle l'« autre monde » dans lequel vit désormais son fils, mais elle ne peut que demeurer « lointaine » et vaincue.

> Annoncez par une phrase l'idée principale.
>
> Fiche 23 p. 234
>
> Marquez clairement les alinéas pour rendre visible les sous-parties du commentaire.
>
> Citez régulièrement le texte pour appuyer votre analyse.

LE ROMAN ET LE RÉCIT — Corrigé 5

L'abandon de la langue maternelle au profit de celle du colonisateur est donc vécu comme un véritable arrachement, une « seconde rupture du lien ombilical » que ressent dès lors l'enfant. L'image du cordon montre que la rupture est d'abord physique : la langue maternelle, désormais « bannie », était le lien qui unissait la mère et le fils. Le vecteur quasi charnel du lien de « sang » est remplacé dès lors par la « camisole du silence ». Mais cette rupture est aussi culturelle, comparée à un « exil » qui éloigne le narrateur de ses « racines ». L'enfant perd donc tout à la fois le lien personnel qui l'unit à sa mère, cette langue maternelle avec laquelle ils faisaient du théâtre et s'opposaient parfois au père (Kateb Yacine explique cela dans le passage précédant l'extrait), et le lien avec ses racines et sa culture originelle. En adoptant la langue de l'étranger, il le devient aux yeux de sa mère et de ses racines. La séparation est triple : physique, intellectuelle et affective.

> Utilisez des connecteurs logiques pour mettre en évidence l'organisation de votre commentaire.

> Faites référence à l'œuvre si vous la connaissez pour étayer votre propos.

Mais au-delà du récit d'une séparation déchirante, le roman est aussi un moment d'analyse du passé du narrateur.

> Élaborez une phrase de transition.

L'usage des temps du passé montre le caractère rétrospectif du récit. C'est l'occasion pour le narrateur adulte de poser un regard distancié sur son enfance. S'il témoigne de la vitalité de sa mémoire (« je la vois encore »), le discours de l'adulte se perçoit par le vocabulaire employé, lorsqu'il parle par exemple de « l'infidélité » faite à sa mère ou de son « exil intérieur ». Le jugement porté sur cet événement possède les marques de la lucidité et du recul de l'adulte, encore plus visibles dans la mise en perspective historique que révèle l'expression « Temps Modernes » et qui fait référence à l'histoire postcoloniale du Maghreb. Les connecteurs logiques « ainsi » et temporel « jamais » signalent également la mise en perspective du récit placé sous le regard rétrospectif et analytique de l'adulte.

Ce regard est sévère. Les termes employés sont durs et lourds de sens. Le narrateur parle d'abord d'« infidélité » faite à sa mère, décrite d'ailleurs comme une femme intelligente et « fine ». On note également le verbe « arracher », les substantifs « rupture » et « exil », les adjectifs « brisé », « perdu » et surtout « aliénés » qui clôt l'extrait. Tous insistent sur la cassure irrémédiable (puisqu'encore vécue par l'adulte) qu'a initiée le passage à la langue française. Or, la sévérité du jugement vient du fait que l'enfant n'a pas tout de suite pris la mesure du traumatisme, éprouvant au contraire une « stupide fierté » à jouer au professeur avec sa mère, sans réaliser sa souffrance, alors qu'elle est « pâle et silencieuse », décrite comme « candide » quand l'écolier est « cruel ». Celui-ci se présente comme en partie responsable de la rupture avec ses « frêles racines » car insuffisamment conscient du drame qui se jouait et qui lui fit perdre « les seuls trésors inaliénables ». Enfin, la sévérité de son jugement se mesure à la colère que ce souvenir provoque : il « enrage » d'y repenser.

Le narrateur semble se reprocher de n'avoir rien fait pour éviter « le piège » qui lui était tendu. Le champ lexical du piège est d'ailleurs présent à travers les expressions « gueule du loup » ou même la « camisole du silence » qu'impose la « langue étrangère ». Cette expression suggère la culpabilité du narrateur d'avoir suivi cette voie plutôt que celle de ses racines. Ce moment de son enfance est vécu comme un traumatisme et une perte irrémédiable qui existe encore dans l'âme du narrateur adulte.

Fiche 8 p. 217

Conclusion

Si Kateb Yacine a choisi de clore son récit autobiographique par ce souvenir, c'est pour en souligner l'importance dans sa propre vie.

Reprenez les principaux axes.

Mais ce moment résonne aussi dans une problématique plus générale, celle qui tourmente nombre d'auteurs algériens écartelés entre la langue de l'étranger, jugée tour à tour libératrice et ouverte vers un autre monde ou aliénante parce qu'elle perpétue la domination du colon, et cette langue maternelle, seule véritablement à même d'exprimer leurs racines.

Composez une ouverture.

Objet d'étude : Le roman et le récit du Moyen Âge au XXIe siècle

Vous commenterez le texte de Jules Verne en vous aidant du parcours de lecture suivant :

- **vous montrerez que se met progressivement en place un univers oppressant ;**
- **vous analyserez en quoi le portrait du professeur Schultze constitue une dénonciation.**

Jules Verne, *Les Cinq Cents Millions de la Bégum*, 1879.

Le chapitre 5 du roman de Jules Verne, intitulé « La Cité de l'Acier », s'ouvre sur une présentation de cette ville, « propriété » industrielle du professeur Schultze.

Cette masse est Stahlstadt, la Cité de l'Acier, la ville allemande, la propriété personnelle de Herr Schultze, l'ex-professeur de chimie d'Iéna, devenu, de par les millions de la Bégum[1], le plus grand travailleur du fer et, spécialement, le plus grand fondeur de canons des deux mondes. Il en fond, en vérité, de toutes formes et de tout calibre, à âme lisse et à raies, à culasse mobile et à culasse fixe[2], pour la Russie et pour la Turquie, pour la Roumanie et pour le Japon, pour l'Italie et pour la Chine, mais surtout pour l'Allemagne.

Grâce à la puissance d'un capital énorme, un établissement monstre, une ville véritable, qui est en même temps une usine modèle, est sortie de terre comme à un coup de baguette. Trente mille travailleurs, pour la plupart Allemands d'origine, sont venus se grouper autour d'elle et en former les faubourgs. En quelques mois, ses produits ont dû à leur écrasante supériorité une célébrité universelle.

Le professeur Schultze extrait le minerai de fer et la houille de ses propres mines. Sur place, il les transforme en acier fondu. Sur place, il en fait des canons.

Ce qu'aucun de ses concurrents ne peut faire, il arrive, lui, à le réaliser. En France, on obtient des lingots d'acier de quarante mille kilogrammes.

Sujet 6   **LE ROMAN ET LE RÉCIT**

Commentaire

En Angleterre, on a fabriqué un canon en fer forgé de cent tonnes. À Essen, M. Krupp est arrivé à fondre des blocs d'acier de cinq cent mille kilogrammes. Herr Schultze ne connaît pas de limites : demandez-lui un canon d'un poids quelconque et d'une puissance quelle qu'elle soit, il vous servira ce canon, brillant comme un sou neuf, dans les délais convenus.

Mais, par exemple, il vous le fera payer ! Il semble que les deux cent cinquante millions de 1871[3] n'aient fait que le mettre en appétit.

En industrie canonnière comme en toutes choses, on est bien fort lorsqu'on peut ce que les autres ne peuvent pas. Et il n'y a pas à dire, non seulement les canons de Herr Schultze atteignent des dimensions sans précédent, mais, s'ils sont susceptibles de se détériorer par l'usage, ils n'éclatent jamais. L'acier de Stahlstadt semble avoir des propriétés spéciales. Il court à cet égard des légendes d'alliages mystérieux, de secrets chimiques. Ce qu'il y a de sûr, c'est que personne n'en sait le fin mot.

Ce qu'il y a de sûr aussi, c'est qu'à Stahlstadt, le secret est gardé avec un soin jaloux.

Dans ce coin écarté de l'Amérique septentrionale[4], entouré de déserts, isolé du monde par un rempart de montagnes, situé à cinq cents milles[5] des petites agglomérations humaines les plus voisines, on chercherait vainement aucun vestige de cette liberté qui a fondé la puissance de la république des États-Unis.

En arrivant sous les murailles de Stahlstadt, n'essayez pas de franchir une des portes massives qui coupent de distance en distance la ligne des fossés et des fortifications. La consigne la plus impitoyable vous repousserait. Il faut descendre dans un des faubourgs. Vous n'entrez dans la Cité de l'Acier que si vous avez la formule magique, le mot d'ordre, ou tout au moins une autorisation dûment timbrée, signée et paraphée.

---

1. Au début de l'œuvre de Jules Verne est évoqué un héritage important (celui de la Bégum Gokool) que deux personnages se sont partagé.
2. Termes techniques précisant les caractéristiques du canon.
3. Allusion au même héritage.
4. *Septentrional* : du nord.
5. *Mille* : ancienne mesure de distance (environ 1 481 mètres).

55

LE ROMAN ET LE RÉCIT   Corrigé 6

Travail préparatoire

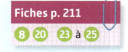

Fiches p. 211

Jules Verne (1828-1905) est un célèbre romancier auteur de plus de soixante-dix romans. Passionné par les sciences, son œuvre mêle récits de voyage extraordinaires ou fantastiques et récits de science-fiction (que l'on appelait à l'époque des romans d'anticipation). On le considère même comme un visionnaire car son œuvre préfigure l'utilisation de sous-marins, le voyage sur la Lune, etc. Elle a marqué l'imaginaire populaire grâce à des histoires et des personnages incroyables, parmi lesquels les plus emblématiques sont Phileas Fogg, le héros du *Tour du monde en quatre-vingts jours* et le capitaine Nemo, capitaine du sous-marin Nautilus de *Vingt mille lieues sous les mers*. Ces romans furent adaptés à l'écran de nombreuses fois.
Les Cinq Cents millions de la Bégum est un des très rares romans de Jules Verne, pour ne pas dire le seul, qui présente une vision négative de la science. La trame du roman oppose deux hommes, le docteur Sarrasin, inventeur d'une ville utopique, France-Ville, et le professeur Schultze, créateur de Stahlstadt, « La Cité de L'Acier », une contre-utopie (ou dystopie).

Aide pour le premier axe
« Oppresser » veut dire « étouffer », « accabler », il a donc un sens négatif. Observez le vocabulaire péjoratif et notamment le champ lexical de l'enfermement qui provoque le sentiment d'oppression (voir la fiche 8).

Aide pour le deuxième axe
Le texte constitue un portrait en action (fiche 20) du professeur parce qu'il le présente essentiellement à travers ce qu'il a fait. Ces actions font donc partie de son portrait, au même titre que les éléments descriptifs qui le caractérisent. Observez notamment sa volonté de tout contrôler et le champ lexical de la violence. Soyez sensible également à la façon dont le narrateur présente les éléments (à la fois la focalisation – voir la fiche 23 – et la modalisation [phrases exclamatives et donc porteuses d'émotions, interrogatives, affirmatives], ce qui traduit son point de vue négatif).

Corrigé 6 — LE ROMAN ET LE RÉCIT

Commentaire

C'est la sensation perçue par le lecteur d'un univers oppressant qui permet de comprendre la dénonciation. La description négative est donc au service d'un propos négatif : c'est parce que Stahlstadt nous oppresse que nous avons envie de critiquer son créateur.

Vous pouvez vous aider également de la fiche 24 sur la description et de la fiche 25 sur l'utopie.

✎ Corrigé : devoir rédigé

> Les textes en vert apparaissant dans ce corrigé, titres et textes en marge, ne doivent pas figurer dans votre devoir. Nous les avons insérés pour vous guider et vous aider à repérer les parties du commentaire.

Les conseils du professeur

Introduction

Le texte est extrait d'un roman de Jules Verne intitulé *Les Cinq Cents Millions de la Bégum* (chapitre 5), qui raconte comment deux hommes, un Français et un Allemand, se lancent dans la construction de deux villes utopiques après avoir reçu chacun la moitié d'un million en héritage de la Bégum. Le premier va partir en Amérique pour bâtir une sorte de cité idéale et écologique, le second édifiera « La Cité de l'Acier » en Europe afin de construire un gigantesque canon capable de détruire France-Ville, le pendant positif de Stahlstadt.

Présentez le texte et son contexte.

Il sera intéressant d'observer dans cet extrait, comment, à travers la description d'une cité particulière, le romancier mène une réflexion sur le rapport entre la science, l'industrie et l'urbanisation.

Élaborez une problématique.

Ce passage présente cette fameuse ville de l'acier qui apparaît comme un lieu mystérieux et oppressant.

Annoncez la première partie du plan.

57

Cette description négative fait écho au contexte belliqueux des années de production du roman et constitue une critique du progrès scientifique au service d'un seul homme dont le texte fait le portrait.

Annoncez la seconde partie du plan.

Développement

Cet extrait est principalement composé par la description de Stahlstadt, autrement dit la Cité de l'Acier.

Annoncez par une phrase l'idée principale.

Dès le début du texte, la ville en impose par sa « masse » (reprise par l'adjectif « massive » à la fin du texte) et même sa démesure. La répétition par deux fois du superlatif « le plus grand » souligne son importance, mise également en évidence par le nombre imposant d'hommes qui évoluent en son sein : « Trente mille travailleurs [...] sont venus se grouper autour d'elle et en former les faubourgs. » La ville comprend donc un centre composé de l'usine, mais aussi une périphérie importante. L'impression de gigantisme de la ville est, par ailleurs, intensifiée par l'emploi de très nombreux pluriels pour la qualifier.

Ces pluriels désignent tous les éléments qui protègent la ville, présentée comme une véritable place forte imprenable. D'abord verrouillée par « des portes massives », elle est entourée par « des fossés et des fortifications ». Plus encore, elle est soigneusement à l'écart de toute civilisation : « Dans ce coin écarté de l'Amérique septentrionale, entouré de déserts, isolé du monde par un rempart de montagnes, situé à cinq cents milles des petites agglomérations humaines les plus voisines ». Même son lieu d'implantation combine les espaces naturels les plus infranchissables, le désert et la montagne, pour la tenir à l'écart de visites indélicates. Il est ainsi dangereux de s'y rendre, « la consigne la plus impitoyable vous repousserait ». Or, si l'adjectif « impitoyable » connote la violence et le danger, le dernier paragraphe, et plus précisément la dernière phrase (« Vous n'entrez dans la Cité de l'Acier que si vous avez [...] une autorisation dûment timbrée, signée et paraphée. »), rappelle une autre forme d'agression, similaire à celle que Franz Kafka décrivait

Citez le texte.

Fiche 8 p. 217

Corrigé 6 — LE ROMAN ET LE RÉCIT

dans *Le Procès* ou *Le Château*, par exemple, lorsqu'il montrait un homme perdu dans le labyrinthe absurde d'une administration malveillante.

> Proposez un parallèle avec une autre œuvre dystopique.

Tout ceci concourt à rendre cette ville mystérieuse, entretenant le culte du secret. Nul ne sait comment est véritablement produit l'acier qui fait sa renommée : « Il court à cet égard des légendes d'alliages mystérieux, de secrets chimiques. Ce qu'il y a de sûr, c'est que personne n'en sait le fin mot. » On note ici l'insistance du texte conférant à Stahlstadt une dimension « magique » qui inquiète le lecteur. « Sortie de terre comme à un coup de baguette », elle semble animée d'une volonté propre et d'une puissance incommensurable. Le champ lexical de la force qui décrit cette ville (« puissance », « énorme », « écrasante ») la personnifie, en la comparant même à une créature infernale, ce que suggère aussi le terme « monstre ». Cette créature semble surgir « de [la] terre ». Le texte confond également le lieu avec sa fonction et même avec son créateur : l'« établissement monstre » est aussi « une ville véritable, qui est en même temps une usine modèle ». L'activité de l'usine et de ses trente mille travailleurs est décrite enfin comme l'œuvre d'un seul homme, le professeur Schultze, personnage tout aussi extraordinaire et inquiétant que sa ville parce qu'« il ne connaît pas de limites ».

> Fiche 8 p. 217

Cette démesure et ce registre fantastique, on le voit, ne sont pas positifs parce qu'ils effraient davantage encore qu'ils n'impressionnent. C'est parce que l'atmosphère négative du texte est au service de la dénonciation.

> Élaborez une phrase de transition entre la première et la seconde partie.

Cette volonté se perçoit donc à travers l'univers oppressant de Stahlstadt, mais aussi grâce au regard subjectif du narrateur. La focalisation externe donne à voir la ville de l'extérieur, le narrateur, comme le lecteur, étant exclu du secret qui entoure la ville. Si c'est une manière de préserver son inquiétant secret, cela renforce aussi le caractère inviolable, monstrueux et magique de la cité, « personne n'en sait le fin mot », et ce que l'on

> Fiche 23 p. 234

apprend sur l'œuvre du professeur Schultze, c'est ce que tout le monde sait, pas plus : son origine, son activité, son développement. La syntaxe concourt également à cette impression que la description de la ville est faite par quelqu'un qui, situé à côté de nous, regarderait la cité comme nous, et la décrirait, profitant de l'occasion pour nous en livrer les quelques renseignements que chacun sait sur son histoire : le pronom démonstratif « cette » qui introduit le texte agit d'abord comme un déictique qui désigne la ville, le narrateur paraît la montrer du doigt. Ensuite, il s'adresse directement et presque familièrement à nous, prodiguant des conseils de prudence (« n'essayez pas de franchir une des portes ») et établissant ainsi un front commun contre ce monstre protéiforme. Enfin, le regard en contre-plongée du dernier paragraphe place le spectateur/lecteur dans une situation inconfortable, l'« écrasante supériorité » du troisième paragraphe se matérialise au dernier lorsque nous sommes placés « sous les murailles de Stahlstadt » et subissons sa supériorité.

Or, cette domination a des raisons de nous mettre mal à l'aise. D'abord, elle est au service d'un seul homme, l'énigmatique professeur Schultze. Nous avons rappelé dans la première partie à quel point la ville et son industrie se confondaient avec sa propre personne. Le troisième paragraphe souligne aussi la façon dont les travailleurs « sont venus se grouper » autour de la ville. Par ailleurs, le texte présente l'indéniable savoir-faire du professeur et de son industrie, expliquant même que la prospérité de son entreprise provient non seulement de son savoir technique (« En industrie canonnière comme en toutes choses, on est bien fort lorsqu'on peut ce que les autres ne peuvent pas ») mais aussi de l'organisation très efficace et centralisée de la Cité de l'Acier, sur laquelle le texte insiste par l'anaphore de « sur place » dans le quatrième paragraphe (« Sur place, il les transforme en acier fondu. Sur place, il en fait des canons. »). Néanmoins, le texte montre que toute cette excellence ne sert que les intérêts du professeur, d'ailleurs

« jaloux » de son « secret ». On peut peut-être voir derrière ce portrait une critique du totalitarisme. Le portrait en action du professeur le présente comme un homme omnipotent, une sorte de démiurge : être exceptionnel (« ce qu'aucun de ses concurrents ne peut faire, il arrive, lui, à le réaliser »), ce que souligne l'utilisation du pronom tonique « lui », il concentre donc tous les pouvoirs (idéologique, intellectuel, politique et financier). Notons que les dessinateurs de l'époque avaient coutume de représenter le professeur Schultze sous les traits de Bismarck qui, en 1878, se livra à une répression sanglante contre les socialistes de son pays.

Mais il semble que la critique soit moins politique que morale. En effet, le texte souligne surtout l'enrichissement personnel du professeur qui ne cherche pas à faire profiter l'humanité de son savoir-faire qu'il vend très cher : « Mais, par exemple, il vous le fera payer ! » Le double sens de cette expression souligne la dangerosité du professeur et de son industrie. Rappelons à ce propos que cette ville est le pendant négatif de France-Ville bâtie, elle aussi, avec les millions de la Bégum, mais selon des principes tout à fait opposés afin d'être utile à la planète et à ses habitants. Ville utopique et positive, elle éclaire par contraste l'aspect négatif de Stahlstadt. Cet aspect des choses est d'ailleurs mis en évidence par un commentaire du narrateur qui rappelle que les États-Unis, la « république » dans laquelle se sont implantées les deux villes, doit sa force au sacro-saint principe de liberté qui a fondé sa constitution et que Stahlstadt ne respecte pas : « on chercherait vainement aucun vestige de cette liberté qui a fondé la puissance de la république des États-Unis. » Enfin et surtout, n'oublions pas que la Cité de l'Acier fabrique des canons et même les canons les plus performants du monde. Or, c'est une manière pour l'auteur de dénoncer l'utilisation du progrès technique à des fins violentes et destructrices, d'autant plus que l'objectif du professeur est de fabriquer un canon suffisamment puissant pour détruire France-Ville.

Conclusion

Jules Verne veut sans doute rappeler que la science peut trouver des applications positives, comme c'est le cas dans la ville utopique, mais également négatives, avec la ville de Stahlstadt, qui met au service de la violence et de la volonté d'un seul homme une science et un système industriel performants. Or, le lecteur de l'époque est particulièrement sensibilisé à ce problème et le choix des acteurs du roman ne semble pas anodin. En effet, la France et l'Allemagne (ou plus exactement la Prusse) sortent tout juste d'un conflit armé qui mit en évidence la volonté hégémonique de l'Allemagne.

Il est d'ailleurs intéressant de constater que les qualités de visionnaire que l'on prête à Jules Verne semblent se vérifier une fois de plus puisque non seulement ce pays sera à l'origine du prochain conflit mondial mais la course à l'armement sera le nerf de la guerre.

Reprenez les principaux éléments de votre commentaire.

Composez une ouverture.

SUJET 7

Objet d'étude : Le roman et le récit du Moyen Âge au XXIe siècle

Vous ferez le commentaire du texte d'Albert Cohen en vous aidant du parcours de lecture suivant :
- **vous étudierez tout d'abord le portrait d'un personnage à la fois comique et repoussant ;**
- **vous montrerez ensuite comment ce personnage hors norme prend une dimension mythique et légendaire.**

Albert Cohen, *Mangeclous*, chapitre I, éditions Gallimard, 1938.

Le roman raconte la vie de six compères et cousins juifs, sur l'île de Céphalonie, en Grèce.

1   Le premier qui arriva fut Pinhas Solal, dit Mangeclous. C'était un ardent, maigre et long phtisique[1] à la barbe fourchue, au visage décharné et tourmenté, aux pommettes rouges, aux immenses pieds nus, tannés, fort sales, osseux, poilus et veineux, et dont les orteils étaient effra-
5   yamment écartés. Il ne portait jamais de chaussures, prétendant que ses extrémités étaient « de grande délicatesse ». Par contre, il était, comme d'habitude, coiffé d'un haut-de-forme et revêtu d'une redingote crasseuse — et ce, pour honorer sa profession de faux avocat qu'il appelait « mon apostolat[2] ».
10 Mangeclous était surnommé aussi Capitaine des Vents à cause d'une particularité physiologique[3] dont il était vain[4]. Un de ses autres surnoms était Parole d'Honneur — expression dont il émaillait ses discours peu véridiques. Tuberculeux depuis un quart de siècle mais fort gaillard, il était doté d'une toux si vibrante qu'elle avait fait tomber un soir
15 le lampadaire de la synagogue[5]. Son appétit était célèbre dans tout l'Orient non moins que son éloquence et son amour immodéré de l'argent. Presque toujours il se promenait en traînant une voiturette qui contenait des boissons glacées et des victuailles à lui seul destinées. On l'appelait Mangeclous parce que, prétendait-il avec le sourire

▶▶▶

63

(suite)

20　sardonique[6] qui lui était coutumier, il avait en son enfance dévoré une douzaine de vis pour calmer son inexorable[7] faim. Une profonde rigole[8] médiane traversait son crâne hâlé et chauve auquel elle donnait l'aspect d'une selle. Il disposait en cette dépression[9] divers objets tels que cigarettes ou crayons.

---

1. *Phtisique* : malade atteint de tuberculose.
2. *Apostolat* : mission qui demande beaucoup d'efforts et de dévouement.
3. *Physiologique* : physique, corporelle.
4. *Dont il était vain* : dont il tirait orgueil.
5. *Synagogue* : lieu de culte de la religion juive.
6. *Sardonique* : moqueur, teinté de méchanceté.
7. *Inexorable* : auquel on ne peut se soustraire.
8. *Rigole* : sillon ou creux, long et étroit.
9. *Dépression* : creux, enfoncement.

 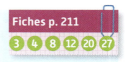

Travail préparatoire　Fiches p. 211

Albert Cohen (1895-1981) est un écrivain, poète et dramaturge suisse né à Corfou dont l'œuvre est fortement imprégnée par la culture juive. Son roman le plus célèbre, *Belle du Seigneur* (1968), reçut le Grand prix du roman de l'Académie française. Il fait partie d'une trilogie avec *Solal* (1930) et *Mangeclous* (1938), roman « gargantuesque » qui raconte la vie de cinq cousins juifs, dont Mangeclous, sur l'île de Céphalonie, en Grèce.

Aide pour le premier axe

Il fournit aisément deux sous-parties puisqu'on vous demande d'examiner deux caractéristiques du personnage :
– Un personnage peut faire rire par son apparence physique, ses gestes et ses attitudes mais aussi par ses mots. Pensez à examiner

ces deux dimensions (physique et verbale) et à expliquer ce qui est drôle et la façon dont le texte le met valeur (voir la fiche 27).
– Dans la deuxième sous-partie, examinez ce qui rend le personnage repoussant. Là encore, pensez à bien montrer comment le texte met cet aspect en valeur pour éviter la simple paraphrase ou les compilations de citations sans analyse.
– Cherchez à identifier si le personnage provoque encore un autre sentiment qui permettrait de construire une troisième sous-partie.

Aide pour le deuxième axe
Le personnage est dit « hors norme », c'est-à-dire qu'il est au-delà de la normale. Vous pouvez construire un paragraphe qui le montre en insistant sur ce qui, dans le physique et le comportement du personnage, est extraordinaire (au sens propre d'« en dehors de l'ordinaire »).
Dans un deuxième paragraphe, déterminez ce qui peut rapprocher Mangeclous d'un héros de légende ou de mythe, en examinant notamment ce qui relève du registre épique (registre qui célèbre les hauts faits de héros).
Un troisième paragraphe pourra envisager d'expliquer ce qui relève du registre héroï-comique dans cet extrait : l'héroï-comique consiste à mêler les registres épique et comique.

Conseil
Même si les axes ne sont que suggérés, il est préférable de les suivre. Vous pourrez alors vous concentrer sur la construction de sous-parties (si possible trois sous-parties pour chaque axe) : chaque sous-partie est guidée par une idée qui illustre l'axe.

Corrigé : plan détaillé

*Les **textes en vert** apparaissant dans ce corrigé, titres et éléments entre crochets, ne doivent pas figurer dans votre devoir. Nous les avons insérés pour vous guider et vous aider à repérer les parties du commentaire.*

Introduction

Mangeclous, roman publié en 1938, est un roman comique d'Albert Cohen racontant la vie de cinq cousins juifs sur l'île de Céphalonie avec, en toile de fond, la montée du nazisme en Europe. Dans l'extrait à commenter apparaît l'un des personnages principaux de l'œuvre, Mangeclous, dont le narrateur fait le portrait. *[présentation du texte et de son contexte]*

Comment la description de ce personnage atypique parvient-elle à inspirer au lecteur des sentiments partagés ? *[problématique]*

Nous montrerons d'abord que l'extrait fait le portrait d'un homme à la fois comique et repoussant, puis qu'il revêt une dimension mythique, voire légendaire. *[annonce du plan]*

I. Le portrait d'un personnage comique et repoussant

Le passage du passé simple à l'imparfait indique une pause dans la narration destinée à faire le portrait [fiche 20] d'un personnage : Pinhas Solal, dit Mangeclous.

A. Un personnage comique

Le nom du personnage éponyme (le titre du roman est aussi le nom du personnage) est un surnom comique [fiche 27], « Mangeclous », surnom qui rappelle d'ailleurs qu'il est « maigre » comme un clou. Le contraste est comique avec le fait que « son appétit était célèbre dans tout l'Orient » ; on note là une hyperbole [fiche 12] qui renforce le comique.

Ses deux autres surnoms sont farcesques, car caricaturaux et drôles : « Capitaine des Vents » est une périphrase ironique stigmatisant ses déboires intestinaux et « Parole d'Honneur » une antiphrase rappelant son goût pour les propos « peu véridiques ».

Son physique est comique avec le contraste entre sa maigreur et ses « immenses pieds nus » et surtout son crâne chosifié, comparé à une

« selle », car une « profonde rigole médiane » lui permettait d'y déposer des objets.

Certaines de ses actions sont comiques : il se promène en permanence avec « une voiturette qui contenait des boissons glacées et des victuailles à lui seul destinées », sa toux est « si vibrante qu'elle avait fait tomber un soir le lampadaire de la synagogue ». Le personnage lui-même n'est pas dénué d'humour lorsqu'il souligne que ses pieds horribles sont d'une « grande délicatesse ».

B. Un personnage repoussant

Le portrait physique dépréciatif, péjoratif [fiche 8] du personnage est peu ragoûtant : « maigre » à « la barbe fourchue », au « visage décharné » et surtout aux « pieds nus, tannés, fort sales, osseux, poilus et veineux ». L'accumulation d'adjectifs qualifiant ses pieds insiste sur l'aspect sale et repoussant de Mangeclous ; ses vêtements sont sales également (« redingote crasseuse »). Il est laid.

Sa maladie se traduit sur son physique : « phtisique », « décharné », « tuberculeux », il tousse et fait des « vents ».

Il est menteur : « il prétendait », « ses discours peu véridiques ».

Il est inquiétant : ses « orteils étaient effrayamment écartés », son sourire est « sardonique », son visage « tourmenté ». L'adverbe « effrayamment », par sa longueur et sa rareté, insiste sur le sentiment de rejet que provoque la vue de ses pieds.

C. Un personnage étonnant et attachant

Mangeclous est un personnage étonnant et inclassable : il semble faire de ses faiblesses une force. La description évite de sombrer dans l'apitoiement et souligne aussi son énergie : « Tuberculeux depuis un quart de siècle mais fort gaillard ».

Le personnage lui-même n'est d'ailleurs pas dénué d'humour lorsqu'il explique dans une formule euphémistique comment dans son enfance, « pour calmer son inexorable faim », il a mangé des vis, sans insister sur le rôle de la pauvreté dans cette action, ce qui la rend presque héroïque quand elle pourrait n'être que pathétique. À moins qu'il ne s'agisse d'une histoire inventée de toutes pièces…

On observe un jeu de contrastes qui rend compte de son ambiguïté : pauvre mais doué d'un « amour immodéré de l'argent », pieds nus mais « coiffé d'un haut-de-forme ». Ce jeu de contrastes se retrouve également entre la profession de « faux avocat » du personnage, fondée sur l'imposture, et le sérieux qu'il semble lui accorder en la nommant son « apostolat ».

Le personnage surmonte donc sa maladie et sa laideur par une personnalité forte. À la fois hâbleur et drôle, énergique malgré sa maladie, il fait preuve d'autodérision et d'ironie, ce qui le rend sympathique malgré un physique repoussant.

Mangeclous, par bien des aspects, est également un personnage extraordinaire aux accents légendaires. *[phrase de transition]*

II. Un personnage hors norme qui prend une dimension mythique et légendaire

A. Un personnage hors norme

La totalité de la personne de Mangeclous, dans sa description physique autant que son comportement, est extraordinaire et hyperbolique.

Il a d'abord un physique hors norme. Il est très maigre avec des pieds immenses et un crâne informe.

Ses actions sont également hors norme. Sa toux peut décrocher un lampadaire, enfant il a été capable de manger des vis, il peut ranger des objets sur sa tête.

La description que fait Albert Cohen de son personnage force le trait ; elle est hyperbolique. On note l'accumulation des adjectifs pour insister sur le caractère prodigieux de ses pieds et qui se termine par un adverbe dont la longueur et le sens renforcent l'effet d'étonnement (« effrayamment »). Les intensifs « fort » (« fort gaillard ») et « si » (« si vibrante ») et l'emploi d'adjectifs (« immodéré », « inexorable ») montrent le caractère exagéré du personnage.

Ce qui caractérise Pinhas Solal enfin, c'est une énergie hors du commun, qui lui a permis de compenser ses tares. En effet, bien qu'il soit « Tuberculeux depuis un quart de siècle mais fort gaillard », il est capable de manger « une douzaine de vis » et est doté d'une faim « inexorable ».

B. Un personnage épique et diabolique

Les attributs physiques et psychologiques de Mangeclous en ont fait un personnage légendaire, dont l'appétit est « célèbre dans tout l'Orient ». Le pronom indéfini « on » suggère ainsi que tout le monde le connaissait : « On l'appelait Mangeclous ».

Corrigé 7 — **LE ROMAN ET LE RÉCIT**

L'extrait lui reconnaît au moins trois surnoms, c'est remarquable pour un seul homme. Ces surnoms ont une dimension héroïque et sont d'ailleurs affublés de majuscules « Capitaine des Vents », « Parole d'Honneur » et « Mangeclous ». Ils rappellent les noms de héros et l'utilisation des épithètes homériques de l'épopée soulignent les exploits devenus légendaires.

Mangeclous apparaît enfin comme un personnage à la fois diabolique et monstrueux : sa difformité le place du côté du monstre, mais son éloquence rappelle que c'est un homme. Sa pilosité, son crâne rappellent les cornes du Diable, son « sourire sardonique » en fait un personnage presque diabolique.

C. Un univers héroï-comique

Son aspect monstrueux qui aurait pu en faire une bête de foire est compensé par un certain courage et une autodérision qui le rendent en partie sympathique, car au lieu de sombrer dans l'auto-apitoiement, il fait preuve d'une autodérision et d'un humour proches de l'univers héroï-comique.

L'expression qu'il emploie à propos de ses pieds (« de grande délicatesse ») est d'ailleurs propre à embellir la réalité, transformant la laideur effective en une belle formule, comme ses fables deviennent la parole de l'avocat. L'humour de l'expression « Capitaine des Vents » va dans le même sens en transformant une réalité triviale en surnom héroïque. Enfin, son habit, bien que crasseux, reprend les attributs du dandy, la redingote et le haut-de-forme, comme pour masquer par un habit aristocratique la misère physique.

Conclusion

Mangeclous est donc un personnage incroyable qui inspire un mélange de pitié et d'admiration, il est à la fois inquiétant car étrange, et attachant, parce que courageux et drôle. Le lecteur hésite entre lui donner le statut de héros capable de faits extraordinaires et celui d'antihéros qui prête le flanc au rire. *[bilan]*

Quoi qu'il en soit, c'est un personnage hors du commun teinté d'une dimension épique qui le rapproche des célèbres héros des romans rabelaisiens Gargantua et Pantagruel, comme lui doués d'une faim presque inextinguible et d'une dimension monstrueuse, ce qui inscrit Mangeclous dans une fameuse lignée de héros romanesques et humanistes. *[ouverture]*

4 heures

SUJET 8

Objet d'étude : Le roman et le récit du Moyen Âge au XXIᵉ siècle

Vous commenterez le texte de Balzac, en vous aidant du parcours de lecture suivant :
- **vous analyserez comment évolue le regard que les personnages portent les uns sur les autres ;**
- **vous étudierez quelle est l'influence de la société environnante sur les jugements des personnages.**

Honoré de Balzac, *Illusions perdues*, **2ᵉ partie, 1836-1843.**

Jeune homme idéalement beau, Lucien quitte la ville d'Angoulême en compagnie de sa protectrice, Madame de Bargeton, pour aller chercher à Paris la gloire littéraire. Il y perdra vite ses illusions, comme ici, lors de sa première sortie au théâtre.

1   [...] Le plaisir qu'éprouvait Lucien, en voyant pour la première fois le spectacle à Paris, compensa le déplaisir que lui causaient ses confusions[1]. Cette soirée fut remarquable par la répudiation[2] secrète d'une grande quantité de ses idées sur la vie de province. Le cercle
5   s'élargissait, la société prenait d'autres proportions. Le voisinage de plusieurs jolies Parisiennes si élégamment, si fraîchement mises, lui fit remarquer la vieillerie de la toilette de Mme de Bargeton, quoiqu'elle fût passablement ambitieuse : ni les étoffes, ni les façons, ni les couleurs n'étaient de mode. La coiffure qui le séduisait tant
10   à Angoulême lui parut d'un goût affreux comparée aux délicates inventions par lesquelles se recommandait chaque femme. — Va-t-elle rester comme ça ? se dit-il, sans savoir que la journée avait été employée à préparer une transformation. En province il n'y a ni choix ni comparaison à faire : l'habitude de voir les physionomies leur donne
15   une beauté conventionnelle. Transportée à Paris, une femme qui passe pour jolie en province, n'obtient pas la moindre attention, car elle n'est belle que par l'application du proverbe : *Dans le royaume des aveugles,*

70

Sujet 8   **LE ROMAN ET LE RÉCIT**

les borgnes sont rois. Les yeux de Lucien faisaient la comparaison que Mme de Bargeton avait faite la veille entre lui et Châtelet[3]. De son côté, Mme de Bargeton se permettait d'étranges réflexions sur son amant. Malgré son étrange beauté, le pauvre poète n'avait point de tournure[4]. Sa redingote[5] dont les manches étaient trop courtes, ses méchants gants de province, son gilet étriqué, le rendaient prodigieusement ridicule auprès des jeunes du balcon : Mme de Bargeton lui trouvait un air piteux. [...]

---

1. *Confusions* : maladresses, embarras.
2. *Répudiation* : abandon.
3. *Châtelet* : le baron du Châtelet. Mme de Bargeton le préférera à Lucien.
4. *Tournure* : allure, élégance.
5. *Redingote* : veste de soirée.

 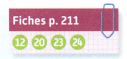

Travail préparatoire — Fiches p. 211

Honoré de Balzac (1799-1850) est l'un des plus célèbres auteurs français du XIXe siècle. Sa vie mouvementée et romanesque a nourri son œuvre immense organisée autour d'un cycle, *La Comédie humaine*, qui compte de nombreux romans ainsi que des œuvres philosophiques et fantastiques. Cet ensemble avait l'ambitieux projet de brosser un tableau réaliste et exhaustif de la société contemporaine de l'auteur. *Les Illusions perdues* occupe dans ce cycle une place centrale qui fait la liaison entre la description de la société de province et celle de Paris.

 Conseil

Avant de commencer l'étude du texte, vous pouvez consulter les **fiches 20** sur le personnage de roman et **24** sur la description.

Aide pour le premier axe

Identifiez les termes qui se rapportent au regard et à tout ce qui est vu.

Vous serez attentif à la focalisation (voir la **fiche 23**) : qui est l'observateur de cette scène ?

Vous devez décrire l'évolution du regard, c'est-à-dire son changement. Soyez attentif aux effets de parallélismes et aux différences de point de vue (attention ! Ce texte propose plusieurs points de vue, celui des personnages mais peut-être aussi celui de l'auteur).

Aide pour le deuxième axe

Le jugement des personnages est une autre manière de qualifier le regard qu'ils portent sur les autres et sur leur environnement.

Ce jugement est modifié par l'environnement particulier : les personnages viennent de province et se retrouvent à Paris dans ce lieu si particulier qu'est le théâtre fréquenté par la société mondaine à laquelle ils se confrontent. Analysez les différences entre Paris et la province, les Parisiens et les Provinciaux (Lucien, Mme de Bargeton, Châtelet).

L'environnement regroupe donc à la fois le lieu et les individus.

Balzac décrit avec une certaine précision cet environnement, la minutie de la description a un rôle puisqu'elle éclaire le caractère des personnages et renseigne sur l'intrigue (l'action) : expliquez à quoi servent les descriptions dans cet extrait.

Conseil

Cherchez des idées au brouillon à partir des pistes évoquées ici, énoncez clairement vos idées pour qu'elles répondent aux attentes des axes de lecture, justifiez-les par des explications et des exemples tirés du texte, organisez votre devoir en faisant un plan (pour les sous-parties) avant de rédiger avec soin votre commentaire.

Corrigé 8 | **LE ROMAN ET LE RÉCIT**

✏ Corrigé : plan détaillé

> *Les textes en vert apparaissant dans ce corrigé, titres et plan éléments crochets, ne doivent pas figurer dans votre devoir. Nous les avons insérés pour vous guider et vous aider à repérer les parties du commentaire.*

Introduction

Le texte que nous avons à commenter est extrait du roman *Illusions perdues* d'Honoré de Balzac. Ce roman occupe une place privilégiée dans l'œuvre de l'auteur puisqu'il constitue la charnière de deux grandes parties de *La Comédie humaine*, immense cycle romanesque qui avait pour projet de brosser le tableau de l'époque de son auteur. En effet, ce roman et en particulier cet extrait font la liaison entre les « Scènes de la vie de province » et les « Scènes de la vie parisienne ». À travers la vie d'un couple d'amants d'Angoulême qui monte à Paris, Lucien Chardon et Mme de Bargeton, Balzac peint ici le tableau du contraste entre la vie parisienne et la vie provinciale à l'occasion de la première sortie au théâtre du jeune héros. *[présentation du texte et de son contexte]*

Il sera à ce propos intéressant d'observer de quelle manière la description [fiche 24] des deux protagonistes trouve son utilité dans la trame narrative. *[problématique]*

Nous examinerons pour cela l'évolution du regard que les personnages portent les uns sur les autres avant d'étudier l'influence de la société environnante sur les jugements des personnages. *[annonce du plan]*

I. L'évolution du regard des personnages

A. La « répudiation » des anciennes idées

D'entrée de jeu, l'extrait propose un axe de lecture précis : « la répudiation secrète d'une grande quantité de ses idées sur la vie de province ». Le terme de « répudiation » signifie le rejet, l'abandon des idées et des jugements que les deux protagonistes, Lucien et Mme de Bargeton, portaient l'un sur l'autre.

Notons l'intérêt du mot « répudiation » qui renvoie au couple (répudier relève d'une certaine forme de violence conjugale qui consiste à renvoyer une épouse). Il ne s'agit pas de cela ici mais nous assistons à un double détachement : Lucien comme Mme de Bargeton vont tomber avec une certaine brutalité de leur piédestal dans le regard de l'autre.

B. La chute des protagonistes

C'est d'abord Lucien qui change son regard sur Mme de Bargeton : celle qui était sa « protectrice » et qui « le séduisait tant à Angoulême » est maintenant jugée négativement par le jeune homme qui relève « la vieillerie de la toilette » de cette femme. L'anaphore [fiche 12] de « ni » par trois fois souligne que sa mise en beauté n'est pas au goût du jour. Enfin, le jeune homme note le « goût affreux de sa coiffure ». Notons la gradation négative [fiche 12] des remarques qui mènent à une interrogation pessimiste de Lucien : « Va-t-elle rester comme ça ? ».

Ensuite, c'est Mme de Bargeton, qui après avoir admiré l'« étrange beauté » de Lucien, note son manque de « tournure », autrement dit son absence d'élégance. Son allure est ensuite critiquée méthodiquement dans la dernière phrase (« Sa redingote dont les manches étaient trop courtes, ses méchants gants de province, son gilet étriqué, le rendaient prodigieusement ridicule ») jusqu'à ce jugement sans appel : il est décrit « piteux », donc digne de pitié, ce qui est bien loin de l'admiration que suscitait le jeune génie d'Angoulême ravalé au rang de « pauvre poète ».

C. Un jeu de miroir

Chaque personnage [fiche 20] subit donc la même évolution dans le regard de l'autre ; d'abord adulé, il est ensuite décrié. La description est organisée en miroir : chaque personnage se regardant et pensant finalement la même chose. Le texte s'articule d'ailleurs sur la phrase : « Les yeux de Lucien faisaient la comparaison que Mme de Bargeton avait faite la veille entre lui et Châtelet ».

Cette construction sans équivoque est mise en valeur par le choix narratif de Balzac : le narrateur omniscient [fiche 23] permet de lire dans les pensées des personnages (d'où l'importance plus grande accordée au point de vue du héros), mais la dureté du regard sur l'autre, et notamment celui de Mme de Bargeton, est renforcée par l'ironie du narrateur suggérant sa « transformation » qui achèvera le divorce entre les deux amants ou commentant, par l'adjectif énigmatique « étranges », les « réflexions » de son héroïne sur le jeune poète.

Le choix du point de vue omniscient [fiche 23] mêle donc la vision du narrateur à celles des personnages, contribuant à l'illusion réaliste. Ainsi, la « répudiation secrète » ne l'est que pour les protagonistes l'un envers l'autre, ce qui place le lecteur dans la situation privilégiée du spectateur de théâtre, lieu effectif de cette scène, ce qui est encore une forme d'ironie. *[phrase de transition]*

II. L'influence de la société sur le jugement des personnages

A. Le prisme parisien

Les deux personnages subissent les influences du milieu parisien : le paratexte rappelle que les deux amants sont venus à Paris pour « aller chercher [...] la gloire littéraire » de Lucien, c'est dire l'importance de ce déplacement vers la capitale, lieu de tous les fantasmes pour ces deux provinciaux. D'autant plus que c'est la première sortie au théâtre de Lucien ; c'est un lieu de spectacle, de sortie à la mode dans lequel la société de la Restauration se rend davantage pour se montrer que pour voir le spectacle joué sur scène dont il n'est même pas fait allusion dans l'extrait. Le théâtre offre donc une focalisation privilégiée qui servira de révélateur aux amants.

Paris offre ainsi une nouvelle perspective aux protagonistes en permettant d'agrandir, d'enrichir et de modifier leur point de vue sur le monde : « Le cercle s'élargissait, la société prenait d'autres proportions. » Il révèle même une forme d'aveuglement des amants l'un sur l'autre, parce qu'en province leur caractère remarquable ne souffrait pas de comparaison, ce que traduit cette phrase : « *Dans le royaume des aveugles, les borgnes sont rois.* »

B. Un lieu favorable à la comparaison

Au contraire à Paris, et particulièrement dans ce lieu de spectacle fréquenté par toute la société qui aime à sortir et se montrer, les protagonistes perdent leur caractère unique et spécial qu'ils pouvaient avoir à Angoulême. Mme de Bargeton subit le « voisinage de plusieurs jolies Parisiennes » et Lucien celui « des jeunes du balcon ». Les deux personnages sont confrontés à de multiples éléments de comparaison qui soulignent leur médiocrité, ce que marque l'emploi des nombreux pluriels, la répétition de l'intensif « si » et les détails sur les raffinements des toilettes.

Tout souligne donc le contraste avec la médiocrité de la province : « En province il n'y a ni choix ni comparaison à faire : l'habitude de voir les physionomies leur donne une beauté conventionnelle. Transportée à Paris, une femme qui passe pour jolie en province, n'obtient pas la moindre attention ».

C. Une société artificielle ?

Le texte peint une société parisienne très codifiée : l'allusion aux jeunes gens « du balcon » montre la hiérarchie de ce monde qui place en hauteur ses membres les plus éminents de l'échelle sociale. Symboliquement ils dominent Lucien, fils de roturier (il est le fils d'un apothicaire). Lucien souffre également dans l'extrait de l'ombre grandissante de Monsieur du Châtelet, un noble que finira par lui préférer Mme de Bargeton ; la société de l'Ancien Régime n'est donc pas morte complètement.

L'importance de la mode confère à cette société un caractère superficiel, voire artificiel. La beauté de Lucien ne suffit plus et les toilettes de Mme de Bargeton ne sont que « passablement ambitieuse[s] » ; elle n'est pas à la hauteur, pour briller il faut maîtriser la subtilité des codes de la mode qui se perd dans des détails donnés par le vocabulaire précis de la description balzacienne : « La coiffure qui le séduisit tant à Angoulême lui parut d'un goût affreux comparée aux délicates inventions par lesquelles se recommandait chaque femme. » Le terme « recommandait » indique que chaque coiffure était perçue à son degré d'élaboration, comme une indication de son raffinement et celui d'« inventions » montre l'aspect éphémère de la mode parisienne qui se renouvelait sans cesse, là où celle de la province adoptait un rythme bien plus lent. Les jeunes gens du monde se devaient d'être au fait de ces changements incessants et de ses virtuosités.

Conclusion

Lucien et Mme de Bargeton se découvrent donc sous un jour bien moins favorable qu'à Angoulême, l'influence parisienne achevant de révéler leurs différences et focalisant leurs regards respectifs sur leurs carences et leur apparence provinciale. *[bilan]*

Cet extrait éclaire sur les fonctions de la description balzacienne. D'abord, elle correspond à la démarche réaliste : peindre le tableau de la société contemporaine de l'auteur, ses codes, ses mœurs, ses artifices. L'esthétique du contraste permet de montrer la supériorité parisienne sur celle de la province, dans cet extrait en tout cas, parce que le bilan du livre est plus nuancé. Elle a une fonction narrative ensuite ; cette scène fait, en effet, la transition entre deux mondes, elle agit comme une cérémonie initiatique pour les deux protagonistes et préfigure la suite du roman. Le narrateur ménage, d'ailleurs, des effets de suspense alimentant ainsi l'intérêt du lecteur qui attend la « transformation » annoncée de Mme de Bargeton à laquelle est lié le destin de Lucien. *[ouverture]*

Objet d'étude : Le théâtre du XVIIe siècle au XXIe siècle

Vous commenterez le texte de Marivaux en vous aidant du parcours de lecture suivant :
- vous étudierez le comportement du père à l'égard de sa fille ;
- vous montrerez que s'opposent, dans le texte, deux conceptions différentes du mariage.

Marivaux, *Le Père prudent et équitable*, scène 1, 1706.

SCÈNE PREMIÈRE
DÉMOCRITE, PHILINE, TOINETTE

DÉMOCRITE

1   Je veux être obéi ; votre jeune cervelle
    Pour l'utile[1], aujourd'hui, choisit la bagatelle.
    Cléandre, ce mignon, à vos yeux est charmant :
    Mais il faut l'oublier, je vous le dis tout franc.
5   Vous rechignez[2], je crois, petite créature !
    Ces morveuses, à peine ont-elles pris figure
    Qu'elles sentent déjà ce que c'est que l'amour.
    Eh bien donc ! vous serez mariée en ce jour !
    Il s'offre trois partis : un homme de finance,
10 Un jeune Chevalier, le plus noble de France,
    Et Ariste qui doit arriver aujourd'hui.
    Je le souhaiterais, que vous fussiez à lui.
    Il a de très grands biens, il est près du village ;
    Il est vrai que l'on dit qu'il n'est pas de votre âge :
15 Mais qu'importe après tout ? La jeune[3] de Faubon
    En est-elle moins bien pour avoir un barbon[4] ?
    Non. Sans aller plus loin, voyez votre cousine ;
    Avec son vieil époux sans cesse elle badine[5] ;
    Elle saute, elle rit, elle danse toujours.

LE THÉÂTRE — Sujet 9

(suite)

20 Ma fille, les voilà les plus charmants amours.
    Nous verrons aujourd'hui ce que c'est que cet homme.
    Pour les autres, je sais aussi comme on les nomme :
    Ils doivent, sur le soir, me parler tous les deux.
    Ma fille, en voilà trois ; choisissez l'un d'entre eux,
25 Je le veux bien encor ; mais oubliez Cléandre ;
    C'est un colifichet[6] qui voudrait nous surprendre,
    Dont les biens, embrouillés dans de très grands procès,
    Peut-être ne viendront qu'après votre décès.

                    PHILINE

    Si mon cœur…

                    DÉMOCRITE

30 Taisez-vous, je veux qu'on m'obéisse.
    Vous suivez sottement votre amoureux caprice ;
    C'est faire votre bien que de vous résister,
    Et je ne prétends point ici vous consulter.
    Adieu.

---

1. *Pour l'utile* : au lieu de l'utile.
2. *Vous rechignez* : vous montrez de la mauvaise volonté.
3. *La jeune* : la jeune épouse.
4. *Barbon* : homme âgé.
5. *Elle badine* : elle plaisante.
6. *Colifichet* : petit objet sans grande valeur.

 **Travail préparatoire**

Fiches p. 211
2 3 4 26 31

Marivaux (1688-1763) est un journaliste, romancier et dramaturge du XVIIIe siècle dont les comédies explorent la subtilité du sentiment amoureux. Son nom donna d'ailleurs naissance à un substantif, le marivaudage, qui désigne un jeu de séduction délicat par le langage, à l'image de ses pièces. *Le Père prudent et équitable* est sa première comédie (voir la **fiche 26**).

Corrigé 9 — **LE THÉÂTRE**

Aide pour le premier axe

En l'absence de didascalies, le comportement du père est à lire dans ses répliques. La parole est importante au théâtre : souvent, le personnage qui domine est celui qui parle le plus. Est-ce le cas ici ?

Soyez attentif à ce que dit le père à sa fille et à la manière dont il le dit :

– **Ce qu'il dit** : le sens de ses phrases, le vocabulaire : est-ce positif ou négatif ? sévère ou indulgent ? Quel message est transmis ? Comment interpréter les relations entre le père et sa fille ?

– **Comment il le dit** : sa manière de parler est-elle douce ou ferme ? Calme ou violente ? Les mots employés sont-ils durs ? Fait-il preuve d'autorité dans ses manières ? Observez le temps des verbes et les modalités (exclamatives, interrogatives, impératives, assertives) : que révèlent-ils ?

Aide pour le deuxième axe

Une « conception » est un point de vue, une manière de voir, de concevoir. Le dialogue entre le père et sa fille porte sur le mariage de celle-ci et chaque personnage a son propre point de vue : quels sont-ils ?

Le point de vue du père est, en partie, énoncé directement, mais il doit aussi être déduit des projets de mariage qu'il dévoile à sa fille et de la critique qu'il fait de son attitude et de son amoureux. Le choix des trois prétendants de Philine fournit aussi des indications sur ce qu'il espère du mariage.

Philine ne s'exprime que très brièvement, mais sa réplique en dit long : vous devez l'interpréter. C'est à travers le discours de son père que vous pourrez compléter sa conception du mariage, car les critiques du père sont significatives.

Ne pas oublier, comme le rappelle la fiche 26, que l'humour de la comédie met en lumière une satire sociale (pour la tonalité satirique, voir la fiche 4).

Commentaire

LE THÉÂTRE — Corrigé 9

✎ Corrigé : devoir rédigé

> *Les textes en vert apparaissant dans ce corrigé, titres et textes en marge, ne doivent pas figurer dans votre devoir. Nous les avons insérés pour vous guider et vous aider à repérer les parties du commentaire.*

Les conseils du professeur

Introduction

La légende veut que *Le Père prudent et équitable* soit le résultat d'un pari que le tout jeune Marivaux, âgé d'à peine 18 ans selon D'Alembert (mais probablement un peu plus), décide de relever après avoir déclaré qu'écrire une comédie « ne lui paraissait pas si difficile ». Dans cette pièce en un acte et en alexandrins, le dramaturge peint la condition de ces jeunes femmes mariées selon la volonté de leur père et le plus souvent contre leur gré.

Présentez le texte et son contexte.
Fiche 26 p. 238

Il sera donc intéressant de mesurer à quel point cette scène d'exposition est annonciatrice non seulement de l'intrigue, mais aussi du théâtre de Marivaux qui explore les mœurs de son époque à travers les subtilités du sentiment amoureux.

Élaborez une problématique.
Fiche 31 p. 242

Ainsi, le comportement du père à l'égard de sa fille révèle les coutumes de la société du XVIIIe siècle et son point de vue autoritaire va se heurter à celui de sa fille, dont la vision du mariage paraît bien différente.

Annoncez le plan.

Développement

Le père de Philine se comporte en chef de famille autoritaire qui ne supporte pas la contradiction.

Annoncez par une phrase la première partie.

La première réplique donne le ton : « Je veux être obéi », repris vers 30 par « je veux qu'on m'obéisse ». Démocrite ne souffre pas qu'on remette en question son autorité. Dans ce « dialogue » qui n'en est pas un, il est d'ailleurs le seul à parler. Lorsque Philine intervient pour tenter de donner son avis au vers 29, son père lui coupe la parole pour l'abandonner sans lui laisser la possibilité

Corrigé 9 — **LE THÉÂTRE**

de s'exprimer, ponctuant son quasi-monologue par un « Adieu » définitif. Les marques de l'autorité sont, par ailleurs, fréquentes dans la bouche de Démocrite. Outre les nombreuses occurrences d'un « je » dictatorial, on note les verbes qui impriment son autorité et sa volonté : « Je veux », « il faut », « je crois », « Je le veux ». À cela s'ajoutent les emplois du futur et de l'impératif qui renforcent le caractère non négociable de la parole du père : « vous serez mariée en ce jour », « oubliez Cléandre ». On le voit, aucune place n'est laissée au dialogue, ce que résume d'ailleurs l'avant-dernière phrase de Démocrite : « Et je ne prétends point ici vous consulter. » Or n'oublions pas que nous sommes au théâtre et la modalité exclamative qui ponctue le début du discours de Démocrite suggère qu'il hausse la voix pour appuyer son autorité.

Mais Démocrite n'est pas seulement autoritaire, il se révèle également désobligeant envers Philine à en juger par le vocabulaire dépréciatif qu'il emploie : « jeune cervelle », « petite créature » et surtout « morveuses » et « sottement ». On perçoit à travers son discours le peu de cas qu'il fait de l'avis de sa fille, jugé comme un « caprice ». Elle n'est pour lui qu'une écervelée dont les réflexions et les décisions ne méritent aucune considération. D'ailleurs, à travers le pluriel « Ces morveuses », il range sa fille dans une catégorie qu'il juge propre à son âge et à son sexe en niant son individualité et le caractère personnel de ses décisions. Philine, dépossédée de son libre arbitre, est quasiment réduite à l'état de chose aux mains du père qui, par deux fois, à travers l'occurrence de « Ma fille », suggère qu'il se comporte avec elle comme il le ferait d'un objet qu'on possède et dont on peut user à sa guise. D'ailleurs, quand il la sollicite par des questions, celles-ci ne sont que rhétoriques et ne servent qu'à mieux appuyer son propos, comme au vers 16 : « En est-elle moins bien pour avoir un barbon ? »

Le comportement de Démocrite est sans concession, il s'agit pour lui d'imposer un mari à sa fille, mais sa conception du mariage ne semble pas du goût de celle-ci.

> Élaborez une phrase de transition.

LE THÉÂTRE — Corrigé 9

Démocrite est le porte-parole d'une vision traditionnelle du mariage au XVIIIe siècle : une chose importante et « utile » et non une « bagatelle ». L'opposition des mots présents de part et d'autre de la césure du vers 2 est édifiante. Le mariage est une entreprise sérieuse et les trois prétendants que le père propose à sa fille sont pour différentes raisons de bons partis. L'un est « un homme de finance » donc riche, un autre est « un jeune Chevalier, le plus noble de France » qui apporterait, en plus de la fortune que l'on suppose, son rang et son nom, à une époque où appartenir à l'aristocratie est gage de qualité ; c'est le plus sûr moyen pour une jeune fille de s'élever dans la société. Enfin, le dernier prétendant, Ariste, est non seulement fortuné, mais cumule ce mérite avec celui d'habiter « près du village ». On voit là le caractère pragmatique et prosaïque, presque trivial du mariage tel que le conçoit Démocrite : il s'agit d'assurer à sa fille une position sociale que garantiraient la richesse et la noblesse promises par les futurs époux et de conserver également si possible un œil sur elle.

Or, le point de vue de Philine est tout autre. Sa courte remarque aussitôt coupée par son père suggère au contraire qu'elle ne désire pas sacrifier l'amour (« mon cœur ») à la raison sociale. Ses sentiments penchent vers Cléandre, mais le jeune homme a visiblement des problèmes d'argent puisque ses « biens » sont « embrouillés dans de très grands procès », ce qui l'exclut de façon rédhibitoire des possibles prétendants. Le discours de Démocrite est une fois de plus fort désobligeant : Cléandre est un « colifichet », un « mignon ». Pour le père, l'amour n'est pas chose sérieuse : c'est « charmant », c'est une « bagatelle », donc une chose sans importance. Et pour tenter de convaincre sa fille, il lui conte l'exemple d'une jeune femme ayant épousé un « barbon » et filant pourtant le plus parfait bonheur. Ainsi, pour Démocrite qui est sans doute là de mauvaise foi, l'argument consiste à montrer que le bonheur recherché par sa fille dans un mariage amoureux est accessible malgré tout par une union de raison. Le choix du cœur revendiqué par la jeune fille n'a pas de place dans l'esprit de son père qui lui impose ses volontés.

Cette opposition entre le père et la fille annonce l'intrigue et la scène d'exposition joue son rôle. Le spectateur se pose des questions : qui Philine va-t-elle épouser ? Est-ce la raison ou le cœur qui va l'emporter ? Quel rôle va jouer Cléandre ? Comment va réagir ce Démocrite dont l'autoritarisme caricatural présage des situations comiques ? Quel rôle va jouer Toinette, la servante, que le début de la scène annonce mais que l'extrait ne fait pas intervenir ? Or, la tradition de la comédie, notamment chez Molière, nous a habitués au rôle important joué par les servantes et les valets. Autant de questions posées par cette scène d'exposition à laquelle on attend une réponse et les caractères opposés du père et de la fille présagent de vifs affrontements et des situations plaisantes.

Conclusion

Avec cette première pièce, Marivaux donne un aperçu de son théâtre qui explore par la comédie les sentiments et la société de son époque en mutation. On comprend ici à quel point une jeune fille du XVIIIe siècle n'est pas libre d'aimer qui elle veut et encore moins de l'épouser.

Mais le titre de la pièce, *Le Père prudent et équitable*, suggère qu'elle pourra peut-être, par quelque habile stratagème, se libérer de ces contraintes et épouser l'homme qu'elle aime.

SUJET 10

Objet d'étude : Le théâtre du XVIIᵉ siècle au XXIᵉ siècle

Vous commenterez le texte d'Edmond Rostand en vous aidant du parcours de lecture suivant :
- **vous étudierez la stratégie de séduction déployée par Cyrano pour arriver à ses fins ;**
- **vous montrerez, en vous appuyant sur des références précises, que le texte mêle étroitement les tonalités (ou registres) pathétique et comique.**

Edmond Rostand, *Cyrano de Bergerac*, **acte III, scène 10, 1897.**

La scène se passe à Paris, au XVIIᵉ siècle. Cyrano, aussi célèbre pour ses prouesses militaires que pour son physique disgracieux, aime sa cousine Roxane. Mais celle-ci lui a confié qu'elle aime le beau Christian et en est aimée. Elle reproche cependant à ce dernier de ne pas savoir lui parler d'amour. Prêt à se sacrifier, Cyrano, poète à ses heures, décide d'aider Christian. Ainsi, quand celui-ci, dissimulé avec Cyrano sous le balcon de Roxane, la désespère par la maladresse de son discours amoureux, Cyrano décide de venir en aide à son rival en se faisant passer pour lui.

ROXANE, *s'avançant sur le balcon.*
                    C'est vous ?
Nous parlions de… de… d'un…

                    CYRANO
                    Baiser. Le mot est doux !
Je ne vois pas pourquoi votre lèvre ne l'ose ;
S'il la brûle déjà, que sera-ce la chose ?
Ne vous en faites pas un épouvantement :
N'avez-vous pas tantôt, presque insensiblement,
Quitté le badinage et glissé sans alarmes
Du sourire au soupir, et du soupir aux larmes !
Glissez encore un peu d'insensible façon :
Des larmes au baiser il n'y a qu'un frisson !

Sujet 10 — **LE THÉÂTRE**

ROXANE

Taisez-vous !

CYRANO

Un baiser, mais à tout prendre, qu'est-ce ?
Un serment fait d'un peu plus près, une promesse
15 Plus précise, un aveu qui veut se confirmer,
Un point rose qu'on met sur l'i du verbe aimer ;
C'est un secret qui prend la bouche pour oreille,
Un instant d'infini qui fait un bruit d'abeille,
Une communion ayant un goût de fleur,
20 Une façon d'un peu se respirer le cœur,
Et d'un peu se goûter, au bord des lèvres, l'âme !

ROXANE

Taisez-vous !

CYRANO

Un baiser, c'est si noble, madame,
Que la reine de France, au plus heureux des lords,
25 En a laissé prendre un, la reine même !

ROXANE

Alors !

CYRANO, *s'exaltant.*

J'eus comme Buckingham[1] des souffrances muettes,
J'adore comme lui la reine que vous êtes,
Comme lui je suis triste et fidèle...

ROXANE

Et tu es
30 Beau comme lui !

CYRANO, *à part, dégrisé.*

C'est vrai, je suis beau, j'oubliais !

ROXANE

Eh bien ! montez cueillir cette fleur sans pareille...

CYRANO, *poussant Christian vers le balcon.*

Monte !

Roxane
Ce goût de cœur...

Cyrano

Monte !

Roxane

Ce bruit d'abeille...

Cyrano

Monte !

Christian, *hésitant*

Mais il me semble, à présent, que c'est mal !

Roxane

40　Cet instant d'infini !...

Cyrano, *le poussant*

Monte donc, animal !
(*Christian s'élance, et par le banc, le feuillage, les piliers, atteint les balustres qu'il enjambe.*)

Christian

Ah ! Roxane !
45　(*Il l'enlace et se penche sur ses lèvres.*)

Cyrano

Aïe ! au cœur, quel pincement bizarre !
Baiser, festin d'amour, dont je suis le Lazare[2] !

---

1. *Buckingham* : duc anglais, amant de la reine de France dans *Les Trois Mousquetaires* d'Alexandre Dumas.

2. *Lazare* : personnage de l'Évangile, pauvre et malade, qui vivait des restes de festin de la table d'un riche.

Corrigé 10 — LE THÉÂTRE

 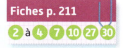

Edmond Rostand (1868-1918) est un poète et dramaturge de la seconde moitié du XIXe siècle. Sa pièce *Cyrano de Bergerac* eut un succès immédiat et immense lors de sa première représentation en 1897 et cette célébrité devint par la suite presque universelle.

Aide pour le premier axe

Il vous invite à étudier la stratégie de séduction de Cyrano. Cela revient à étudier la stratégie de persuasion adoptée. Caché sous le balcon, le héros parle pour un autre, c'est un premier élément à prendre en compte. De plus, cette stratégie ne passe que par le langage, il convient donc d'étudier la progression de son discours, les thèmes utilisés, le vocabulaire, les images, les reprises. Comment fait-il pour persuader Roxane ? De quoi la persuade-t-il ? Comment réussit-il à vaincre les réticences de la précieuse ?

Aide pour le deuxième axe

La situation est particulière car Cyrano séduit pour Christian. Elle induit un jeu de masques plaisant mais également le mensonge aux autres et à soi-même. Pour cette raison, les tonalités paraissent opposées, à la fois plaisant (comique) et sérieux (pathétique). Pour analyser les tonalités, il faut relever les éléments qui les caractérisent. Grâce aux **fiches 2, 3, 4 et 27,** vous trouverez des éléments qui vous serviront à analyser le comique. Notez que ce registre est souvent mêlé à d'autres, comme la parodie, l'ironie... Vous trouverez également des éléments pour analyser le pathétique dans la **fiche 7.** Chaque registre sera l'occasion d'un paragraphe au moins.

LE THÉÂTRE — Corrigé 10

Corrigé : devoir rédigé

> *Les textes en vert apparaissant dans ce corrigé, titres et textes en marge, ne doivent pas figurer dans votre devoir. Nous les avons insérés pour vous guider et vous aider à repérer les parties du commentaire.*

Les conseils du professeur

Introduction

La scène 10 de l'acte III de *Cyrano de Bergerac* d'Edmond Rostand n'est pas sans évoquer une autre pièce célèbre du théâtre : *Roméo et Juliette* de Shakespeare. Pourtant, même si la déclaration de Cyrano s'inscrit dans la tradition du lyrisme amoureux, elle revêt une tonalité différente parce que le héros prête sa voix à un autre prétendant, le beau mais peu brillant Christian.

Présentez le texte et son contexte.

Cyrano réussira-t-il à concilier son amour pour la belle Roxane au jeu qu'il fait pour un autre ?

Élaborez une problématique.

Dans une certaine mesure, oui, grâce au brio de la stratégie de séduction qu'il déploie. Pourtant, derrière le lyrisme de l'amour pointe le pathétique d'un homme qui est obligé d'emprunter les traits d'un autre pour faire sa cour. Par ailleurs, la situation dans laquelle il est mis relève du quiproquo de comédie.

Annoncez le plan.

Fiche 30 p. 241

Développement

Il est, tout d'abord, important de souligner que la situation permet à Cyrano de contourner l'obstacle majeur à sa volonté de séduire Roxane : son physique disgracieux. En prenant la place de Christian, le héros va avoir toute latitude pour déployer librement l'art de la parole dans lequel il excelle. Ainsi, le jeu de rôle que constitue cette scène lui permet de laisser libre cours à sa verve poétique et lyrique, comme en témoignent les deux véritables petites tirades auxquelles il se livre avec un plaisir non dissimulé et la didascalie qui montre un Cyrano « s'exaltant ». D'ailleurs, il semble dans un

Corrigé 10 — LE THÉÂTRE

premier temps s'amuser de ce jeu de masques puisqu'il se glisse dans la peau d'un héros noble et romanesque, le duc de Buckingham, ce qui lui permet de peindre Roxane sous les traits d'une reine amante. En se jouant ainsi de sa situation, il révèle son brio : il réussit le coup double d'apparaître comme l'amant romanesque qui sait divertir et faire rêver sa maîtresse et en même temps la flatte. Grâce à son art du discours, Cyrano mène le jeu et va pouvoir amener Roxane où il le souhaite.

Car il va falloir, dans un premier temps, vaincre les résistances de la belle Roxane. En effet, elle semble hésiter, elle bégaie même au début du dialogue ; que ce soit par timidité ou par malice, Cyrano doit prendre les choses en mains pour vaincre les résistances de la jeune femme. Il va donc se livrer à un badinage amoureux aussi brillant que subtil. Tout d'abord, il ne laisse pas longtemps Roxane dans l'embarras du silence et termine son alexandrin. Ainsi, il va la guider dans un crescendo savamment orchestré vers l'aveu final par une technique que l'on pourrait qualifier de « glissement », ce qu'il suggère d'ailleurs de plusieurs façons, notamment par cet alexandrin : « Glissez encore un peu d'insensible façon ». Comme on le voit, le discours est incitatif, même directif, mais pas brutal. Au contraire, Cyrano pose trois questions, directement ou sous la forme d'une interro-négative : elles s'apparentent toutes les trois à des questions oratoires destinées à guider Roxane vers l'acceptation du baiser et à donner le sentiment que cette pente que leur fait prendre Cyrano, ce glissement, s'effectue à deux. D'autant plus que la belle est bercée par la virtuosité du discours de l'amoureux qui multiplie les effets de style pour achever de vaincre toute réticence, comme la paronomase (rapprochement de mots proches par l'écriture ou la prononciation) et l'épanadiplose (reprise d'un mot en fin de proposition et au début de la proposition suivante) : « Du sourire au soupir, et du soupir aux larmes ! [...] Des larmes au baiser il n'y a qu'un frisson ! »

Mais c'est surtout par la variation sur le thème du baiser que Cyrano excelle. Après avoir écarté, presque à la façon d'une boutade, la pudeur de Roxane à parler d'un baiser par un mot trop long et qui suscite le mystère (« épouvantement »), il multiplie les images pour qualifier ce baiser et le rendre prononçable et acceptable. Il ne donne pas moins de six définitions du baiser qui devient tour à tour « serment », « point rose », « secret », « instant d'infini », « communion » et « façon d'un peu se respirer le cœur ». Par ailleurs, ces métaphores mêlent habilement le vocabulaire abstrait au concret, le sensible au tangible, le lyrisme à la sensualité ; pour Cyrano, un baiser c'est « un instant d'infini qui fait un bruit d'abeille ». Cette image poétique rappelle d'ailleurs le vers de Verlaine : « J'ai peur d'un baiser comme d'une abeille ». Cet exercice est propre à plaire à la précieuse Roxane. La subtilité de ces métaphores joint le geste (ainsi dédramatisé) à la parole, véritable actrice de l'amour dans la bouche de Cyrano, à l'image de ce « point rose qu'on met sur l'i du verbe aimer ». C'est d'ailleurs le propre de la comparaison de rapprocher des réalités ; Cyrano persuade ainsi Roxane que penser au baiser c'est déjà embrasser, comme « un aveu qui veut se confirmer ».

Fiche 10 p. 220

Pourtant, la légèreté du badinage amoureux ne doit pas faire oublier que ce dialogue représente un véritable enjeu pour Cyrano ; derrière le masque, il y a l'homme.

Élaborez une phrase de transition entre la première et la deuxième partie.

Il est assez facile de considérer la scène plaisante parce qu'elle fait apparaître tous les types de comique. La situation, tout d'abord, est comique ; deux hommes sont dissimulés sous un balcon pour séduire une jeune femme qui se méprend sur l'identité de son interlocuteur. Cette situation relève du quiproquo et même de la parodie lorsqu'on la met en relation avec la célèbre scène du balcon de *Roméo et Juliette*. Le comportement de Roxane prête aussi à rire ; cette précieuse qui se refuse même à prononcer le mot de « baiser » insiste

Fiche 27 p. 239

Corrigé 10 — **LE THÉÂTRE**

Commentaire

ensuite pour que Christian monte finaliser la promesse de Cyrano. Cela relève autant du comique de caractère, en montrant la façon dont la jeune femme si exigeante avec son amant cède aussi vite, que du comique de langage lorsqu'elle répète mot pour mot les termes de Cyrano : « Ce goût de cœur... [...] Ce bruit d'abeille... [...] Cet instant d'infini !... ». Le même type de comique est à l'œuvre dans la bouche de Cyrano quand, après avoir tenu un discours si poétique et subtil à propos du baiser, il lâche un « Monte donc, animal ! » à Christian. Enfin, il faut là faire un effort d'imagination aidé par les didascalies. Pensons à ce pauvre Christian qui doit se livrer à de multiples acrobaties pour rejoindre sa belle (il « s'élance, et par le banc, le feuillage, les piliers, atteint les balustres qu'il enjambe ») ; l'accumulation souligne le comique de geste.

Pourtant, ce n'est pas une scène de pure comédie. Si Cyrano s'exalte et paraît s'oublier derrière son masque de séducteur, il est rappelé à la réalité par Roxane, qui croyant s'adresser à Christian, souligne sa beauté. Cyrano est alors brusquement sorti de ses chimères, illusions. Il le dit avec ironie dans un rythme ternaire qui traduit son émotion : « C'est vrai, je suis beau, j'oubliais ! » Mais avait-il pour autant oublié le masque qu'il portait ? Sans doute non, à en croire l'anaphore de « comme lui », dont la formule est d'ailleurs reprise par Roxane ensuite, rappelant qu'il est conscient jusqu'au bout du jeu de rôle auquel il participe, bien qu'il se soit quelque peu laissé griser par le succès de son discours.

Mais on peut hésiter. Cyrano s'est-il laissé prendre à son propre jeu ? Si non, la scène est plutôt plaisante parce que nous en retenons essentiellement le quiproquo et le jeu de masques. Si oui, alors elle glisse vers le pathétique. Et le spectateur peut être touché par la déception de Cyrano qui va voir un autre conclure ses espérances. Même Christian est « hésitant » pour monter voir sa belle, comme s'il était conscient du trouble de son double : « il me semble, à présent, que c'est mal ! » déclare-t-il. Rappelons qu'il était aux premières loges

Fiche 7 p. 217

pour percevoir le plaisir de Cyrano à parler d'amour à Roxane. Malgré cela, le héros agit avec générosité. Il insiste malgré tout pour que Christian monte au balcon et son « Monte donc, animal ! » a quelque chose de tendre, presque de paternaliste. Cette remarque est d'ailleurs ambiguë car on peut la considérer comme davantage comique que tendre, comme nous l'avons remarqué plus haut. Pourtant, la fin de la scène conclut sur la souffrance de Cyrano qui revêt un dernier masque, plus pathétique que les précédents, celui de Lazare qui assiste sans y participer vraiment au « festin d'amour ». On peut admirer alors la pudeur du héros qui évoque un « pincement bizarre », euphémisme pathétique d'une douleur qui doit lui déchirer le cœur.

Conclusion

Cet extrait illustre finalement le genre de la pièce, la comédie héroïque. Son aspect comique est essentiel et la fin en sera heureuse. L'héroïsme de Cyrano est rendu évident par sa générosité, il se dévoue pour son ami même si cela lui coûte. Mais l'appréciation du registre dominant de cette scène reste à la discrétion du spectateur selon qu'il goûte la parodie de l'amour ou qu'il éprouve de la compassion pour un homme qui souffre pudiquement de sa laideur.

> Reprenez les principaux éléments de votre commentaire.

Cette esthétique du contraste n'est d'ailleurs pas sans évoquer le mélange du sublime et du grotesque propre au romantisme dont nous pouvons voir là une forme de survivance.

> Composez une ouverture.

4 heures

Commentaire

Objet d'étude : Le théâtre du XVIIe siècle au XXIe siècle

Vous commenterez le texte de Jean Tardieu en vous aidant du parcours de lecture suivant :
- vous analyserez ce que cette présentation a d'artificiel ;
- vous étudierez les effets produits par ce monologue sur le spectateur.

Jean Tardieu, « Il y avait foule au manoir », *La Comédie du langage*, éditions Gallimard, 1987.

Un bal est donné au château du Baron de Z... Les invités viennent tour à tour se présenter sur scène. Le premier d'entre eux est Dubois-Dupont.

Dubois-Dupont, *il est vêtu d'un « plaid » à pèlerine[1] et à grands carreaux et coiffé d'une casquette assortie « genre anglais ». Il tient à la main une branche d'arbre en fleur.*

1   Je me présente : je suis le détective privé Dubois. Surnommé Dupont, à cause de ma ressemblance avec le célèbre policier anglais Smith. Voici ma carte : Dubois-Dupont, homme de confiance et de méfiance. Trouve la clé des énigmes et des coffres-forts. Brouille les ménages ou
5   les raccommode, à la demande. Prix modérés.
     Les raisons de ma présence ici sont mystérieuses autant que... mystérieuses... Mais vous les connaîtrez tout à l'heure. Je n'en dis pas plus. Je me tais. Motus. Qu'il me suffise de vous indiquer que nous nous trouvons, par un beau soir de printemps *(il montre la branche)*, dans
10   le manoir[2] du baron de Z... Zède comme Zèbre, comme Zéphyr... *(Il rit bêtement.)* Mais chut ! Cela pourrait vous mettre sur la voie.
     Comme vous pouvez l'entendre, le baron et sa charmante épouse donnent, ce soir, un bal somptueux. La fête bat son plein. Il y a foule au manoir.

93

On entend soudain la valse qui recommence, accompagnée de rires, de vivats, du bruit des verres entrechoqués. Puis tout s'arrête brusquement.

Vous avez entendu ? C'est prodigieux ! Le bruit du bal s'arrête net quand je parle. Quand je me tais, il reprend.

Dès qu'il se tait, en effet, les bruits du bal recommencent, puis s'arrêtent.

Vous voyez ?...

Une bouffée de bruits de bal.

Vous entendez ?...

Bruits de bal.

Quand je me tais... *(Bruits de bal)*... ça recommence quand je commence, cela se tait. C'est merveilleux ! Mais, assez causé ! Je suis là pour accomplir une mission périlleuse. Quelqu'un sait qui je suis. Tous les autres ignorent mon identité. J'ai tellement d'identités différentes ! C'est-à-dire que l'on me prend pour ce que je ne suis pas.

Le crime – car il y aura un crime – n'est pas encore consommé. Et pourtant, chose étrange, moi le détective, me voici déjà sur les lieux mêmes où il doit être perpétré !... Pourquoi ? Vous le saurez plus tard.

Je vais disparaître un instant, pour me mêler incognito[3] à la foule étincelante des invités. Que de pierreries ! Que de bougies ! Que de satins ! Que de chignons ! Mais on vient !... Chut !... Je m'éclipse.

Ni vu ni connu !

Il sort, par la droite, sur la pointe des pieds, un doigt sur les lèvres.

---

1. *Plaid à pèlerine* : ample manteau orné d'une cape. 3. *Incognito* : anonymement, en secret.
2. *Manoir* : petit château à la campagne.

Corrigé 11   **LE THÉÂTRE**

 **Travail préparatoire**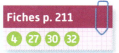

Jean Tardieu (1903-1995) est un homme de lettres et de radio dont l'œuvre se caractérise par une volonté constante de réflexion sur les codes des genres littéraires et du langage. *La Comédie du langage* est un ensemble de petites pièces qui explorent les limites du genre théâtral.

Aide pour le premier axe
Le premier axe du commentaire vous demande d'examiner ce qui vous paraît artificiel. Le terme « artificiel » renvoie à ce qui est construit de la main de l'homme par opposition à « naturel ». Ainsi, vous devez être attentif à ce que ce monologue a de fabriqué, donc à tout ce qui permet de voir que la présentation de l'intrigue et des personnages est une invention construite par l'écriture.
Au théâtre, une convention veut que le public ne participe pas à l'action, qu'il soit comme invisible aux acteurs, et une autre veut que le spectateur ait la sensation que ce qu'il voit sur scène soit réel ou pour le moins vraisemblable.
Est-ce le cas ici ? Examinez donc le personnage qui parle : est-il conforme à ce que vous avez l'habitude de voir au théâtre ? Ses propos vous paraissent-ils normaux ? Et les autres personnages ? Et l'intrigue ?

Aide pour le deuxième axe
Le deuxième axe interroge sur les effets produits par ce monologue : quels impressions, émotions, sentiments, réflexions ce monologue produit-il ?
Cette partie est le prolongement de la première. Pensez à utiliser le vocabulaire des tonalités.

     Conseil

Vous pourrez lire la fiche 30 sur le vocabulaire du théâtre et la fiche 32 sur le monologue.

LE THÉÂTRE — Corrigé 11

✏ Corrigé : plan détaillé

> *Les **textes en vert** apparaissant dans ce corrigé, titres et éléments entre crochets, ne doivent pas figurer dans votre devoir. Nous les avons insérés pour vous guider et vous aider à repérer les parties du commentaire.*

Introduction

La Comédie du langage, publiée en 1987, est composée de diverses saynètes qui interrogent toutes l'écriture théâtrale et le langage. Nous avons à commenter l'une d'elles, « Il y avait foule au manoir », qui commence par un monologue prononcé par un personnage étrange, Dubois-Dupont, détective privé qui, en déclinant son identité, va nous livrer les premiers éléments de la pièce. Son monologue [fiche 32] remplit donc la fonction d'exposition mais la personnalité mystérieuse du détective et son propos peuvent surprendre. *[présentation du texte et de son contexte]*

Nous interrogerons donc les particularités de ce monologue et la façon dont il mêle les aspects traditionnels et une mise en perspective originale du discours et du genre. *[problématique]*

Nous examinerons ainsi son caractère artificiel avant d'analyser les effets que peut produire ce monologue sur les spectateurs. *[annonce du plan]*

I. Une présentation artificielle

A. Un personnage étrange

La formule initiale « Je me présente » et la façon de se décrire au public ressemblent davantage à un entretien de travail (« Voici ma carte »). La formule « Prix modérés », par son style télégraphique, adopte même celui de la carte de visite évoquée. Comme dans une telle carte, ce personnage décline d'abord son nom, sa fonction et ses qualités.

Cette présentation s'éloigne donc des codes du genre qui font habituellement le portrait des personnages de la pièce à travers leurs actions et dialogues, ou grâce aux didascalies. Même dans le cas du monologue, elle aurait dû se faire à travers les réflexions du locuteur et la narration des premiers éléments de l'intrigue.

Le personnage lui-même est étrange : son identité n'est pas claire. Dubois-Dupont mêle son nom et son surnom et la raison évoquée, la « ressemblance avec le célèbre policier anglais Smith », est incompréhensible, voire fausse, car aucun policier célèbre ne porte ce nom. Enfin, la présentation vestimentaire, « genre anglais », qui en est faite dans la didascalie initiale, évoque évidemment le célèbre Sherlock Holmes, ce qui achève de brouiller les « cartes ».

Dubois-Dupont lui-même relève la confusion sur son identité : « J'ai tellement d'identités différentes ! C'est-à-dire que l'on me prend pour ce que je ne suis pas. »

B. Une scène d'exposition inhabituelle

Ce monologue présente donc le personnage, mais il indique aussi le lieu « le manoir du baron de Z » et les premiers éléments de l'intrigue « un bal somptueux » et un « crime » à venir (il « n'est pas encore consommé ») dans lequel Dubois-Dupont, détective de son état, prendra part.

Il est d'abord étonnant que le personnage annonce l'action à venir, surtout que sa fonction de détective, dont le rôle est normalement d'enquêter, rend absurde le fait qu'il sache que le crime va se commettre à l'avance. Cela paraît d'autant plus incroyable qu'il qualifie lui-même tout cela de « chose étrange ». Le personnage semble se confondre ici avec le narrateur.

Ensuite, le nom de l'autre protagoniste évoqué, « le baron de Z », fait penser à un personnage de bande dessinée plus que de théâtre.

C. Un jeu sur les codes du genre

Tous ces éléments paraissent artificiels parce qu'ils brisent l'illusion réaliste qui est souvent de mise au théâtre.

Le personnage de Dubois-Dupont n'a aucune réalité propre et paraît construit de toutes pièces (donc artificiel), comme le « baron de Z » d'ailleurs.

L'intrigue révèle aussi son artifice parce qu'elle est déjà écrite.

Les mécanismes mêmes de la mise en scène sont révélés par le personnage qui joue avec la bande-son du bal qu'il commande à volonté. Il se présente « une branche d'arbre en fleur » à la main, censée représenter le printemps, et montre du même coup de quelle manière un metteur en scène utilise des symboles pour signifier le cadre d'une intrigue.

LE THÉÂTRE — Corrigé 11

Finalement, ce personnage de Dubois-Dupont remplit plusieurs fonctions qui révèlent les diverses dimensions du théâtre : personnage de la pièce qui se présente sur scène, il agit aussi comme un narrateur omniscient, un metteur en scène ou un auteur qui raconterait sa pièce en s'adressant directement au spectateur qu'il interpelle en lui révélant les jeux de mise en scène, les conventions du décor et même la trame narrative de l'écriture qui précède le jeu.

Ce faisant, cette scène brouille la situation d'énonciation qui prévaut au théâtre par convention et qui ignore largement le spectateur. Ce dernier est, au contraire, pris à témoin des mécanismes de l'écriture et de la mise en scène théâtrale, et placé dans une position ambiguë : où s'arrête la scène, lorsque Dubois-Dupont déclare que « nous nous trouvons [...] dans le manoir du baron de Z » ? Le public fait-il partie du bal ?

En mettant au jour certains mécanismes du genre théâtral, et en les présentant au public directement, cette scène d'exposition rompt avec l'illusion réaliste habituelle au théâtre, qui permet au spectateur de croire à ce qu'il voit comme une réalité. Il est aussi placé dans une situation étrange. *[phrase de transition]*

II. Les effets produits sur le spectateur

A. Un sentiment d'étrangeté

Le spectateur est donc en premier lieu surpris de cette mise en scène volontairement artificielle et qui semble mélanger les genres du théâtre, du récit (avec un personnage narrateur) et peut-être de la bande dessinée. D'autant plus qu'il est directement interpellé et pris à témoin : l'absence de double énonciation empêche en partie l'illusion réaliste, propre normalement à créer l'adhésion du spectateur avec l'histoire racontée par le spectacle.

Le spectateur peut être dérouté par la personnalité et le rôle mystérieux des personnages et en particulier par Dubois-Dupont qui se qualifie par une antithèse étonnante : « homme de confiance et de méfiance ».

La situation peut être ressentie comme absurde car elle défie la logique : des personnages indéfinis aux fonctions multiples et un crime déjà en partie résolu avant d'être commis.

Le spectateur est donc placé dans une situation inconfortable parce qu'inhabituelle, le forçant à chercher ailleurs que dans la simple reproduction spectaculaire d'une réalité l'intérêt de la pièce. D'ailleurs, lorsque le détective affirme : « on me prend pour ce que je ne suis pas », le spectateur est inclus dans ce « on » et peut-être doit-il y voir une incitation à la vigilance.

B. Le suspense et l'intérêt

Mais ces éléments sont propres aussi à susciter l'intérêt du spectateur qui, en plus de l'intrigue, est amené à réfléchir sur le genre théâtral ; quel est exactement le genre du spectacle auquel il assiste : pièce de théâtre, roman policier… ? Quelle est la place du public ? Peut-il ou doit-il croire à l'histoire ou seulement la goûter en tant qu'exercice de style ?

Or, le monologue est aussi propre à créer le suspense, les éléments de l'intrigue évoquée la rendent en effet « mystérieuse » : qui est réellement Dubois-Dupont ? Un détective célèbre, un imposteur, un double de l'auteur ? Qui est le baron de Z ? Et surtout quel crime va être commis et quel rôle jouera Dubois-Dupont ? Pourquoi cette allusion censément drôle au Zéphyr ? Quel indice contient ce nom ?

Comme on le voit, de ce point de vue, le monologue remplit pleinement son rôle de scène d'exposition propre à susciter le suspense et l'intérêt du public. Et il est d'autant plus intrigué que le « vous » qu'on lui adresse le rend complice et l'inclut à la scène.

C. Le comique et l'ironie

En définitive, Jean Tardieu semble s'amuser avec le public qui devient un acteur de la pièce dialoguant avec son personnage fictif : la dernière réplique « Ni vu ni connu ! » l'implique avec ironie parce que seul le public sait maintenant que Dubois-Dupont va être présent « incognito » dans le bal. Grâce à cette phrase, la double énonciation [fiche 30] est rétablie ; le public en sait plus que les autres acteurs et ce sentiment de supériorité est propre à le contenter, d'autant plus que comme dans un spectacle de marionnettes, le détective lui demande la complicité de son silence : « Chut ! ».

Cette complicité entre le public et l'auteur par l'intermédiaire de l'acteur se perçoit aussi lorsque le détective qualifie de « merveilleux » et de « prodigieux » que les bruits du bal soient conditionnés par son propre discours puisque lui comme le spectateur savent que c'est un artifice de mise en scène : ce procédé relève de l'ironie comique.

Le registre comique [fiche 4] se perçoit aussi à travers les gestes de Dubois-Dupont qui témoignent là encore d'une certaine ironie lorsqu'il réduit l'expression du printemps à une simple branche ou use du procédé classique de la répétition lorsqu'il arrête la bande-son à plusieurs reprises ou enfin manifeste avec exagération son « incognito » en sortant « sur la pointe des pieds, un doigt sur les lèvres ».

Mais c'est surtout le comique de mots [fiche 27] qui domine. D'abord, ne peut-on pas voir derrière ce détective au comportement étrange, voire absurde et ambigu, les personnages de bande dessinée Dupond et Dupont ? Notons d'ailleurs que chez Hergé comme dans la pièce, le Dupont écrit avec un « t » est en deuxième position et nous avons déjà évoqué l'univers de la bande dessinée dans ce texte.

Ensuite, lorsque le personnage présente son identité à la façon d'une carte de visite, « Voici ma carte », on imagine qu'il la tend au public et en même temps il la lui donne verbalement, comme en témoigne la formule télégraphique évoquée dans la première partie. Jean Tardieu superpose ainsi les deux plans du langage et du geste, dans une sorte de mise en abîme de l'art théâtral, à la fois texte et représentation sur scène du texte.

Conclusion

Ce monologue informatif est donc riche de sens puisqu'il fonctionne comme une scène d'exposition qui suscite l'intérêt et le suspense. Mais le jeu sur la forme et sur l'identité des personnages interpelle le public sur l'écriture théâtrale elle-même et sur son lien avec la mise en scène. *[bilan]*

Ce monologue particulier pose plus largement la question de l'illusion du réel que crée le théâtre. L'écriture particulière de celui-ci met en lumière, d'une part, l'artificialité du monologue et, d'autre part, plus largement un problème ancien du théâtre vu par certains comme le miroir de la réalité et par d'autres comme un spectacle artificiel et déformant de cette réalité. *[ouverture]*

SUJET 12

Objet d'étude : Le théâtre du XVIIe siècle au XXIe siècle

Vous commenterez le texte de Beaumarchais en vous aidant du parcours de lecture suivant :
- vous montrerez en quoi il s'agit d'une scène d'exposition de comédie ;
- vous étudierez comment Beaumarchais souligne l'opposition entre les deux personnages.

Pierre-Augustin Caron de Beaumarchais, *Le Barbier de Séville*, acte I, scène 1 et scène 2 (extrait), 1775.

ACTE PREMIER

Le théâtre représente une rue de Séville, où toutes les croisées[1] sont grillées[2].

SCÈNE PREMIÈRE

LE COMTE, *seul, en grand manteau brun et chapeau rabattu. Il tire sa montre en se promenant.*

1   Le jour est moins avancé que je ne croyais. L'heure à laquelle elle[3] a coutume de se montrer derrière sa jalousie[4] est encore éloignée. N'importe ; il vaut mieux arriver trop tôt que de manquer l'instant de la voir. Si quelque aimable de la cour pouvait me deviner à cent lieues
5   de Madrid, arrêté tous les matins sous les fenêtres d'une femme à qui je n'ai jamais parlé, il me prendrait pour un Espagnol du temps d'Isabelle[5]. Pourquoi non ? Chacun court après le bonheur. Il est pour moi dans le cœur de Rosine. Mais quoi ! suivre une femme à Séville, quand Madrid et la cour offrent de toutes parts des plaisirs si faciles ? Et c'est cela
10   même que je fuis. Je suis las[6] des conquêtes que l'intérêt, la convenance ou la vanité[7] nous présentent sans cesse. Il est si doux d'être aimé pour soi-même ; et si je pouvais m'assurer sous ce déguisement… Au diable l'importun[8] !

▶▶▶

101

Scène 2

Figaro, le comte, *caché*.

Figaro, *une guitare sur le dos attachée en bandoulière avec un large ruban ; il chantonne gaiement, un papier et un crayon à la main.*

Bannissons le chagrin,
Il nous consume :
Sans le feu du bon vin,
Qui nous rallume,
Réduit à languir,
L'homme, sans plaisir,
Vivrait comme un sot,
Et mourrait bientôt.

Jusque-là ceci ne va pas mal, hein, hein !
... Et mourrait bientôt.
Le vin et la paresse
Se disputent mon cœur.

Eh non ! ils ne se le disputent pas, ils y règnent paisiblement ensemble...
Se partagent... mon cœur.

Dit-on « se partagent » ?... Eh ! mon Dieu, nos faiseurs d'opéras-comiques n'y regardent pas de si près. Aujourd'hui, ce qui ne vaut pas la peine d'être dit, on le chante. *(Il chante.)*

Le vin et la paresse
Se partagent mon cœur...

Je voudrais finir par quelque chose de beau, de brillant, de scintillant, qui eût l'air d'une pensée. *(Il met un genou en terre, et écrit en chantant.)*

Se partagent mon cœur.
Si l'une a ma tendresse...
L'autre fait mon bonheur.

Fi donc ! c'est plat. Ce n'est pas ça... Il me faut une opposition, une antithèse :

Si l'une... est ma maîtresse,
L'autre...

Eh ! parbleu, j'y suis !...
L'autre est mon serviteur.

Fort bien, Figaro !... *(Il écrit en chantant.)*

Le vin et la paresse
Se partagent mon cœur ;

> Si l'une est ma maîtresse,
> L'autre est mon serviteur,
> L'autre est mon serviteur,
> L'autre est mon serviteur.

50 Hein, hein, quand il y aura des accompagnements là-dessous, nous verrons encore, messieurs de la cabale[9], si je ne sais ce que je dis. *(Il aperçoit le Comte.)*
J'ai vu cet abbé-là[10] quelque part. *(Il se relève.)*

---

1. *Les croisées :* les fenêtres.
2. *Grillées :* grillagées.
3. « elle » désigne Rosine, la jeune fille dont le comte est amoureux.
4. *Jalousie :* grillage de fer ou de bois qui couvre une fenêtre et permet de voir sans être vu.
5. *Isabelle :* la reine Isabelle la catholique (1451-1504). Le comte considère que sa conduite amoureuse relève d'une époque lointaine, révolue.
6. *Las :* fatigué.
7. *Vanité :* arrogance, prétention.
8. *Importun :* personne dont la présence n'est pas souhaitée.
9. *Cabale :* manœuvres secrètes et collectives menées contre un auteur en vue de provoquer l'échec d'une pièce.
10. C'est la tenue du comte qui le fait ressembler à un abbé en soutane.

 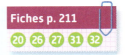

Travail préparatoire — Fiches p. 211

Pierre-Augustin Caron de Beaumarchais (1732-1799) est un homme de lettres mais également un homme d'action. Sa vie est un véritable roman et nous vous conseillons de vous intéresser à sa biographie plus en détails car elle peint le destin incroyable d'un homme et renseigne en même temps sur cette époque mouvementée qu'est le XVIIIe siècle. Le théâtre de Beaumarchais reflète l'esprit des Lumières car il interroge et même remet en question les hiérarchies sociales et les privilèges de noblesse dont il fait la satire.

LE THÉÂTRE — Corrigé 12

Aide pour le premier axe
Deux éléments sont à développer :
– d'abord, montrez qu'il s'agit d'une scène d'exposition (fiche 31) ;
– ensuite, vous devez mettre en valeur la dimension comique du texte : aidez-vous des différents types de comique définis dans la fiche 27.

Aide pour le deuxième axe
Évitez d'étudier les deux personnages séparément, mais tentez de faire un portrait croisé de Figaro et du comte en analysant par exemple dans des paragraphes distincts leurs comportements, leurs personnalités et leurs centres d'intérêt et en mettant en valeur leurs « oppositions » et différences (voir la fiche 20 sur le portrait).
N'oubliez pas que les deux hommes appartiennent à deux classes différentes, ce qui a une grande importance au XVIIIe siècle.

Corrigé : plan détaillé

Les textes en vert apparaissant dans ce corrigé, titres et éléments entre crochets, ne doivent pas figurer dans votre devoir. Nous les avons insérés pour vous guider et vous aider à repérer les parties du commentaire.

Introduction

L'extrait soumis à notre étude est composé des deux premières scènes de la pièce qui remplissent la fonction d'exposition [fiche 31] de la comédie *Le Barbier de Séville* jouée pour la première fois en 1775. Elle est le premier volet d'une trilogie, *Le Roman de la famille Almaviva*, dont le deuxième épisode, *Le Mariage de Figaro*, est le plus célèbre. L'exposition est composée de deux monologues successifs qui présentent les deux personnages principaux de la pièce : le comte Almaviva qui entre d'abord en scène, puis Figaro. *[présentation du texte et de son contexte]*

Corrigé 12   **LE THÉÂTRE**

Mais que signifie cette entrée en scène décalée des deux hommes ? *[problématique]*

Nous allons montrer de quelle manière ces deux scènes de comédie remplissent les différentes fonctions de l'exposition avant de mettre en lumière l'opposition entre Figaro et le comte. *[annonce du plan]*

I. Une scène d'exposition de comédie

A. Les éléments classiques de l'exposition

L'extrait délivre les informations nécessaires à la compréhension de la pièce : les personnages, le cadre spatio-temporel et les premiers éléments d'intrigue.

Les deux personnages principaux sont un noble de la « cour » de « Madrid » et un valet musicien et homme de théâtre, Figaro.

Le cadre spatio-temporel est évoqué dans la didascalie : « Le théâtre représente une rue de Séville ». L'allusion à la cour, au règne d'Isabelle comme élément du passé, fait penser que l'action est contemporaine de l'époque de Beaumarchais, même si ce n'est pas une certitude.

Nous prenons connaissance des premiers éléments d'intrigue : le comte est amoureux de Rosine, qu'il cherche à séduire, et il rencontre fortuitement Figaro, dont on devine qu'il va prendre part à l'intrigue.

B. Un sujet et un ton légers

La scène d'exposition renseigne aussi sur le genre de la pièce et, au théâtre, le genre est lié aux tonalités : le ton léger de la pièce indique qu'il s'agit d'une comédie [fiche 26] : elle est en prose, le sujet en est l'amour (« Il est si doux d'être aimé pour soi-même ») et le monologue de la scène 2 est presque exclusivement composé d'une chanson.

Le personnage principal, Figaro, est un valet, acteur et musicien, personnage de comédie. La didascalie souligne sa joie de vivre (« il chantonne gaiement »).

C. Les différents types de comique

La tonalité comique, qui renseigne donc sur le fait que la pièce est une comédie, est présente à de multiples niveaux [fiche 27].

On a d'abord le comique de situation à travers la rencontre fortuite entre Figaro et le comte alors que ce dernier est déguisé et n'est pas tout de suite reconnu par son ancien valet : « J'ai vu cet abbé-là quelque part. »

On relève ensuite le comique de caractère : Figaro est un gai luron dont la joie de vivre est communicative ; le comte, déguisé, a conscience qu'il est sujet à la moquerie (« Si quelque aimable de la cour pouvait me deviner à cent lieues de Madrid [...] il me prendrait pour un Espagnol du temps d'Isabelle. »).

On note enfin le comique de mots : l'expression « cet abbé-là » pour désigner le comte prête à rire puisque le comte se présente au contraire comme un don Juan ; elle a une valeur ironique aux yeux du lecteur/spectateur.

II. L'opposition des personnages

A. Un noble/un homme du peuple

Les deux personnages principaux sont présentés dans deux monologues [fiche 32] qui occupent chacun une scène différente, ce qui a pour effet de les séparer sur le plan de la forme.

L'un est un noble qui fait référence à la cour, l'autre un valet musicien, « une guitare sur le dos attachée en bandoulière avec un large ruban ».

Ce qui différencie les deux hommes, ce sont également des niveaux de langue : Figaro emploie une langue plus simple et moins construite que celle du comte, par exemple avec des interjections « Eh ! parbleu » ; le comte s'exprime de façon plus soutenue (« Je suis las »).

B. Une opposition de comportements

L'attitude des deux hommes marque leur opposition. En effet, le comte est sérieux et statique alors que Figaro est, au contraire, gai et insouciant, ce qui est traduit par ses mouvements ; il avance tout en chantant.

Le comte est secret quand Figaro est extraverti et bruyant.

Le comte est conscient de son rang et du comportement qu'il devrait adopter, ce qui lui inspire une réflexion sur le bonheur qui justifie ses extravagances. Figaro est facilement content de sa personne et paraît, par contraste, bien nonchalant.

C. Des centres d'intérêt différents

La philosophie de vie des deux hommes marque enfin des différences. Le comte est présenté comme un don Juan coutumier des intrigues amoureuses de cour et à la recherche d'un amour plus véritable. C'est un être complexe à l'esprit torturé.

Les paroles de Figaro révèlent son épicurisme : « L'homme sans plaisir / Vivrait comme un sot, / Et mourrait bientôt. » Sa chanson loue entre autres « le vin et la paresse ». Figaro a également un caractère frondeur, ce que révèlent certaines de ses remarques : il raille, par exemple, les « faiseurs d'opéras-comiques », et ces « messieurs de la cabale ». Or, sa dernière remarque souligne son impertinence : il qualifie, en effet, le comte « d'abbé ».

L'opposition entre les deux personnages suscite d'autant plus l'intérêt que le sort les fait se rencontrer : que va-t-il advenir de cette rencontre ?

Conclusion

Ces deux scènes remplissent pleinement leur rôle d'exposition. Elles indiquent immédiatement que la pièce est une comédie en jouant d'emblée sur différents types de comique et présentent les deux personnages principaux. Leur opposition de caractère, et notamment l'impertinence que l'on devine chez le valet Figaro, préfigure des tensions avec un comte sûr de son rang, et donc du suspense. *[bilan]*

Or, la séparation en deux monologues marque de façon symbolique ce qui sépare les deux hommes : deux caractères et surtout deux mondes différents. C'est sur cette dernière opposition que repose une grande partie de l'intérêt de la pièce qui, au-delà de la comédie, interroge la hiérarchie sociale et les privilèges de la noblesse à une époque de remise en question de la société de l'Ancien Régime, le siècle des Lumières. *[ouverture]*

La contraction de texte et l'essai

Conseils et méthode

La contraction de texte et l'essai

Le baccalauréat propose une nouvelle épreuve à côté du commentaire de texte : la **contraction suivie d'un essai.**
Une contraction est un résumé de texte. L'essai est une réponse construite et organisée.

Choisir la contraction de texte et l'essai

Alors que le commentaire est une analyse d'un texte littéraire, la contraction de texte et l'essai font appel à des compétences différentes : la contraction demande de bien comprendre un texte moderne de la littérature d'idées pour **être capable de le résumer** et l'essai permet de **développer son propre point de vue en lien avec l'œuvre au programme** et son parcours associé, mais aussi de réfléchir sur la société contemporaine.

Au cours de l'année, vous apprendrez à évaluer dans quel exercice, entre le commentaire et la contraction suivie de l'essai, vous êtes le plus à l'aise, pour faire le meilleur choix le jour de l'examen.

La contraction de texte

Faire une contraction, c'est **réduire un texte** en le **reformulant** tout en respectant son énonciation, sa thèse, sa composition et son mouvement.
La contraction peut se présenter comme un paragraphe unique ou épouser les paragraphes initiaux, voire modifier les paragraphes en regroupant certains d'entre eux, de manière à souligner le plan du texte pour une meilleure compréhension.

Le texte du baccalauréat, d'**environ 1 000 mots,** devra être réduit au quart, avec une marge de plus **au moins 10 %.** Le nombre de mots exact devra être signalé en fin de copie.

 Conseil
Ne pas être dans la fourchette impartie sera pénalisant.

Conseils et méthode

Réussir la contraction de texte au baccalauréat

Réussir la contraction de texte implique de comprendre **ce qui est attendu de vous** lors de cet exercice. Les **critères de notation** sont les suivants :
- le respect du sens (thèse et idées principales) ;
- le respect de l'énonciation et de la tonalité du texte ;
- la cohérence de l'ensemble, le respect de la logique du texte ;
- la capacité à éviter les faux-sens, les contresens, les omissions, les additions ;
- l'absence de paraphrase : reformuler de manière juste et précise ;
- la concision : le respect et l'indication de la longueur imposée ;
- la correction de la langue (grammaire, syntaxe, vocabulaire et orthographe).

Comprendre les étapes de la méthode

Analyser le texte

• **Examiner le paratexte. Cela peut vous aider à mieux comprendre le texte** : repérer le genre, l'époque, l'auteur, la tonalité (ironique, polémique, didactique...) **(fiches 2, 3 et 4)**.

• **Lire le texte** plusieurs fois et s'assurer que le sens global est bien compris.

• **Identifier le thème du texte (quel est le sujet abordé) et la thèse du texte**, c'est-à-dire l'idée principale, autrement dit le point de vue, l'opinion défendue sur le thème. Cette idée devra absolument se retrouver dans la contraction.

• **Identifier l'énonciation du texte** : qui parle ? (L'énonciation devra être conservée dans la contraction.)

 Conseil

N'hésitez pas à lire plusieurs fois le texte pour vous imprégner de son sens et de sa logique avant de passer à l'étape suivante.

Préparer la contraction

• **Identifier les connecteurs logiques et temporels** qui déterminent les étapes logiques du texte.

• **Faire le plan du texte** : déterminer les mouvements du texte. S'appuyer sur les sous-titres, les différents connecteurs et les paragraphes qui sont des unités de sens. Identifier les mots et expressions-clés.

Conseils et méthode

• **Supprimer les exemples** qui ne font en général que reprendre une idée énoncée. Un exemple ne doit être pris en compte que s'il apporte une information nouvelle importante.

Conseil

Certains exemples sont utiles à l'argumentation car ils apportent une information supplémentaire. Il conviendra alors de les conserver et de les résumer.

Rédiger la contraction

étape 3 **Rédiger la contraction**

• **Reformuler** les idées principales, condenser les informations de façon à respecter impérativement le nombre de mots fixé par la consigne. Réutiliser les mots et expressions-clés identifiés à l'**étape 2**.

• **Relire** le résumé et s'assurer que le sens global de celui-ci est identique à l'original. La contraction doit s'efforcer d'être la plus complète possible.

• **L'énonciation** (celui qui « parle » dans le texte) et **la modalisation** (temps verbaux, subjectivité de l'opinion) du texte doivent être respectées. Pour résumer, il faut se mettre à la place de l'auteur du texte et condenser sa pensée. Il faut rester **objectif** : aucune information ne doit être ajoutée ou transformée.

Conseil

Attention aux résumés qui réduisent les phrases les unes après les autres sans restituer le sens global. **Un résumé n'est pas une compilation de phrases, mais un ensemble logique qui restitue les mouvements du texte.**

étape 4 **Relire la contraction**

• S'assurer que la contraction a le même sens que le texte et qu'elle en reprend les idées essentielles.

• S'assurer que la contraction ne contient pas de faute de langue.

• Indiquer précisément le nombre de mots à la fin de la contraction de texte.

Conseils et méthode

L'essai

L'essai est une réponse construite et argumentée à une question liée à l'une des trois œuvres au programme de l'objet d'étude « La littérature d'idées du XVIe siècle au XVIIIe siècle » et au parcours qui lui est associé. Vous pourrez ainsi étayer votre argumentation grâce à votre connaissance de l'œuvre et des textes étudiés pendant l'année, ainsi que grâce à votre culture générale : œuvres littéraires, exemples tirés du cinéma, de l'actualité, de l'histoire, etc.

Réussir l'essai au baccalauréat

Réussir l'essai implique de comprendre **ce qui est attendu de vous** lors de cet exercice. Les **critères de notation** sont les suivants :
- la capacité à apporter une réponse claire à une question ;
- la structure du raisonnement et la cohérence de l'ensemble ;
- la capacité à mobiliser une culture et des références précises ;
- la correction de la langue (grammaire, syntaxe, vocabulaire et orthographe) ;
- le respect de la mise en page.

Connaître les règles de composition de l'essai

La rédaction de l'essai s'appuie sur des règles précises. Il comporte :
- une introduction ;
- un développement composé d'arguments ;
- une conclusion.

L'introduction
Elle est composée de **trois parties** :

- **L'amorce** : elle amène la question posée par le sujet. Elle fait le lien entre le texte qui a servi pour la contraction et la question posée pour l'essai.

- **La question (ou problématique)** : c'est la question posée par le sujet. Elle doit figurer clairement dans l'introduction.

Ex. : Dans son essai *Tristes Tropiques*, Claude Lévi-Strauss explique qu'il faut se garder de tout ethnocentrisme qui ferait penser sa propre culture comme supérieure à celle de l'autre et juger les usages et les coutumes de sociétés différentes comme aberrantes ou même barbares. Il invite, au contraire, à prendre du recul et juger avec un œil impartial chaque société. *[L'amorce s'appuie ici sur le texte résumé en reprenant ses idées principales.] [J'annonce la question du sujet en l'articulant logiquement à l'amorce.]* Mais alors, quel regard peut-on porter sur les autres cultures ?

Conseils et méthode

• **L'annonce du plan** : elle présente les grandes parties du raisonnement. On peut aussi remplacer cette annonce de plan par un questionnement qui prolonge la problématique (voir l'introduction complète p. 148).

Le développement
• Il est composé d'un certain nombre d'arguments qui forment un raisonnement. Ce raisonnement répond à la question posée.

• Un argument est composé d'une **idée** qui répond à la question, d'une **explication** de cette idée et d'un **exemple développé** qui la valide.

Ex. d'argument : [Idée du paragraphe] Il faut bien admettre, trop souvent, que le premier réflexe d'un voyageur qui découvre une culture très différente de la sienne est de la juger comme étrange, voire contestable ou même condamnable. [Explication] En effet, certaines coutumes de pays étrangers sont tellement différentes des nôtres qu'il faut du temps pour les comprendre, et le premier regard porté sur elles est souvent superficiel et ne s'attache qu'aux apparences, sans chercher à comprendre l'histoire et le sens que ces comportements sous-tendent. [Exemple développé] Ainsi, lorsque les Européens découvrirent que certains peuples d'Amérique du Sud pratiquaient l'anthropophagie, ils jugèrent immédiatement ces peuples barbares sans s'interroger sur le sens symbolique de ces pratiques.

• Des **connecteurs** ou des **phrases logiques** doivent lier les arguments entre eux.

La conclusion
Elle résume votre démonstration en apportant une réponse claire à la question posée.

Comprendre les étapes de la méthode

étape **1** **Analyser la question**

• **Identifier les mots-clés** : s'assurer de leur(s) sens. Chercher des synonymes ou des périphrases pour les mots importants du sujet et les définir avec ses propres mots. Cette démarche permet aussi de commencer à trouver des idées d'arguments.

• **Cerner le problème** que pose le sujet :
– reformuler le sujet de plusieurs manières en utilisant des synonymes ;
– poser les questions induites par le sujet.

Conseils et méthode

Chercher des arguments

• Mobiliser ses connaissances : textes étudiés pendant l'année dans l'œuvre liée au sujet et textes du parcours associé, culture personnelle (autres œuvres littéraires, films, séries, autres arts, etc.), actualité, etc.

• S'appuyer sur le texte qui accompagne la question.

• Penser à des exemples concrets qui illustrent la question.

• Noter tous les arguments au brouillon.

Construire un plan

Relire l'ensemble des arguments et déterminer une stratégie argumentative pour défendre son opinion.

Il existe deux grands types de stratégies qui répondent à deux types de question.

Méthode 1 : La question fermée, question à laquelle on répond par oui ou non

Ex. : Pensez-vous, comme Blaise Pascal, que l'imagination est « maîtresse d'erreur et de fausseté » ?

Elle amène :

• soit un **plan dialectique** : thèse/antithèse/synthèse. Les deux premières parties (thèse/antithèse) proposent des points de vue divergents alors que la troisième tente d'apporter une solution qui va au-delà des contradictions par la nuance et la mesure. La synthèse (plus difficile à faire) doit dépasser la simple opposition pour construire une troisième voie qui résout les contradictions.

Le plan dialectique, difficile à réaliser, peut être réduit efficacement en plan concessif (nous avons privilégié ce plan dans les sujets corrigés que nous vous proposons) ;

• soit un **plan concessif** : Certes..., mais... La première partie est une concession (Certes...) faite au point de vue opposé, celui que l'on veut effectivement défendre, le (mais...), apparaissant naturellement en seconde partie. Attention de ne pas réduire ce plan à une opposition stérile entre deux opinions contradictoires. Le plan doit progresser et apporter une solution que la conclusion énoncera clairement.

Conseils et méthode

Méthode 2 : La question ouverte, question à laquelle on ne peut répondre par oui ou non

Ex. : Quel regard peut-on porter sur les autres cultures ?

Cette question amène un **plan analytique** : le plan s'adapte à la question posée, il présente plusieurs éléments de réponse qui analysent le problème évoqué.

Il peut suivre plusieurs stratégies logiques : la **fiche 37 p. 248** vous renseigne sur les différents types de raisonnement possibles.

Rédiger

• Respecter la mise en page : sauter une ligne après l'introduction et avant la conclusion. Les arguments seront, quant à eux, rendus visibles par des alinéas.

• Penser à utiliser des connecteurs logiques pour mettre en valeur son raisonnement.

• Utiliser des références et des exemples précis.

• Se relire plusieurs fois pour vérifier la cohérence d'ensemble et les éventuelles erreurs d'orthographe et de grammaire.

SUJET 13

4 heures

Fables

Œuvre : La Fontaine, *Fables*, Livres VII à IX
Parcours : Imagination et pensée au XVIIᵉ siècle

1. Vous ferez le résumé du texte suivant en 243 mots avec une marge de plus ou moins 10 % (plus ou moins 24 mots).

2. Dans un essai argumenté, vous répondrez à la question suivante en vous appuyant sur les textes étudiés en classe et sur votre culture personnelle :

Pensez-vous, comme Blaise Pascal, que l'imagination est « maîtresse d'erreur et de fausseté » ?

L'imaginaire fut longtemps associé au monde des rêves, mythes et autres fantasmagories[1] coupées du réel. On découvre aujourd'hui que l'imagination ne sert pas tant à s'évader du réel qu'à le penser et à agir sur lui.

Dès le réveil, la machine à idées est déjà en route. Quel jour sommes-nous ? En enchaînant les gestes semi-automatiques – se lever, se laver, s'habiller –, l'esprit de ce lycéen s'est déjà mis à vagabonder[2]. Il pense à sa journée. Mardi, contrôle de maths et petit pincement au cœur qui l'accompagne ; il faudra réviser dans le bus. Le bus ? Notre lycéen pense tout à coup à cette fille venue s'asseoir à côté de lui : nouvelle image mentale, petite onde émotionnelle, très plaisante cette fois... Vient le moment du petit déjeuner. Les parents sont là mais chacun est ailleurs, dans sa bulle. L'école, le travail, les préoccupations du jour. Du matin au soir, chacun va vaquer à ses occupations, un pied dans le présent, l'autre dans l'au-delà : un « au-delà » fait de projets, de ruminations, de petits calculs, d'espoirs, de craintes et de plans sur la comète. Qu'est-ce qu'on va faire à manger ce soir ? Que vais-je faire après le bac ? Et si je perdais mon travail ? Les psychologues parlent de « voyage en pensée » (ou *mental time travel*[3]) pour qualifier cette capacité humaine à se projeter dans le passé et dans le futur. Ce champ de recherche, très actif depuis quelques années, a montré que nous passons une grande partie de nos journées à voyager en pensée : anticiper ou se remémorer des bribes de passé et explorer le champ des possibles.

Ce voyage mental dans le temps n'est qu'un aspect d'un continent de la pensée bien plus vaste, celui de l'imagination humaine et ses multiples avatars : rêves nocturnes, rêveries éveillées, fantasmes, récits, projets, idéaux. Une petite partie de ce monde intérieur se cristallisera sous forme d'actions et de créations. Le reste se dispersera dans les limbes de l'esprit pour éclater et disparaître comme des bulles de savon…

Les territoires de l'imaginaire

Face à un territoire aussi vaste, il importe de s'entendre sur les mots. Imagination, imaginaire : de quoi parle-t-on au juste ? L'imagination renvoie à cette capacité extraordinaire qu'ont les humains de peupler leur esprit d'images mentales. Au sens le plus courant, c'est le rêve éveillé, les souvenirs nostalgiques du passé, les espoirs d'avenir, les rêveries quotidiennes, les fantasmes et délires de toute sorte que l'on se projette dans le petit film intérieur. L'imagination fait écrire des romans, créer des œuvres d'art, construire des maisons, et les mille objets qui les encombrent. La tradition philosophique occidentale a longtemps été très méfiante à l'égard de l'imagination. Pour Platon, l'image n'est pas créatrice mais trompeuse. Elle est un simulacre qui nous détourne d'une vérité qui n'est accessible que par la voie des idées pures. Pour Blaise Pascal aussi, l'imagination est « maîtresse d'erreur et de fausseté ». Et Nicolas Malebranche, la traite de « folle du logis » qui s'illusionne et encombre l'esprit de délires et de chimères de toute sorte. Au XXe siècle, tout un pan des sciences humaines va réhabiliter les productions de l'imaginaire en leur donnant des lettres de noblesse. Mais elle partage avec la tradition philosophique cette idée clé : l'imaginaire est le territoire onirique des rêves, des fantasmes, des fables, des mythes, des fictions et des utopies. Sigmund Freud verra dans ces fantasmagories l'étrange expression de pulsions refoulées. Carl Jung y repérera des archétypes universels (la montagne, le serpent, la déesse-mère). À la même époque, Gaston Bachelard analysera les grands thèmes des rêveries poétiques : l'eau, le feu, la terre. Les ethnologues étudieront l'imaginaire des peuples traditionnels à travers leurs grands mythes d'origine. Partout on y retrouve des structures et des thèmes communs : des personnages fabuleux (héros, génies, fées, monstres, êtres hybrides mi-hommes, mi-animaux) semblables à ceux que l'on retrouve justement dans les contes d'enfants. En un mot, l'imaginaire apparaît comme le monde magique de l'enfant, du poète, de l'artiste et des illuminés de tous les bords. Il passe pour un exutoire des angoisses, frustrations, aspirations et désirs refoulés. L'acquis principal de cette énorme quantité d'études sur les continents des rêves, mythes, contes et utopies est d'avoir mis au jour l'existence de schémas, structures, schèmes communs. Car le monde de l'imaginaire n'est pas aussi débridé : comme l'expliquera Gilbert Durand, dans *Les structures anthropologiques de l'imaginaire* (1969), il repose sur des schémas directeurs dont l'ancrage est émotif et perceptif. L'autre acquis est d'avoir arrimé l'imaginaire au monde social. Bien qu'ancré sur des pulsions et des schémas cognitifs[4] individuels, il s'exprime aussi à travers des moules sociaux, historiques et culturels. Et il y joue un rôle actif. Telle est la thèse défendue par Cornelius Castoriadis dans *L'institution imaginaire de la société* (1975). À partir des années 1990, nombre d'études vont explorer l'imaginaire social sous toutes ses formes : l'imaginaire national, l'imaginaire des techniques, l'imaginaire du tourisme, l'imaginaire de l'alimentation ou encore l'imaginaire de la consommation comme l'a fait récemment la journaliste Ève Charrin dans son essai sur l'imaginaire des objets, *La voiture du peuple et le sac Vuitton* (2013). Tous ces travaux rappellent que l'imaginaire se répercute dans le monde réel : il est une force mobilisatrice qui pousse à voyager, entreprendre, s'engager, investir et dépenser, créer, etc. […]

C'est ce grand partage entre le rêve et la réalité, entre l'imagination et la raison, qui est remis en cause aujourd'hui. Nombreux sont ceux, au sein de la philosophie et des sciences humaines, qui récusent ce découpage et accordent à l'imagination un nouveau statut. Elle n'est pas ce petit coin de la pensée qui nous écarte du monde réel, mais pourrait au contraire être un outil mental indispensable pour penser le monde et pour agir sur lui.

Jean-François Dortier, « L'espèce imaginative »,
Sciences Humaines, n° 273, juillet-août 2015.
(972 mots)

---

1. *Fantasmagorie :* vision surnaturelle, spectacle irréel et extraordinaire propre au cinéma ou au rêve.
2. *Vagabonder :* passer d'un sujet à un autre librement.
3. *Mental time travel :* littéralement voyage mental dans le temps.
4. *Schémas cognitifs :* schémas de pensée.

LA LITTÉRATURE D'IDÉES — Corrigé 13

CONTRACTION DE TEXTE

 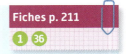

Travail préparatoire — Fiches p. 211

Étape 1

Analyser le texte

Le paratexte est d'une grande aide ici parce qu'il vous donne le thème du texte (l'imagination) ainsi que l'articulation principale du texte ; les deux phrases représentent donc les deux parties du texte. L'énonciation est neutre, il n'y a pas de marques de la première personne ni de subjectivité.

Le propos se veut objectif et informatif.

Étape 2

Préparer la contraction

Vous pouvez travailler directement sur le texte l'étape de préparation :
— Surlignez les connecteurs logiques, s'il y en a.
— Surlignez les phrases importantes et rédigez dans la marge, au fur et à mesure du texte (en vous aidant des paragraphes qui le structurent), les idées importantes (méthode que nous avons choisie ci-contre).
— Barrez les exemples inutiles pour la contraction.

Étape 3

Rédiger la contraction

Une fois ce travail effectué au brouillon, vous pouvez rédiger la contraction de texte.

Fables — Corrigé 13 — LA LITTÉRATURE D'IDÉES

Corrigé : texte annoté et devoir rédigé

Voici un exemple de texte du sujet annoté pour votre contraction de texte. Les textes en vert apparaissant dans ce corrigé et placés en marge ne doivent pas figurer dans votre devoir. Nous les avons insérés pour vous guider et vous aider à repérer les parties de la contraction de texte.

Les conseils du professeur

Texte du sujet annoté

L'imaginaire fut longtemps associé au monde des rêves, mythes et autres fantasmagories coupées du réel. On découvre aujourd'hui que l'imagination ne sert pas tant à s'évader du réel qu'à le penser et à agir sur lui.

Dès le réveil, la machine à idées est déjà en route. Quel jour sommes-nous ? En enchaînant les gestes semi-automatiques – se lever, se laver, s'habiller –, l'esprit de ce lycéen s'est déjà mis à vagabonder. Il pense à sa journée. Mardi, contrôle de maths et petit pincement au cœur qui l'accompagne ; il faudra réviser dans le bus. Le bus ? Notre lycéen pense tout à coup à cette fille venue s'asseoir à côté de lui : nouvelle image mentale, petite onde émotionnelle, très plaisante cette fois… Vient le moment du petit déjeuner. Les parents sont là mais chacun est ailleurs, dans sa bulle. L'école, le travail, les préoccupations du jour. Du matin au soir, chacun va vaquer à ses occupations, un pied dans le présent, l'autre dans l'au-delà : un « au-delà » fait de projets, de ruminations, de petits calculs, d'espoirs, de craintes et de plans sur la comète. Qu'est-ce qu'on va faire à manger ce soir ? Que vais-je faire après le bac ? Et si je perdais mon travail ? Les psychologues parlent de « voyage en pensée » (ou *mental time travel*) pour qualifier cette capacité humaine à se projeter dans le passé et dans le futur. Ce champ de recherche, très actif depuis quelques années, a montré que nous passons une grande partie de nos journées à voyager en pensée : anticiper ou se remémorer des bribes de passé et explorer le champ des possibles.

Paratexte qui n'est pas à résumer, mais qui est une annonce du plan du texte : il guide le lecteur.

Une partie des gestes quotidiens sont semi-automatiques.

Supprimez l'exemple qui n'apporte pas d'information supplémentaire.

L'homme a la capacité de se projeter dans le passé et le futur.

L'esprit vagabonde une grande partie de la journée.

LA LITTÉRATURE D'IDÉES — Corrigé 13

Ce voyage mental dans le temps n'est qu'un aspect d'un continent de la pensée bien plus vaste, celui de l'imagination humaine et ses multiples avatars : rêves nocturnes, rêveries éveillées, fantasmes, récits, projets, idéaux. Une petite partie de ce monde intérieur se cristallisera sous forme d'actions et de créations. Le reste se dispersera dans les limbes de l'esprit pour éclater et disparaître comme des bulles de savon…

> Cette capacité à vagabonder n'est qu'une des possibilités multiples de l'imagination : rêves, utopies, fantasmes, etc.
>
> La majorité de ces pensées sont éphémères.

Les territoires de l'imaginaire

Face à un territoire aussi vaste, il importe de s'entendre sur les mots. Imagination, imaginaire : de quoi parle-t-on au juste ? L'imagination renvoie à cette capacité extraordinaire qu'ont les humains de peupler leur esprit d'images mentales. Au sens le plus courant, c'est le rêve éveillé, les souvenirs nostalgiques du passé, les espoirs d'avenir, les rêveries quotidiennes, les fantasmes et délires de toute sorte que l'on se projette dans le petit film intérieur. L'imagination fait écrire des romans, créer des œuvres d'art, construire des maisons, et les mille objets qui les encombrent. La tradition philosophique occidentale a longtemps été très méfiante à l'égard de l'imagination. Pour Platon, l'image n'est pas créatrice mais trompeuse. Elle est un simulacre qui nous détourne d'une vérité qui n'est accessible que par la voie des idées pures. Pour Blaise Pascal aussi, l'imagination est « maîtresse d'erreur et de fausseté ». Et Nicolas Malebranche, la traite de « folle du logis » qui s'illusionne et encombre l'esprit de délires et de chimères de toute sorte. Au XXe siècle, tout un pan des sciences humaines va réhabiliter les productions de l'imaginaire en leur donnant des lettres de noblesse. Mais elle partage avec la tradition philosophique cette idée clé : l'imaginaire est le territoire onirique des rêves, des fantasmes, des fables, des mythes, des fictions et des utopies. Sigmund Freud verra dans ces fantasmagories l'étrange expression de pulsions refoulées. Carl Jung y repérera des archétypes universels (la montagne, le serpent, la déesse-mère). À la même époque, Gaston Bachelard analysera les grands thèmes des rêveries poétiques : l'eau, le feu, la terre.

> L'imagination est la capacité extraordinaire de créer des images mentales multiples et variées.
>
> Elle est le moteur de la création artistique et technique.
>
> La tradition philosophique est méfiante à l'égard de l'imagination.
>
> Les sciences humaines réhabilitent l'imagination au XXe siècle.
>
> L'imaginaire est réhabilité en psychologie, en philosophie, en ethnologie.

Fables **Corrigé 13** **LA LITTÉRATURE D'IDÉES**

Les ethnologues étudieront l'imaginaire des peuples traditionnels à travers leurs grands mythes d'origine. Partout on y retrouve des structures et des thèmes communs : des personnages fabuleux (héros, génies, fées, monstres, êtres hybrides mi-hommes, mi-animaux) semblables à ceux que l'on retrouve justement dans les contes d'enfants. En un mot, l'imaginaire apparaît comme le monde magique de l'enfant, du poète, de l'artiste et des illuminés de tous les bords. Il passe pour un exutoire des angoisses, frustrations, aspirations et désirs refoulés. L'acquis principal de cette énorme quantité d'études sur les continents des rêves, mythes, contes et utopies est d'avoir mis au jour l'existence de schémas, structures, schèmes communs. Car le monde de l'imaginaire n'est pas aussi débridé : comme l'expliquera Gilbert Durand, dans *Les structures anthropologiques de l'imaginaire* (1969), il repose sur des schémas directeurs dont l'ancrage est émotif et perceptif. L'autre acquis est d'avoir arrimé l'imaginaire au monde social. Bien qu'ancré sur des pulsions et des schémas cognitifs individuels, il s'exprime aussi à travers des moules sociaux, historiques et culturels. Et il y joue un rôle actif. Telle est la thèse défendue par Cornelius Castoriadis dans *L'institution imaginaire de la société* (1975). À partir des années 1990, nombre d'études vont explorer l'imaginaire social sous toutes ses formes : l'imaginaire national, l'imaginaire des techniques, l'imaginaire du tourisme, l'imaginaire de l'alimentation ou encore l'imaginaire de la consommation comme l'a fait récemment la journaliste Ève Charrin dans son essai sur l'imaginaire des objets, *La voiture du peuple et le sac Vuitton* (2013). Tous ces travaux rappellent que l'imaginaire se répercute dans le monde réel : il est une force mobilisatrice qui pousse à voyager, entreprendre, s'engager, investir et dépenser, créer, etc. [...]

C'est ce grand partage entre le rêve et la réalité, entre l'imagination et la raison, qui est remis en cause aujourd'hui. Nombreux sont ceux, au sein de la philosophie et des sciences humaines, qui récusent ce découpage et accordent à l'imagination un nouveau statut. Elle n'est

---

L'imaginaire est considéré comme un espace d'évasion et de création.

Les études scientifiques mettent en lumière les schèmes universels et structurels de l'imagination.

Le lien entre imaginaire et société : l'imaginaire a une composante individuelle, sociale, historique et culturelle.

La vision de l'imagination a changé, elle ne s'oppose plus à la raison et est, au contraire, considérée comme un outil pour penser le monde et agir sur lui.

LA LITTÉRATURE D'IDÉES — Corrigé 13

pas ce petit coin de la pensée qui nous écarte du monde réel, mais pourrait au contraire être un outil mental indispensable pour penser le monde et pour agir sur lui.

Jean-François Dortier, « L'espèce imaginative », *Sciences Humaines*, n° 273, juillet-août 2015.

Le devoir rédigé

L'imagination permet à chacun de voyager dans le passé et dans l'avenir, elle est la capacité de l'esprit à vagabonder alors même que le corps agit de façon plus ou moins automatique. Elle crée des images mentales multiples et variées, elle relève du domaine du rêve, du fantasme ou de l'utopie, elle est éphémère, mais elle est parfois aussi le moteur de créations artistiques et techniques. C'est une capacité extraordinaire aux mille facettes. Pourtant, la tradition philosophique depuis Platon est méfiante à son égard, elle serait trompeuse et nous détournerait de la vérité. Opposée à la raison, elle fleurterait même avec la folie. Mais les sciences humaines comme la psychologie et l'ethnologie ont su la réhabiliter au XXe siècle, montrant qu'elle est un espace de création et mettant en lumière ses schèmes structurels et universels ainsi que sa dimension sociale au-delà des problématiques individuelles. L'imaginaire a, en effet, un véritable impact sur le monde réel, c'est un moteur de l'action à de multiples niveaux de la sphère sociale comme la technique, l'alimentation ou encore la consommation. La dichotomie entre rêve et réalité est désormais remise en question et la vision de l'imagination a changé, elle ne s'oppose plus à la raison, elle n'est plus une chimère qui nous écarte de la réalité. Elle serait au contraire « un outil mental indispensable pour penser le monde et agir sur lui ».

(242 mots)

> Conservez l'énonciation du texte : pas d'indice de personne et présent de l'indicatif.
>
> Rétablissez des liens logiques qui étaient absents dans le texte pour rendre au mieux la logique du texte.
>
> Conservez l'exemple lorsqu'il apporte un supplément d'information.
>
> Une citation doit être exceptionnelle : ici, elle reprend une phrase du paratexte difficile à reformuler.
>
> Indiquez le nombre de mots de la contraction.

Conseils 💡

Relisez le résumé pour vous assurer qu'il redonne bien le sens global du texte. Ici, on doit retrouver les deux principales idées données dans le paratexte. Assurez-vous de ne pas laisser de fautes d'orthographe et de grammaire.

Fables Corrigé 13 **LA LITTÉRATURE D'IDÉES**

ESSAI

 **Travail préparatoire**

Fiches p. 211

Pensez-vous, comme Blaise Pascal, que l'imagination est « maîtresse d'erreur et de fausseté » ?

Étape 1

Analyser la question

La question est ici fermée car on peut y répondre par « oui » ou « non » : elle induit donc une réponse dialectique ou concessive (voir les conseils et méthode sur l'essai).

Si vous choisissez la réponse concessive (la plus accessible), votre plan sera donc du type : **Certes** l'imagination est source « d'erreur et de fausseté », **mais** pas forcément et/ou elle peut aussi apporter des choses positives…

Vous avez l'articulation globale de votre devoir en deux grandes parties ; il reste à trouver les arguments (étape 2).

Analyse des termes importants du sujet

• « **Imagination** » : ce terme ne pose normalement pas de problème et aura été étudié pendant l'année puisqu'il fait partie du parcours associé aux *Fables* de La Fontaine (« Imagination et pensée au XVIIe siècle »). L'imagination est la capacité à produire des images mentales extraordinaires ou similaires au réel.

> **Conseil**
>
> Même si vous avez le choix entre 3 sujets le jour de l'examen, vous avez tout intérêt à choisir celui qui est en rapport avec l'œuvre travaillée pendant l'année afin de réinvestir ce que vous avez appris.

• « **Maîtresse** » : le mot désigne à la fois la domination et la maîtrise. L'imagination aurait une emprise sur la pensée, elle serait capable de la diriger, de s'en rendre maître. Elle est en même temps « maîtresse » car elle a une grande capacité. Comme dans l'expression « être maître dans l'art de » faire quelque chose. L'imagination est donc pour Pascal particulièrement performante et habile pour engendrer des erreurs et de la fausseté.

LA LITTÉRATURE D'IDÉES — Corrigé 13

• **« Erreur et fausseté »** : les deux mots ne sont pas tout à fait équivalents, même s'ils peuvent se confondre :
– Une erreur est de l'ordre d'un acte, d'un geste. L'imagination peut donc pousser à commettre une maladresse ou à agir de façon inappropriée. Elle induit un rapport erroné à la réalité.
– « Fausseté » renvoie à « faux » qui s'oppose à « vrai » : est faux ce qui appartient au langage ou aux idées. L'imagination peut donc inciter à croire ou dire des choses fausses.

Étape 2

Chercher des arguments

Vous pouvez chercher des arguments en organisant votre travail en deux colonnes :
– dans la première (qui représentera votre première partie), indiquez pourquoi l'imagination est « maîtresse d'erreur et de fausseté » ;
– dans la seconde (deuxième partie), essayez de trouver pourquoi l'imagination peut être vue de manière positive : quelles sont ses qualités, à quoi elle peut être utile, pourquoi elle ne mène, par exemple, pas forcément à l'erreur ou au faux ?
Essayez de trouver trois idées dans chaque colonne.
Si vous avez du mal à trouver des arguments, réfléchissez à des exemples et tirez-en des arguments.

Étape 3

Construire un plan

Élaborez un plan de l'essai avant de rédiger.
À partir des arguments que vous avez trouvés à l'étape 2, organisez une progression logique, en allant par exemple, du plus simple au plus complexe de vos arguments.
Essayez de trouver un exemple à développer pour chaque argument.

Plan de l'essai

I. L'imagination « maîtresse d'erreur et de fausseté »

  1) Dans le langage courant, l'imagination s'oppose à la réalité et est source d'erreurs
  Ex. : La Fontaine, « La Laitière et le Pot au lait », *Fables*, 1678.

2) L'imagination est opposée à la raison
Ex. : Pascal et Descartes.
3) L'imagination est associée au mensonge et à la folie
Ex. : Guy de Maupassant, *Le Horla*, 1886.

II. **L'imagination, un autre pouvoir psychique au côté de la raison**
1) L'imagination, un espace de liberté
Ex. : Charles Baudelaire, « L'Albatros », *Les Fleurs du mal*, 1861.
2) L'imagination comme outil de lecture et d'analyse du monde
Ex. : Roy Lewis, *Pourquoi j'ai mangé mon père*, 1960.
3) L'imagination, prolongement de la raison
Ex. : La science-fiction et la science.

Le plan comporte ici deux grandes parties et trois arguments par partie.

Le plan est de type concessif. La logique d'ensemble peut se résumer ainsi : **L'imagination est certes parfois « maîtresse d'erreur et de fausseté » (Partie I), mais elle est aussi et surtout une forme d'intelligence qui complète la raison (Partie II).**

Le développement sera précédé d'une introduction et se terminera par une conclusion.

Étape 4

Rédiger

Vous pouvez ensuite passer à la rédaction de l'essai.

→ *Corrigé : essai rédigé, p. 128.*

LA LITTÉRATURE D'IDÉES — Corrigé 13

✏️ Corrigé : essai rédigé

> *Les textes en vert apparaissant dans ce corrigé, placés en marge ou conseils entre crochets, ne doivent pas figurer dans votre devoir. Nous les avons insérés pour vous guider et vous aider à repérer les parties de l'essai.*

Les conseils du professeur 👍

[Rédigez une amorce : elle amène la question du sujet.] Le début de l'article de Jean-François Dortier rappelle que l'esprit d'un lycéen se laisse facilement aller à la rêverie, notamment en cours, lorsqu'il regarde par la fenêtre et pense à son prochain match de foot, ses futures vacances chez ses cousins de Sardaigne ou la fête, samedi soir, chez Rose… Il se sent bien, heureux, libre. Puis, tout à coup, la remarque cinglante du prof de maths claque à ses oreilles et le sort de son voyage intérieur : « Mathieu ! Qu'est-ce que j'étais en train d'expliquer ?!? ». Mathieu n'en sait rien évidemment, il pensait à autre chose, mais demain il y a contrôle et ne rien écouter aujourd'hui entraînera sans doute des erreurs demain. Pourtant, il n'a pas envie d'être demain… plutôt samedi… Mais alors, le professeur a-t-il raison de ramener Mathieu à la réalité ?

[Posez la question proposée par le sujet.] L'imagination est-elle « maîtresse d'erreur et de fausseté » ? Pour le contrôle de maths, peut-être, mais est-ce toujours le cas ?

> La question n'est pas reformulée, mais le « Pensez-vous » a naturellement disparu. Vous pouvez la prolonger.

[Annoncez les grandes parties du plan.] Nous verrons que si, effectivement, on peut penser l'imagination comme une force qui trompe l'esprit, l'éloigne des réalités importantes de la vie, ne la considérer que comme une force négative serait une erreur car elle participe aussi, à côté de la raison, de la richesse de l'esprit humain.

> N'énoncez que les deux grandes parties.

Fables — Corrigé 13 — LA LITTÉRATURE D'IDÉES

[Annoncez l'idée principale de la première partie.] Comme le rappelle Jean-François Dortier, l'imagination a longtemps eu mauvaise presse, ce qui a fait dire au penseur Blaise Pascal qu'elle était « maîtresse d'erreur et de fausseté ».

Le français fourmille, en effet, d'expressions qui vont dans ce sens : « il a trop d'imagination », « il se fait des films », « il rêve », « il prend des vessies pour des lanternes », « il fait des châteaux en Espagne », « il est complètement utopiste »… Toutes ces expressions expriment la même idée, négative, que l'imagination éloigne de la réalité, qu'elle est de l'ordre du fantasme. Par exemple, dans l'expression, « il se fait des films », le mot « film » renvoie à la fiction par opposition à la réalité et dans un film, les hommes sont des héros, les histoires incroyables et extraordinaires, donc impossibles, comme dans l'expression « des châteaux en Espagne » qui traduit l'attitude d'un homme qui espère des choses qui ne pourront jamais se réaliser. L'imagination est ainsi perçue comme une force trompeuse qui pousse l'esprit loin de la réalité, mais cette réalité, un jour, les rattrape et se charge de leur montrer l'erreur commise de laisser aller l'esprit à vagabonder. C'est le sens de la remarque du professeur de maths donnée dans l'introduction, mais aussi celui de la célèbre fable de La Fontaine, « La Laitière et le Pot au lait » qui raconte comment Perrette, en portant son pot au lait sur la tête, le fait tomber alors qu'elle se met à sauter de joie en imaginant tout l'argent qu'elle va gagner en vendant son lait. L'imagination, ici, a directement entraîné l'erreur de Perrette, la perte du lait, et réduit à néant ses espoirs ; c'est une force trompeuse qu'il faut essayer de combattre pour mener sa vie au mieux.

Le texte rappelle ainsi que, dans une certaine tradition philosophique, l'imagination est opposée à la raison, seule capable de mener la pensée avec certitude. Le texte du sujet fait d'ailleurs allusion à Blaise Pascal qui affirmait dans ses *Pensées* que l'imagination est

LA LITTÉRATURE D'IDÉES Corrigé 13

une « superbe puissance », « ennemie de la raison ». Pour Pascal, l'imagination fait « croire, douter, nier » la raison. En effet, si l'on définit la raison comme la capacité d'évaluer une situation de façon logique (« raison » vient du latin *ratio* qui veut dire calcul), l'imagination est au contraire une force désordonnée qui ne cherche pas à évaluer, mais à entraîner l'esprit dans toutes les directions. Là où la raison procède avec méthode, l'imagination agit sans ; la première est associée à l'ordre, la seconde à son absence. L'imagination est une « puissance » quand la raison est une méthode, d'ailleurs définie avec précision par le philosophe René Descartes, fondateur du rationalisme, dans son fameux *Discours de la méthode* en 1637. Pour Descartes, c'est par la raison que l'homme parvient à discerner le vrai du faux, quand l'imagination, explique Pascal, marque « du même caractère le vrai et le faux ». Ainsi, la supériorité de la raison sur l'imagination tient dans sa capacité à déterminer ce qui est vrai, au contraire de l'imagination qui brouille le discernement.

> Pour mieux comprendre le propos de Blaise Pascal, lisez l'extrait des *Pensées* proposé en annexe 2.

Pire, l'imagination confinerait parfois à la folie, jusqu'à se confondre avec elle. Là encore, quand le langage courant parle de « délire » et le langage familier emploie l'adjectif « mytho », ils pointent les dérèglements psychologiques liés aux excès de l'imagination. « Mytho » est la contraction de mythomanie, capacité maladive de se mentir à soi-même, de s'inventer une réalité mensongère et de se persuader de la véracité de son propre mensonge à force d'en abreuver les autres. Finalement, l'imagination qui permet de s'inventer une autre réalité est une force ici tellement puissante qu'elle fait perdre complètement la tête. On pourrait également classer, parmi les folies liées à une imagination trop envahissante, les délires paranoïaques dans lesquels les individus se croient au centre d'un complot ourdi par des forces secrètes et contre lesquelles il faudrait se protéger. Là encore, la puissance de l'imagination mène à une forme de folie contre laquelle il faut lutter. Le cinéma comme la littérature se sont d'ailleurs largement inspirés

> Marquez des alinéas pour rendre bien visibles les paragraphes : un paragraphe = un argument.

de ces sujets. On peut, par exemple, citer la nouvelle *Le Horla* de Guy de Maupassant qui raconte à la première personne comment son héros et narrateur sombre dans la folie, croyant être constamment en présence d'un esprit maléfique. Or, il est intéressant de constater que ce récit coïncide avec des hallucinations auxquelles était confronté Maupassant, l'auteur de cette nouvelle, qui souffrait de troubles de la personnalité et qui tenta de se suicider en 1892. On voit ici pourquoi l'imagination a souvent mauvaise presse.

> Utilisez des exemples extraits de votre culture personnelle.

[Liez la première et la deuxième grande partie à l'aide d'une phrase.] Mais considérer l'imagination de façon uniquement négative est bien réducteur car on oublie ainsi de mentionner les vertus de ses pouvoirs.

L'imagination est d'abord un espace de liberté. Il n'y aurait pas d'art et *a fortiori* pas de littérature sans imaginaire. C'est grâce à l'imagination que la création peut s'épanouir. Un genre comme le roman, par exemple, a pour principe même d'inventer des histoires qui nous font rêver. Pourquoi s'interdire de rêver ? Parce que cela détournerait de la réalité ? Mais n'est-ce pas justement le but recherché par une partie de la littérature et du cinéma ? Se divertir, c'est justement choisir une autre voie que celle de notre quotidien, c'est s'écarter un temps de la routine, c'est pouvoir voyager, s'identifier à un héros, vivre, à travers lui, des aventures incroyables, parcourir des mondes aussi divers qu'extraordinaires, c'est s'offrir une respiration dans les difficultés d'une vie parfois douloureuse ou pesante. Charles Baudelaire écrivait que l'imagination était la reine des facultés, car c'est grâce à elle qu'il parvenait à dépasser le spleen qui le taraudait. Dans son célèbre poème « L'Albatros », il montre par une allégorie comment l'artiste, malheureux parmi les hommes, échappe à leurs moqueries par l'imagination. Pour Baudelaire, l'imagination transfigure la réalité en la rendant plus belle, elle tend vers l'idéal quand la vie fait souffrir. L'écriture poétique, rendue

> L'emploi de la question rhétorique est un outil pour convaincre.

> Développez les exemples.

possible par l'imagination, est une échappatoire au spleen. Ainsi, l'imagination est non seulement le moteur principal de l'art qui, depuis ses origines, à l'image de la tragédie de l'Antiquité grecque, revêt une valeur transcendante et exutoire, mais c'est également une porte grande ouverte à l'esprit qui s'évade pour mieux supporter l'emprisonnement du quotidien.

On aurait d'ailleurs tort de considérer que raison et imagination sont systématiquement incompatibles. L'imagination peut même être considérée comme un outil de lecture du monde. La fiction peut ainsi jouer un rôle pédagogique par une mise en perspective de la réalité. Par exemple, le journaliste anglais Roy Lewis écrivit en 1960 un roman, *The Evolution Man*, qui retrace, à travers une famille d'*homo erectus*, plus d'un million d'années d'évolution de l'homme. L'*homo erectus*, c'est l'homme dressé, or la théorie scientifique de l'évolution explique que cette étape est déterminante puisqu'elle permit de libérer les membres supérieurs et d'accéder peu à peu à l'outil. Cette libération correspondra à un développement cérébral important qui fera passer le singe du côté de l'homme. Toutefois, ce changement très long n'est pas linéaire et souffre de nombreuses zones d'ombre, pourtant il est admis par l'immense majorité de la communauté scientifique. Dans son roman, Roy Lewis offre une vision plus claire de l'évolution humaine parce qu'il la condense de deux façons : d'abord, il réduit plus d'un million d'années à deux générations, ensuite il relate un processus qui concerne l'ensemble du monde à travers une seule famille de pithécanthropes, autrement dit d'hommes-singes. Ainsi, la fiction romanesque permet de simplifier la réalité scientifique pour la rendre plus lisible dans son ensemble, et plus compréhensible. Sa souplesse de forme permet d'adapter le temps et l'action à l'un des objectifs du livre : peindre l'évolution. Par ailleurs, la fiction permet aussi de faire réfléchir le lecteur par le jeu des allusions et des références à un monde contemporain ; dans le roman, la découverte du feu renvoie à un problème crucial en pleine guerre froide, le nucléaire, dont la puissance est comme celle du feu, à la fois utile au progrès et dangereuse parce que destructrice.

Or, le rôle réflexif de l'imaginaire littéraire est particulièrement marqué dans certains genres, parmi lesquels la science-fiction. Les mondes inventés et dépeints dans les romans d'anticipation incitent, par comparaison avec le monde réel, à en mesurer les faiblesses ou les dangers, remplissant le même rôle que l'utopie pendant la Renaissance ou les Lumières. Lorsque Voltaire observe l'Eldorado avec les yeux de Candide, il peint la société qu'il espère, dirigée par un monarque éclairé et dans laquelle les sciences tiendraient une part importante. Or, cette société utopique préfigure en partie notre société moderne que Voltaire appelait de ses vœux. Lorsque George Orwell décrit une société sous la surveillance de Big Brother dans *1984*, il anticipe notre époque où le moindre de nos gestes électroniques est surveillé, enregistré par Google, Amazon, tracé par les banques, les opérateurs mobiles, l'État, etc. Ce que George Orwell avait imaginé dès 1949 préfigurait en partie notre présent. La littérature et son pouvoir imaginatif peuvent donc être des outils de réflexion et d'analyse. Le cinéma n'est pas en reste de ce mécanisme. Combien de films ou de séries dystopiques (une dystopie est une contre-utopie) préfigurent la fin du monde à cause des bouleversements climatiques ou d'expériences scientifiques malheureuses (la manipulation d'un virus par exemple) ou encore une lutte sans merci entre les hommes et des robots dont l'intelligence artificielle les a dépassés ? La science-fiction est un outil pour penser le futur et la science réelle consiste bien souvent à imaginer l'avenir. Ainsi, l'imagination ne s'oppose pas à la raison, mais la prolonge. C'est en partie la raison scientifique qui pense le monde de demain, celui qui n'existe pas encore et qu'elle cherche à inventer. Imagination et raison sont donc deux capacités intellectuelles qui, loin de s'opposer, se complètent.

Si l'imagination peut être considérée en partie comme une puissance trompeuse, ce qu'elle est parfois lorsqu'elle empêche de penser sereinement la réalité ou entraîne des comportements irrationnels problématiques ou pathologiques, elle ne doit pas être jugée comme systématiquement mauvaise. Elle participe, en effet, de ce qui est le propre de l'intelligence humaine : se libérer des contraintes du présent, être capable de penser et anticiper l'avenir. Ainsi, de la même manière que le langage courant dévalue parfois l'imagination, il présente aussi comme un défaut celui qui en est dépourvu, car ne dit-on pas d'un homme qu'il « manque d'imagination » quand les idées qu'il propose sont inefficaces ou trop ternes ?

> Concluez en synthétisant votre démonstration : cette synthèse doit répondre clairement à la question du sujet et reprendre la logique du raisonnement.

Conseils

- Relisez bien votre essai pour vous assurer de la cohérence de l'ensemble. Votre essai répond-il clairement et de façon organisée à la question posée ?
- Soyez attentif à l'orthographe et à la grammaire.

Fables — Corrigé 13 — **LA LITTÉRATURE D'IDÉES**

Les textes mis en annexes sont là pour étoffer votre culture littéraire. Ils ne font pas partie du sujet.

➕ Annexe 1

Jean de La Fontaine, « La Laitière et le Pot au lait », *Fables*, Fable X, Livre VII, 1678

1. Perrette, sur sa tête ayant un Pot au lait
   Bien posé sur un coussinet,
Prétendait arriver sans encombre à la ville.
Légère et court vêtue elle allait à grands pas ;
5. Ayant mis ce jour-là, pour être plus agile,
   Cotillon simple et souliers plats.
   Notre laitière ainsi troussée
   Comptait déjà dans sa pensée
Tout le prix de son lait, en employait l'argent,
10. Achetait un cent d'œufs, faisait triple couvée ;
La chose allait à bien par son soin diligent.
   « Il m'est, disait-elle, facile,
D'élever des poulets autour de ma maison ;
   Le Renard sera bien habile,
15. S'il ne m'en laisse assez pour avoir un cochon.
Le porc à s'engraisser coûtera peu de son ;
Il était quand je l'eus de grosseur raisonnable :
J'aurai le revendant de l'argent bel et bon.
Et qui m'empêchera de mettre en notre étable,
20. Vu le prix dont il est, une vache et son veau,
Que je verrai sauter au milieu du troupeau ? »
Perrette là-dessus saute aussi, transportée.
Le lait tombe ; adieu veau, vache, cochon, couvée ;
La Dame de ces biens, quittant d'un œil marri
25.   Sa fortune ainsi répandue,
       Va s'excuser à son mari
       En grand danger d'être battue.

(suite)

> Le récit en farce en fut fait ;
> On l'appela *Le Pot au lait*.
>
> 30 Quel esprit ne bat la campagne ?
> Qui ne fait châteaux en Espagne ?
> Picrochole, Pyrrhus[1], la Laitière, enfin tous,
> Autant les sages que les fous ?
> Chacun songe en veillant, il n'est rien de plus doux :
> 35 Une flatteuse erreur emporte alors nos âmes :
> Tout le bien du monde est à nous,
> Tous les honneurs, toutes les femmes.
> Quand je suis seul, je fais au plus brave un défi ;
> Je m'écarte, je vais détrôner le Sophi[2] ;
> 40 On m'élit roi, mon peuple m'aime ;
> Les diadèmes vont sur ma tête pleuvant :
> Quelque accident fait-il que je rentre en moi-même ;
> Je suis gros Jean comme devant.

---

1. *Picrochole et Pyrrhus* : rois connus pour s'être lancés dans des conflits démesurés.
2. *Sophi* : titre donné au roi de Perse.

Annexe 2

Blaise Pascal, *Pensées*, Fragment *Vanité* n° 31/38, 1670

Imagination.
C'est cette partie dominante dans l'homme, cette maîtresse d'erreur et de fausseté, et d'autant plus fourbe qu'elle ne l'est pas toujours, car elle serait règle infaillible de vérité si elle l'était infaillible du mensonge. Mais étant le plus souvent fausse, elle ne donne aucune marque de sa qualité, marquant du même caractère le vrai et le faux. Je ne parle pas des fous, je parle des plus sages et c'est parmi eux que l'imagination a le grand droit de persuader les hommes. La raison a beau crier, elle ne peut mettre le prix aux choses.

Cette superbe puissance ennemie de la raison, qui se plaît à la contrôler et à la dominer, pour montrer combien elle peut en toutes choses, a établi dans l'homme une seconde nature. Elle a ses heureux, ses malheureux, ses sains, ses malades, ses riches, ses pauvres. Elle fait croire, douter, nier la raison. Elle suspend les sens, elle les fait sentir. Elle a ses fous et ses sages, et rien ne nous dépite davantage que de voir qu'elle remplit ses hôtes d'une satisfaction bien autrement pleine et entière que la raison. Les habiles par imagination se plaisent tout autrement à eux-mêmes que les prudents ne se peuvent raisonnablement plaire. Ils regardent les gens avec empire, ils disputent avec hardiesse et confiance, les autres avec crainte et défiance. Et cette gaieté de visage leur donne souvent l'avantage dans l'opinion des écoutants, tant les sages imaginaires ont de faveur auprès des juges de même nature.

Elle ne peut rendre sages les fous, mais elle les rend heureux, à l'envi de la raison, qui ne peut rendre ses amis que misérables, l'une les couvrant de gloire, l'autre de honte.

SUJET 14

4 heures

Essais

Œuvre : Montaigne, « Des Cannibales », *Essais*, Livre I, Chapitre 31
Parcours : « Notre monde vient d'en trouver un autre. »

1. Vous ferez le résumé du texte suivant en 223 mots avec une marge de plus ou moins 10 % (plus ou moins 22 mots).

2. Dans un essai argumenté, vous répondrez à la question suivante en vous appuyant sur les textes étudiés en classe et sur votre culture personnelle :
Quel regard peut-on porter sur les autres cultures ?

1   Aucune société n'est parfaite. Toutes comportent par nature une impureté incompatible avec les normes qu'elles proclament, et qui se traduit concrètement par une certaine dose d'injustice, d'insensibilité, de cruauté. Comment évaluer cette dose ? L'enquête ethno-
5   graphique[1] y parvient. Car, s'il est vrai que la comparaison d'un petit nombre de sociétés les fait apparaître très différentes entre elles, ces différences s'atténuent quand le champ d'investigation s'élargit. On découvre alors qu'aucune société n'est foncièrement bonne ; mais aucune n'est absolument mauvaise. Toutes offrent certains avantages
10 à leurs membres, compte tenu d'un résidu d'iniquité[2] dont l'importance paraît approximativement constante et qui correspond peut-être à une inertie spécifique qui s'oppose, sur le plan de la vie sociale, aux efforts d'organisation.

    Cette proposition surprendra l'amateur de récits de voyages,
15 ému au rappel des coutumes « barbares » de telle ou telle peuplade. Pourtant, ces réactions à fleur de peau ne résistent pas à une appréciation correcte des faits et à leur rétablissement dans une perspective élargie. Prenons le cas de l'anthropophagie[3] qui, de toutes les pratiques sauvages, est sans doute celle qui nous inspire le plus d'horreur et de

dégoût. On devra d'abord en dissocier les formes proprement alimentaires, c'est-à-dire celles où l'appétit pour la chair humaine s'explique par la carence d'autre nourriture animale, comme c'était le cas dans certaines îles polynésiennes. De telles fringales, nulle société n'est moralement protégée : la famine peut entraîner les hommes à manger n'importe quoi : l'exemple récent des camps d'extermination le prouve.
[…]
Mais surtout, nous devons nous persuader que certains usages qui nous sont propres, considérés par un observateur relevant d'une société différente, lui apparaîtraient de même nature que cette anthropophagie qui nous semble étrangère à la notion de civilisation. Je pense à nos coutumes judiciaires et pénitentiaires. À les étudier du dehors, on serait tenté d'opposer deux types de sociétés : celles qui pratiquent l'anthropophagie, c'est-à-dire qui voient dans l'absorption de certains individus détenteurs de forces redoutables le seul moyen de neutraliser celles-ci, et même de les mettre à profit ; et celles qui, comme la nôtre, adoptent ce qu'on pourrait appeler l'*anthropémie* (du grec *émein*, vomir) ; placées devant le même problème, elles ont choisi la solution inverse, consistant à expulser ces êtres redoutables hors du corps social en les tenant temporairement ou définitivement isolés, sans contact avec l'humanité, dans des établissements destinés à cet usage. À la plupart des sociétés que nous appelons primitives, cette coutume inspirerait une horreur profonde ; elle nous marquerait à leurs yeux de la même barbarie que nous serions tentés de leur imputer en raison de leurs coutumes symétriques.

Des sociétés, qui nous paraissent féroces à certains égards, savent être humaines et bienveillantes quand on les envisage sous un autre aspect. Considérons les Indiens des plaines d'Amérique du Nord qui sont ici doublement significatifs, parce qu'ils ont pratiqué certaines formes modérées d'anthropophagie, et qu'ils offrent un des rares exemples de peuple primitif doté d'une police organisée. Cette police (qui était aussi un corps de justice) n'aurait jamais conçu que le châtiment du coupable dût se traduire par une rupture des liens sociaux. Si un indigène avait contrevenu aux lois de la tribu, il était puni par la destruction de tous ses biens : tente et chevaux. Mais du même coup, la police contractait une dette à son égard ; il lui incombait d'organiser la réparation collective du dommage dont le coupable avait été, pour son châtiment, la victime. Cette réparation faisait de ce dernier l'obligé du groupe, auquel il devait marquer sa reconnaissance par des cadeaux que la collectivité entière – et la police elle-même – l'aidait à rassembler, ce qui inversait de nouveau les rapports ; et ainsi de suite, jusqu'à ce que, au terme de toute une série de cadeaux et de contre-cadeaux, le désordre antérieur fût progressivement amorti et que l'ordre initial eût été restauré. Non seulement de tels usages sont plus humains que les nôtres, mais ils sont aussi plus cohérents, même en formulant le problème dans les termes de notre moderne psychologie : en bonne logique, l'« infantilisation[4] » du coupable impliquée par la notion de punition exige qu'on lui reconnaisse un droit corrélatif à une gratification, sans laquelle la démarche première perd son efficacité, si même elle n'entraîne pas des résultats inverses de ceux qu'on espérait. Le comble de l'absurdité étant, à notre manière, de traiter simultanément le coupable comme un enfant pour nous autoriser à le punir, et comme un adulte afin de lui refuser la consolation ; et de croire que nous avons accompli un grand progrès spirituel parce que, plutôt que de consommer quelques-uns de nos semblables, nous préférons les mutiler physiquement et moralement.

De telles analyses, conduites sincèrement et méthodiquement, aboutissent à deux résultats : elles instillent un élément de mesure et de bonne foi dans l'appréciation des coutumes et des genres de vie les plus éloignés des nôtres, sans pour autant leur conférer les vertus absolues qu'aucune société ne détient. Et elles dépouillent nos usages de cette évidence que le fait de n'en point connaître d'autres – ou d'en avoir une connaissance partielle et tendancieuse[5] – suffit à leur prêter. Il est donc vrai que l'analyse ethnologique rehausse les sociétés différentes et rabaisse celle de l'observateur ; elle est contradictoire en ce sens. Mais si l'on veut bien réfléchir à ce qui se passe, on verra que cette contradiction est plus apparente que réelle.

Claude Lévi-Strauss, *Tristes Tropiques*, Éditions Plon, 1955.
(889 mots)

---

1. *Ethnographique* : qui décrit les groupes humains, les sociétés.
2. *Iniquité* : injustice.
3. *Anthropophagie* : cannibalisme.
4. *Infantilisation* : manière de traiter ou considérer quelqu'un comme un enfant.
5. *Tendancieuse* : subjective, partiale.

Essais • Sujet 14 • **LA LITTÉRATURE D'IDÉES**

CONTRACTION DE TEXTE

 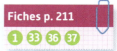

Étape 1
Analyser le texte
L'énonciation du texte engage le point de vue de son auteur qui défend sa thèse. Il s'agit d'un texte **argumentatif** : il emploie alternativement le « nous » et le « on ». Ces deux pronoms personnels renvoient à l'auteur et au groupe auquel il appartient (et qui est aussi le nôtre), au sens large, les Européens.

L'argumentation du texte progresse jusqu'à la thèse finale : aidez-vous des paragraphes pour suivre les idées du texte.

La thèse n'est pas directement énoncée, elle est à formuler d'après le dernier paragraphe. On peut la formuler ainsi : l'enquête ethnographique permet d'apprécier notre culture et les cultures différentes de la nôtre à leur juste valeur.

Étape 2
Préparer la contraction
Vous pouvez travailler directement sur le texte l'étape de préparation :
– Surlignez les connecteurs logiques.
– Surlignez les phrases importantes et rédigez dans la marge, au fur et à mesure du texte (en vous aidant des paragraphes qui le structurent), les idées importantes.
– Barrez les exemples inutiles pour la contraction.

Étape 3
Rédiger la contraction
Une fois ce travail effectué au brouillon, vous pouvez rédiger la contraction de texte.

LA LITTÉRATURE D'IDÉES — Corrigé 14

Corrigé : texte annoté et devoir rédigé

Voici un exemple de texte du sujet annoté pour votre contraction de texte. Les textes en vert apparaissant dans ce corrigé et placés en marge ne doivent pas figurer dans votre devoir. Nous les avons insérés pour vous guider et vous aider à repérer les parties de la contraction de texte.

Les conseils du professeur

Texte du sujet annoté

Aucune société n'est parfaite. Toutes comportent par nature une impureté incompatible avec les normes qu'elles proclament, et qui se traduit concrètement par une certaine dose d'injustice, d'insensibilité, de cruauté. Comment évaluer cette dose ? L'enquête ethnographique y parvient. Car, s'il est vrai que la comparaison d'un petit nombre de sociétés les fait apparaître très différentes entre elles, ces différences s'atténuent quand le champ d'investigation s'élargit. On découvre alors qu'aucune société n'est foncièrement bonne ; mais aucune n'est absolument mauvaise. Toutes offrent certains avantages à leurs membres, compte tenu d'un résidu d'iniquité dont l'importance paraît approximativement constante et qui correspond peut-être à une inertie spécifique qui s'oppose, sur le plan de la vie sociale, aux efforts d'organisation.

Cette proposition surprendra l'amateur de récits de voyages, ému au rappel des coutumes « barbares » de telle ou telle peuplade. Pourtant, ces réactions à fleur de peau ne résistent pas à une appréciation correcte des faits et à leur rétablissement dans une perspective élargie. Prenons le cas de l'anthropophagie qui, de toutes les pratiques sauvages, est sans doute celle qui nous inspire le plus d'horreur et de dégoût. On devra d'abord en dissocier les formes proprement alimentaires, c'est-à-dire celles où l'appétit pour la chair humaine s'explique par la carence d'autre nourriture animale,

> Aucune société n'est parfaite. L'ethnographie montre que toutes les sociétés comportent de l'injustice et de la violence qu'il faut évaluer à leur juste mesure.

> Les comportements de certains peuples jugés « barbares » doivent être observés avec recul.

> L'anthropophagie par exemple (qui nous horrifie) peut résulter de l'absolue nécessité de se nourrir comme on a pu l'observer dans les camps d'extermination.

Essais — **Corrigé 14** — **LA LITTÉRATURE D'IDÉES**

Contraction et essai

comme c'était le cas dans certaines îles polynésiennes. De telles fringales, nulle société n'est moralement protégée : la famine peut entraîner les hommes à manger n'importe quoi : l'exemple récent des camps d'extermination le prouve [...]

Mais surtout, nous devons nous persuader que certains usages qui nous sont propres, considérés par un observateur relevant d'une société différente, lui apparaîtraient de même nature que cette anthropophagie qui nous semble étrangère à la notion de civilisation. Je pense à nos coutumes judiciaires et pénitentiaires. À les étudier du dehors, on serait tenté d'opposer deux types de sociétés : celles qui pratiquent l'anthropophagie, c'est-à-dire qui voient dans l'absorption de certains individus détenteurs de forces redoutables le seul moyen de neutraliser celles-ci, et même de les mettre à profit ; et celles qui, comme la nôtre, adoptent ce qu'on pourrait appeler l'*anthropémie* (du grec *émein*, vomir) ; placées devant le même problème, elles ont choisi la solution inverse, consistant à expulser ces êtres redoutables hors du corps social en les tenant temporairement ou définitivement isolés, sans contact avec l'humanité, dans des établissements destinés à cet usage. À la plupart des sociétés que nous appelons primitives, cette coutume inspirerait une horreur profonde ; elle nous marquerait à leurs yeux de la même barbarie que nous serions tentés de leur imputer en raison de leurs coutumes symétriques.

Des sociétés, qui nous paraissent féroces à certains égards, savent être humaines et bienveillantes quand on les envisage sous un autre aspect. ~~Considérons les Indiens des plaines d'Amérique du Nord qui sont ici doublement significatifs, parce qu'ils ont pratiqué certaines formes modérées d'anthropophagie, et qu'ils offrent un des rares exemples de peuple primitif doté d'une police organisée. Cette police (qui était aussi un corps de justice) n'aurait jamais conçu que le châtiment du coupable dût se traduire par une rupture des liens sociaux. Si un indigène avait contrevenu aux lois de la tribu, il~~

Nulle civilisation n'est, par essence, protégée contre la famine.

Surlignez les connecteurs logiques qui marquent une nouvelle étape de la démonstration.

Nous devons nous garder d'opposer les cultures et de tout ethnocentrisme : certains de nos usages peuvent apparaître « barbares » aux yeux d'autres cultures.

Le fait d'exclure de notre société les individus dangereux pour elle en les mettant en prison est un usage qui, pour des civilisations différentes (dites « primitives »), serait jugé barbare.

Une vue d'ensemble montre que les sociétés peuvent être brutales à certains égards et bienveillantes à d'autres...

~~était puni par la destruction de tous ses biens : tente et chevaux. Mais du même coup, la police contractait une dette à son égard ; il lui incombait d'organiser la réparation collective du dommage dont le coupable avait été, pour son châtiment, la victime. Cette réparation faisait de ce dernier l'obligé du groupe, auquel il devait marquer sa reconnaissance par des cadeaux que la collectivité entière — et la police elle-même — l'aidait à rassembler, ce qui inversait de nouveau les rapports ; et ainsi de suite, jusqu'à ce que, au terme de toute une série de cadeaux et de contre-cadeaux, le désordre antérieur fût progressivement amorti et que l'ordre initial eût été restauré.~~ Non seulement de tels usages sont plus humains que les nôtres, mais ils sont aussi plus cohérents, même en formulant le problème dans les termes de notre moderne psychologie : en bonne logique, l'« infantilisation » du coupable impliquée par la notion de punition exige qu'on lui reconnaisse un droit corrélatif à une gratification, sans laquelle la démarche première perd son efficacité, si même elle n'entraîne pas des résultats inverses de ceux qu'on espérait. Le comble de l'absurdité étant, à notre manière, de traiter simultanément le coupable comme un enfant pour nous autoriser à le punir, et comme un adulte afin de lui refuser la consolation ; et de croire que nous avons accompli un grand progrès spirituel parce que, plutôt que de consommer quelques-uns de nos semblables, nous préférons les mutiler physiquement et moralement.

> … et certains usages qu'on peut juger barbares le sont parfois moins que les nôtres, lorsqu'on y regarde de plus près.

De telles analyses, conduites sincèrement et méthodiquement, aboutissent à deux résultats : elles instillent un élément de mesure et de bonne foi dans l'appréciation des coutumes et des genres de vie les plus éloignés des nôtres, sans pour autant leur conférer les vertus absolues qu'aucune société ne détient. Et elles dépouillent nos usages de cette évidence que le fait de n'en point connaître d'autres — ou d'en avoir une connaissance partielle et tendancieuse — suffit à leur prêter. Il est donc vrai que l'analyse ethnologique rehausse les sociétés différentes et rabaisse celle de l'observateur ; elle est

> L'étude méthodique des différentes civilisations permet d'éviter le piège de l'ethnocentrisme et incite à porter un jugement objectif sur les différentes sociétés.

contradictoire en ce sens. Mais si l'on veut bien réfléchir à ce qui se passe, on verra que cette contradiction est plus apparente que réelle.

Claude Lévi-Strauss, *Tristes Tropiques*, Éditions Plon, 1955.

Le devoir rédigé

Aucune société n'est parfaite et l'ethnographie montre que toutes les organisations sociales comportent une part d'injustice et de violence qu'il convient de mesurer. Ainsi, les comportements de certains peuples, jugés « barbares » par des observateurs extérieurs, doivent être étudiés avec recul et discernement. L'anthropophagie, par exemple, que nous jugeons d'une grande sauvagerie, peut résulter de l'absolue nécessité de se nourrir comme on a pu l'observer notamment dans les camps d'extermination. Nulle civilisation n'est par essence protégée contre une extrême famine et les moyens d'y remédier. Mais surtout, nous devons nous garder d'opposer les cultures et de tout ethnocentrisme : certains de nos usages peuvent ainsi apparaître « barbares » aux yeux d'autres cultures dites « primitives ». Le fait d'exclure de notre société les individus dangereux en les mettant en prison est un usage qui serait jugé cruel par d'autres civilisations. Une vue d'ensemble permet de relativiser le jugement porté sur une civilisation différente en montrant que les sociétés peuvent être brutales à certains égards et bienveillantes sous d'autres, et certains usages qu'on peut juger barbares le sont parfois moins que les nôtres, lorsqu'on les étudie avec attention. L'étude méthodique des différentes civilisations permet donc d'éviter le piège de l'ethnocentrisme et incite à porter un jugement objectif sur les différentes sociétés.

(225 mots)

> Conservez un exemple lorsqu'il est essentiel à l'augmentation. Conservez la même énonciation que le texte.

> Rétablissez la logique du texte.

> Conservez le vocabulaire essentiel.

> Indiquez le nombre de mots de la contraction.

Conseils

Relisez le résumé pour vous assurer qu'il redonne bien le sens global du texte. Dans cette contraction, on doit retrouver la thèse à la fin du texte ; elle est l'aboutissement de l'argumentation. Assurez-vous de ne pas laisser de fautes d'orthographe et de grammaire.

LA LITTÉRATURE D'IDÉES | Corrigé 14

ESSAI

 **Travail préparatoire**

Quel regard peut-on porter sur les autres cultures ?

Étape 1

Analyser la question
La question est ouverte, elle entraîne donc un plan analytique. Le plan analytique a une structure libre qui peut varier d'une question à l'autre, c'est à vous de construire un raisonnement afin de répondre à la question.

Analyse des termes importants du sujet
• « **Cultures** » : au sens large, la culture est l'ensemble des comportements et des traditions d'un groupe. Le mot est au pluriel.
• « **Regard** » : le mot a ici le sens de point de vue et aussi de « façon de voir ».
• « **On** » : l'article indéfini renvoie à votre point de vue, mais aussi plus largement à tous les points de vue possibles. Il rend la question très large : vous ne pourrez pas envisager toutes les réponses possibles.

On peut décomposer la question de la manière suivante : Quel(s) point(s) de vue porter sur une culture différente de la nôtre ? Quels sont les regards déjà portés sur une autre culture ? Quel regard est-il possible de porter sur une autre culture ? Ce regard a-t-il toujours été le même ? Comment porter un jugement sur une autre culture ?

> **Conseil**
> Décomposer la question du sujet en plusieurs sous-questions est une méthode efficace pour trouver des arguments et construire un plan.

Étape 2

Chercher des arguments
En répondant à toutes ces questions, on trouvera des éléments de réponse :

• La question du sujet invite d'abord à faire un constat : pour trouver des arguments, on peut recenser les différents regards que les hommes portent sur des cultures différentes de la leur :
– On pourra s'appuyer sur l'actualité et l'histoire.
– On pourra s'appuyer sur le texte de Claude Lévi-Strauss pour développer son point de vue : il oppose les regards ethnocentriques à ceux plus impartiaux de l'anthropologie.

Essais   Corrigé 14   **LA LITTÉRATURE D'IDÉES**

– On pourra s'appuyer sur le travail de l'année : que répond Montaigne à cette question ?
• On peut s'interroger : une façon de voir est-elle meilleure qu'une autre ?
• On peut également réfléchir de façon chronologique : le regard a-t-il évolué ? Quel est-il aujourd'hui ?

> **Conseil**
> Pour trouver des exemples, appuyez-vous sur le travail réalisé durant l'année et sur vos connaissances personnelles (autres œuvres littéraires lues, films, programme d'histoire, actualité, etc.).

Étape 3
Construire un plan
Il s'agit dans cette étape d'ordonner les éléments de réponses trouvés aux questions formulées dans les **étapes 1 et 2.** Rappelons-le, il n'y a pas de meilleur plan qu'un autre, il s'agit de construire votre propre démonstration. Nous vous proposons une réponse possible et non exhaustive.

Plan de l'essai
Introduction

I. Le regard ethnocentrique
  1) Une attitude historique
  Ex. : Le carnet de bord de Christophe Colomb.
  2) Les dangers d'un regard ethnocentré
  Ex. : Montaigne, « Des Cannibales », *Essais*, 1580.
  3) De l'ethnocentrisme à la xénophobie, une erreur qui perdure
  Ex. : Article de Tahar Ben Jelloun, *Le Monde*, 1978.

II. Un regard ouvert et curieux
  1) Le regard de l'anthropologue et de l'intellectuel
  Ex. : Montaigne, « Des Cannibales », *Essais*, 1580.
  2) Un regard engagé
  Ex. : Las Casas et la controverse de Valladolid.
  3) Un regard curieux des autres cultures
  Ex. : Les échanges culturels et la mondialisation.

Conclusion

Étape 4
Rédiger
Vous pouvez ensuite passer à la rédaction de l'essai.

LA LITTÉRATURE D'IDÉES — Corrigé 14

Corrigé : essai rédigé

Les textes en vert apparaissant dans ce corrigé, placés en marge ou conseils entre crochets, ne doivent pas figurer dans votre devoir. Nous les avons insérés pour vous guider et vous aider à repérer les parties de l'essai.

Les conseils du professeur

[*L'amorce s'appuie ici sur le texte en reprenant ses idées principales.*] Dans son essai *Tristes Tropiques*, Claude Lévi-Strauss explique qu'il faut se garder de tout ethnocentrisme qui ferait penser sa propre culture comme supérieure à celle de l'autre et juger les usages et les coutumes de sociétés différentes comme aberrantes ou même barbares. Il invite au contraire à prendre du recul et à juger avec un œil impartial chaque société. [*Annoncez la question du sujet en l'articulant logiquement à l'amorce.*] Mais alors, quel regard peut-on porter sur les autres cultures ?

[*Annoncez les grandes idées du plan.*] On observe au moins deux types d'attitude face à la culture de l'autre : soit on la regarde avec indifférence, voire condescendance, en la jugeant inférieure à la sienne, soit on porte un regard plus aiguisé et curieux afin de découvrir en quoi elle est digne d'intérêt. Nous envisagerons successivement ces deux points de vue.

Il faut bien admettre que, trop souvent, le premier réflexe d'un voyageur qui découvre une culture très différente de la sienne est de la juger comme étrange, voire contestable ou même condamnable. En effet, certaines coutumes de pays étrangers sont tellement différentes des nôtres qu'il faut du temps pour les comprendre, et le premier regard porté sur elles est souvent superficiel et ne s'attache qu'aux apparences, sans chercher à comprendre l'histoire et le sens que ces comportements

Appuyez-vous sur les idées du texte pour rédiger l'amorce.

Il est très important de construire votre plan avant de rédiger : consacrez-y 30 à 45 minutes.

Énoncez l'idée du paragraphe.

Expliquez l'idée.

Essais Corrigé 14 **LA LITTÉRATURE D'IDÉES**

sous-tendent. Ainsi, lorsque les Européens découvrirent que certains peuples d'Amérique du Sud pratiquaient l'anthropophagie, ils jugèrent immédiatement ces peuples barbares sans s'interroger sur le sens symbolique de ces pratiques. Qu'on en juge aux réflexions de Christophe Colomb dans son journal de bord lorsqu'il entre en contact avec les indigènes des Bahamas en octobre 1492. Son point de vue est celui d'un Européen qui pense en bon catholique, persuadé que sa religion est la seule et unique vérité et que ces indigènes étaient par conséquent « gens à se rendre et convertir bien mieux à notre Sainte Foi par amour que par force ». On mesure avec cette seule phrase les dangers de l'ethnocentrisme. Le regard porté par Christophe Colomb est hiérarchique et reflète celui de l'écrasante majorité des Européens à cette époque : la culture et la religion occidentales sont supérieures à celle des Indiens, jugée « primitive », donc inférieure ; « il me parut qu'ils étaient des gens très dépourvus de tout. Ils vont nus, tels que leur mère les a enfantés » écrit encore l'explorateur. La dernière partie de la phrase traduit l'infantilisation dont parle Claude Lévi-Strauss dans *Tristes Tropiques* en même temps qu'elle montre l'arrogance des Européens à l'égard de ces cultures nouvelles pour eux.

Or, le danger d'un tel regard va se mesurer à l'aune de l'histoire tragique qui va suivre. Après la découverte de ce nouveau continent à la fin du xve siècle, les Espagnols et les Portugais avec l'aide du pouvoir catholique se sont littéralement partagé le continent sud-américain, considérant les habitants des terres nouvelles comme des primitifs ou des barbares à exploiter. Ce n'est que dans un second temps qu'ils seront considérés comme humains (par une bulle papale en 1537) et qu'il sera jugé nécessaire de les évangéliser, donc de les convertir de gré ou de force. À aucun moment les conquistadors ne vont considérer leur culture comme digne d'intérêt, si bien que certains historiens parleront plus tard d'ethnocides (un ethnocide se définit comme l'acte de destruction d'une

---

Donnez un exemple.

Pour mieux comprendre, lisez le texte de Christophe Colomb en annexe 1.

Exploitez l'exemple.

Utilisez des connecteurs logiques pour lier les paragraphes entre eux : un essai est une démonstration.

Une bulle papale est une décision du pape qui a la valeur d'une loi.

civilisation). En effet, de nombreuses sociétés indigènes, dont les fameuses civilisations aztèques et mayas, vont disparaître entièrement. Le premier groupe ethnique à subir ce sort sera d'ailleurs les Taïnos, un peuple de la culture Arawaks, groupe que Christophe Colomb rencontra ce fameux 12 octobre 1492 et qui, en quelques années seulement, sera même physiquement remplacé par des esclaves noirs en provenance d'Afrique : l'ethnocide se doublera d'un génocide. Dans son chapitre des *Essais* « Des Cannibales », Montaigne montre justement que la sauvagerie est un concept relatif et que la plus grande sauvagerie est celle des colons qui ont détourné ces indigènes d'une vie proche de la nature : « là où, à la vérité, ce sont ceux que nous avons altérés par notre artifice et détournés de l'ordre commun, que nous devrions appeler plutôt sauvages ».

> Pour mieux comprendre le propos de Montaigne, lisez l'annexe 2.

Aujourd'hui encore, nous ne regardons pas toujours les autres cultures avec suffisamment de discernement, c'est ce que nous rappelle Claude Lévi-Strauss. Si l'exemple de l'anthropophagie peut paraître anecdotique au XXIe siècle, beaucoup d'autres exemples montrent que certains portent encore souvent un regard condescendant sur l'autre, persuadés de détenir la vérité. On peut relater par exemple l'histoire de cet Américain John Chau, qui tenta d'entrer en contact avec la tribu indigène de l'île de North Sentinel au large de la Thaïlande avec pour objectif de l'évangéliser, encore... Cette fois, c'est lui qui y laissa sa vie, tué d'une flèche par ces indigènes qui refusent tout contact avec des étrangers (sans doute ont-ils compris le danger qu'ils courent). On pourrait penser que cette histoire remonte à plusieurs siècles, mais elle eut lieu en 2018. Plus largement, cette attitude qui consiste à rejeter l'autre parce qu'il est différent s'appelle la xénophobie (qui mène bien souvent au racisme). Ce mécanisme a été maintes fois décrit, notamment par l'écrivain Tahar Ben Jelloun dans un article intitulé « La xénophobie » dans le journal *Le Monde* en 1978 (« Dossiers et documents ») :

> Marquez des alinéas au début de chaque paragraphe pour les rendre bien visibles.

Essais — **Corrigé 14** — **LA LITTÉRATURE D'IDÉES**

« Au commencement, la xénophobie : l'étranger n'est pas accepté. On ne donne pas forcément de raisons. On parle à la rigueur d'incompatibilité ; on invoque le « seuil de tolérance ». En fait, on se sent menacé dans son petit bonheur, car on est installé dans un territoire de certitudes. ». Cette phrase écrite il y a plus de quarante ans raisonne encore : on entend régulièrement ces mots (« incompatibilité », « seuil de tolérance ») à propos des migrants qui arrivent en Europe pour fuir la faim et la guerre, ou aux États-Unis, dans la bouche d'un président qui rêve de construire un mur pour confiner les Mexicains chez eux.

==Mais heureusement ce regard n'est pas le seul possible.== L'extrait de *Tristes Tropiques* nous invite au relativisme et à l'étude attentive des cultures pour en percevoir la valeur réelle. Il faut, explique-t-il, regarder une culture dans son ensemble pour l'apprécier à sa juste valeur et accepter l'introspection pour prendre en compte ce qui chez nous peut choquer ailleurs. Il s'agit là d'un regard scientifique qui a fondé les sciences humaines et sociales, l'anthropologie et l'ethnologie apparues dès la fin du XVIIIe siècle, mais véritablement introduites dans la tradition intellectuelle française par Claude Lévi-Strauss. La démarche anthropologique invite à considérer une société sous tous ses aspects, sans porter de jugement a priori : c'est une démarche scientifique car elle privilégie l'étude, l'observation et l'analyse objective aux jugements subjectifs et partiaux. Or, en lisant les *Essais* de Montaigne, on voit déjà ce regard anthropologique à l'œuvre. Il écrit, en effet, dans « Des Cannibales » quelques lignes avant ce que nous avons cité précédemment : « chacun appelle "barbarie" ce qui n'est pas de son usage ; comme de vrai, il semble que nous n'avons autre mire de la vérité et de la raison que l'exemple et idée des opinions et usages du pays où nous sommes ». N'est-ce pas du Lévi-Strauss avant la lettre ?

> Vous pouvez sauter une ligne pour séparer les deux grandes parties de votre plan.
>
> Rédigez une phrase de transition entre les deux grandes parties de votre argumentation.

À l'image de Montaigne, tous les hommes de la Renaissance ne portaient pas sur les indigènes le regard du colon. En 1550, quelques années avant la parution des *Essais*, eut lieu à Valladolid en Espagne une controverse sous l'autorité de l'Église catholique. L'enjeu était de déterminer si les Indiens pouvaient être considérés comme des hommes à part entière et, par conséquent, s'ils pouvaient ou non légitiment être réduits à l'état d'esclaves. Cette controverse opposa deux hommes dont un prêtre dominicain, Bartolomé de Las Casas. Son parcours est intéressant : d'abord propriétaire de terres indigènes et de ses habitants sur l'île d'Hispaniola, il est choqué par le traitement inique et brutal que les Espagnols infligent aux indigènes. Il décide alors de dénoncer les injustices dont il a été témoin. Il prendra la défense des Indiens lors de cette controverse pour tenter d'améliorer leur sort, s'insurgeant contre la destruction d'une « race innocente ». Malheureusement, sa voix ne portera que trop peu. En effet, si lors de cette controverse, le statut des Amérindiens égal aux blancs fut officialisé, le mal était fait, des peuples entiers avaient été décimés par les maladies importées d'Europe, la guerre et l'esclavage. Qui plus est, une décision prise en Espagne avait bien du mal à s'appliquer de l'autre côté de l'Atlantique, loin des yeux des souverains et du pouvoir papal. Et puis cette décision masquait une autre réalité tout aussi dramatique : le commerce triangulaire qui allait fournir une main-d'œuvre de remplacement avec les Noirs venus d'Afrique, corvéables à merci, considérés à leur tour comme des êtres inférieurs. Rappelons que l'esclavage des Noirs ne sera aboli que dans le courant du XIXe siècle et que douze millions d'Africains seront arrachés à leur continent.

Ce que nous ont appris Montaigne et Lévi-Strauss finalement, c'est d'avoir un regard curieux sur l'autre et sa culture. Et heureusement, c'est une attitude qui existe aujourd'hui très largement. D'abord parce que depuis

Essais **Corrigé 14** **LA LITTÉRATURE D'IDÉES**

la Renaissance, les peuples, et avec eux leur culture, se sont brassés très largement avec le développement croissant des transports et des échanges commerciaux. Si l'on prend l'acception la plus large du mot « culture » comme l'ensemble des comportements et traditions liés à un peuple, on ne peut que remarquer à quel point nos sociétés modernes sont multiculturelles et se sont enrichies du brassage ethnique permanent. Il n'y a qu'à se promener dans une grande ville européenne pour se rendre compte du mélange des cultures : que de couleurs de peaux et de physiques différents, de restaurants chinois, japonais, turcs, italiens, libanais, indiens… Nous achetons des mangas, des masques traditionnels africains, allons voir des films américains, européens, asiatiques, il suffit d'allumer Netflix pour découvrir des séries turques, allemandes, danoises, anglaises… Nous apprenons les langues étrangères, voyageons partout dans le monde, bref beaucoup de nos usages sont finalement portés vers d'autres cultures. L'art moderne représente aussi un intéressant laboratoire du métissage culturel. La danse contemporaine, par exemple, mélange volontiers le hip-hop, né dans les ghettos noirs-américains, et les mouvements hérités de la tradition des ballets de danse classique. La musique exprime aussi souvent des influences variées et certains styles musicaux traversent les frontières, gommant même en partie les particularismes nationaux. Le rap, par exemple, qui prend également racine dans la culture hip-hop des années 1970 a désormais envahi la planète et scande partout sa contestation. Finalement, on aboutit là à un renversement du problème : la culture de l'autre est devenue la nôtre, à tel point que certains se demandent comme lutter contre le nivellement d'une culture commune qui ferait disparaître la diversité culturelle.

LA LITTÉRATURE D'IDÉES — Corrigé 14

[Concluez en synthétisant votre démonstration.]
Si les modifications du monde moderne, interconnecté, mondialisé, hyper mobile, changent en partie le regard que nous portons sur les autres cultures parce que nous sommes de plus en plus en contact avec elles, il n'en reste pas moins que le regard du colon, celui qui établissait autrefois des hiérarchies entre les peuples, entre les religions, entre les cultures, existe encore. Or, peut-être parce que certains craignent que la mondialisation galopante gomme les différences culturelles et efface ce qui fait l'identité des peuples, on observe paradoxalement des mouvements de repli sur soi, de crispations ethnocentriques de plus en plus prégnantes.

> Cette synthèse doit répondre clairement à la question du sujet et reprendre la logique du raisonnement.

Conseils

- Relisez bien votre essai pour vous assurer de la cohérence de l'ensemble. Votre essai répond-il clairement et de façon organisée à la question posée ?
- Soyez attentif à l'orthographe et à la grammaire.

Essais Corrigé 14 LA LITTÉRATURE D'IDÉES

Les textes mis en annexes sont là pour étoffer votre culture littéraire. Ils ne font pas partie du sujet.

 **Annexe 1**

Christophe Colomb, *La Découverte de l'Amérique*, 1492-1505, traduction, *La Découverte*, 2015

> *Le jeudi 12 octobre 1492, Christophe Colomb, après plus d'un mois de voyage pour traverser l'océan Atlantique, atteint l'île de San Salvador avec son équipage. Dans son journal de bord, il relate sa première rencontre avec les indigènes qui vivent sur cette île.*

1   Jeudi 12 octobre

[…] afin qu'ils nous aient en grande amitié et parce que j'ai connu qu'ils étaient gens à se rendre et convertir bien mieux à notre Sainte Foi par amour que par force, j'ai donné à quelques-uns d'entre eux
5   quelques bonnets de couleur et quelques perles de verre qu'ils se sont mises au cou, et beaucoup d'autres choses de peu de valeur dont ils eurent grand plaisir ; et ils nous firent tant d'amitié que c'était merveille. Ensuite, ceux-là venaient, nageant, aux chaloupes des navires dans lesquelles nous étions, et ils nous apportaient des
10 perroquets, du fil de coton en pelotes, des sagaies[1] et beaucoup d'autres choses qu'ils échangeaient contre d'autres que nous leur donnions, telles que petites perles de verre et grelots. Mais il me parut qu'ils étaient des gens très dépourvus de tout. Ils vont nus, tels que leur mère les a enfantés, et les femmes aussi, toutefois je
15 n'en ai vu qu'une, qui était assez jeune. Et tous les hommes que j'ai vus étaient jeunes, aucun n'avait plus de trente ans ; ils étaient tous très bien faits, très beaux de corps et très avenants de visage, avec des cheveux quasi aussi gros que le crin de la queue des chevaux, courts et qu'ils portent jusqu'aux sourcils, sauf en arrière, quelques
20 mèches qu'ils laissent longues et jamais ne coupent. Certains d'entre eux se peignent le corps en brun, et ils sont tous comme les Canariens, ni noirs ni blancs, d'autres se peignent en blanc et d'autres en rouge vif, et d'autres de la couleur qu'ils trouvent.

▶▶▶

LA LITTÉRATURE D'IDÉES — Corrigé 14

(suite)

Certains se peignent le visage et d'autres tout le corps ; certains se peignent seulement le tour des yeux et d'autres seulement le nez. Ils ne portent pas d'armes ni même ne les connaissent, car je leur ai montré des épées que, par ignorance, ils prenaient par le tranchant, se coupant. Ils n'ont pas de fer ; leurs sagaies sont des bâtons sans fer, et certaines ont à leur extrémité une dent de poisson, et d'autres différentes choses. Tous sont pareillement de belle stature, de belle allure et bien faits.

---

1. *Sagaie* : lance, javelot.

Essais Corrigé 14 **LA LITTÉRATURE D'IDÉES**

Montaigne, « Des Cannibales », *Essais*, Livre I, Chapitre 31, 1580

Au XVIᵉ siècle, la découverte du Nouveau Monde modifie profondément la perception de ce qu'il est d'usage d'appeler à la Renaissance, la civilisation. La découverte d'un nouveau continent et des hommes qui le peuplent, à l'apparence et aux mœurs si différentes des Européens, le traitement qu'on leur inflige, inspirent à Montaigne son premier essai, « Des cannibales ».

Or je trouve, pour revenir à mon propos, qu'il n'y a rien de barbare et de sauvage en cette nation, à ce qu'on m'en a rapporté, sinon que chacun appelle « barbarie » ce qui n'est pas de son usage ; comme de vrai, il semble que nous n'avons autre mire de la vérité et de la raison que l'exemple et idée des opinions et usages du pays où nous sommes. Là est toujours la parfaite religion, la parfaite police, parfait et accompli usage de toutes choses. Ils sont sauvages, de même que nous appelons sauvages les fruits que nature, de soi et de son progrès ordinaire, a produits : là où, à la vérité, ce sont ceux que nous avons altérés par notre artifice et détournés de l'ordre commun, que nous devrions appeler plutôt sauvages. En ceux-là sont vives et vigoureuses les vraies et plus utiles et naturelles vertus et propriétés, lesquelles nous avons abâtardies en ceux-ci, et les avons seulement accommodées au plaisir de notre goût corrompu. Et si pourtant, la saveur même et délicatesse se trouve à notre goût excellente, à l'envi des nôtres, en divers fruits de ces contrées-là sans culture. Ce n'est pas raison que l'art gagne le point d'honneur sur notre grande et puissante mère Nature. Nous avons tant rechargé la beauté et richesse de ses ouvrages par nos inventions que nous l'avons du tout étouffée. Si est-ce que, partout où sa pureté reluit, elle fait une merveilleuse honte à nos vaines et frivoles entreprises, le lierre pousse mieux spontanément, l'arboulier[1] croît plus beau dans les antres solitaires, et les oiseaux chantent plus doucement sans aucun art.

---

1. *Arboulier :* arbousier, arbuste à fruits rouges.

SUJET 15

4 heures

L'Ingénu

Œuvre : Voltaire, *L'Ingénu*
Parcours : Voltaire, esprit des Lumières

1. Vous ferez le résumé du texte suivant en 244 mots avec une marge de plus ou moins 10 % (plus ou moins 24 mots).

2. Dans un essai argumenté, vous répondrez à la question suivante en vous appuyant sur les textes étudiés en classe et sur votre culture personnelle :
Pensez-vous que l'esprit des Lumières ait définitivement triomphé ?

1   Au terme de ce XVIIIe siècle, alors que va éclater la Révolution, les philosophes des Lumières ont provoqué un formidablement ébranlement des certitudes anciennes qui régissaient le vieux monde. Je retiendrai les idées les plus fortes qui ont fait rupture avec l'Ancien Régime. Et qui
5   gardent, trois siècles plus tard, toute leur pertinence.

1re idée : le libre esprit critique

C'est le primat conféré à la raison sur la superstition, sur les vérités révélées, sur les dogmes. La raison et son corollaire, l'esprit critique, bien plus même, l'exigence critique à l'égard des traditions, des pou-
10 voirs, des idéologies qu'ils inspirent et de ceux qui les servent. Comme l'écrit Tzvetan Todorov, « l'idée de critique est consubstantielle aux Lumières ».

Tous partagent la même conscience de la nécessité de faire triompher la libre raison critique. « Notre siècle, proclamait Kant, est le siècle
15 propre de la critique à laquelle tout doit se soumettre. » Comme la lumière du jour succède à l'obscurité de la nuit, la raison succède au dogmatisme. Désormais, aucune autorité politique ou religieuse ne doit être à l'abri de la critique.

158

2ᵉ idée : le volontarisme

[...] La quête du bonheur se substitue à l'attente du salut. Un autre monde que celui que nous connaissons est envisageable et désirable. Le monde tel qu'il est n'est pas une fatalité. Les maux sociaux dont souffrent les peuples ne sont pas des phénomènes naturels.

On s'en rend difficilement compte aujourd'hui, mais, en un temps où la soumission à l'ordre politique et religieux est la règle commune, dénoncer ce que Castoriadis appellera en 1991 « la capitulation servile devant la sainte réalité » relève d'une rupture totale.

En amplifiant le propos subversif de La Boétie dans son *Discours sur la servitude volontaire*, les Lumières affirment que l'ordre établi, foncièrement injuste et totalitaire, n'est pas immuable et que l'homme peut prendre son destin en main et faire de la quête du bonheur pour tous l'objet de la politique.

3ᵉ idée forte : la liberté

[...] Liberté de pensée, mais aussi liberté individuelle. S'affranchir. Désapprendre l'acquiescement, la soumission, l'obéissance passive. Ni esclave, ni serf, ni serviteur, mais citoyen. Terminée, la servitude volontaire. Pleinement citoyen. Libre. Diderot écrit : « Aucun homme n'a reçu de la nature le droit de commander aux autres. »

Dans son *Discours sur l'inégalité*, Rousseau démontre que la liberté politique est la base de toutes les autres libertés.

Vivre libre ou mourir, va proclamer la Convention nationale !

4ᵉ idée forte : l'égalité

Rousseau est, par excellence, l'auteur qui, avec constance, a revendiqué l'égalité politique. Avec lui, l'idée d'égalité politique, sociale et économique s'affirme comme jamais jusqu'alors dans l'histoire de l'humanité. Mais il n'est pas le seul, comme les anti-Lumières ont tenté de le faire croire pour l'isoler et le marginaliser. La révolution des Lumières, c'est le refus des privilèges. « N'avoir que ses égaux pour maîtres » avait affirmé Montesquieu. « Les hommes naissent égaux en droits » proclame la Déclaration de 1789. Tout être humain est pourvu de la même dignité, quels que soient sa couleur, sa croyance, son sexe, sa langue, son degré d'éducation, son niveau social.

Par contre, si Rousseau considère que la femme est au service de l'homme, Diderot, Montesquieu et Voltaire s'interrogent sur le sort injuste fait aux femmes. Milton défend le divorce par consentement mutuel. Helvétius affirme l'égalité des cerveaux des hommes et des femmes. On retiendra surtout Condorcet qui publie en 1790 « Sur l'admission des femmes au droit de cité » un véritable plaidoyer pour l'égalité.

5e idée forte : la tolérance

« Puissent tous les hommes se souvenir qu'ils sont frères ! » s'exclame Voltaire.

Claude-Adrien Helvétius a écrit un livre intitulé *De l'Esprit*. Ce livre a été condamné par le Vatican et brulé en faculté de théologie de la Sorbonne. Voltaire ne partage pas les idées développées dans ce livre et le souligne. Il prend toutefois la défense de son auteur. Il fera de même en défendant un jeune protestant toulousain du nom de Calas, ce qui l'amènera à publier un ouvrage majeur : le *Traité sur la tolérance*.

Le plaidoyer inlassable de Voltaire pour la tolérance sera joliment résumé au début du XXe siècle par une essayiste britannique en une phrase qu'il n'a jamais écrite comme telle mais qui lui est souvent attribuée : « Je ne suis pas d'accord avec ce que vous dites, mais je me battrai jusqu'à la mort pour que vous ayez le droit de le dire. » […]

6e idée forte : la démocratie

En se libérant, par l'instruction, du pouvoir religieux, en rejetant les superstitions, les dogmatismes et les intégrismes, en privilégiant la raison critique, les hommes se dotent de la capacité d'agir sur le cours des choses en vue du bonheur de tous.

Il faut donc que s'organise la délibération de tous et la décision par tous. Un principe fondamental est énoncé : la souveraineté populaire. Tous les pouvoirs émanent non plus du roi, ni de dieu, mais du peuple.

De l'union entre des citoyens égaux naît la société unie par le pacte social qui confirme le lien entre tous. Pour Rousseau, le pouvoir du peuple n'est pas transmis. Il est prêté temporairement. Ce que le peuple a prêté pendant un moment à un gouvernement, il peut toujours le reprendre. « La puissance législative appartient au peuple et ne peut appartenir qu'à lui » écrit-il. […]

7e idée forte : l'universalité humaine

[…] Les Lumières transcendent toutes les frontières parce que la reconnaissance de la dignité qui est en chacun de nous, l'affirmation du droit de chacun à choisir sa voie abolit les frontières. Pour Montesquieu, Rousseau et Voltaire, les êtres humains ne se définissent pas par une appartenance à une communauté nationale, mais par leur appartenance

L'Ingénu — Sujet 15 — **LA LITTÉRATURE D'IDÉES**

(suite)

> à une nature humaine commune à tous les hommes. Les Lumières refusent de morceler le genre humain en groupes ethniques, historiques et culturels antagonistes. [...]
>
> Raoul Marc Jennar, Texte de l'exposé présenté lors du festival « Un livre à la mer », Collioure, 25 août 2012, blog Mediapart.
(978 mots)

CONTRACTION DE TEXTE

 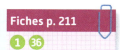

Étape 1

Analyser le texte

S'il y a une marque de la première personne dans le premier paragraphe, l'énonciation est en fait neutre. Le propos se veut essentiellement objectif et informatif, même si on sent que les apports des Lumières sont jugés positifs. Il n'y a donc pas à proprement parler de thèse dans ce texte qui est explicatif.

Étape 2

Préparer la contraction

Vous pouvez travailler directement sur le texte l'étape de préparation :
— Surlignez les connecteurs logiques, s'il y en a.

> **Conseil**
> Les titres qui parcourent le texte donnent les idées principales de chaque paragraphe. Ne cherchez pas à les résumer, reprenez ces idées directement dans la contraction.

— Rédigez dans la marge, au fur et à mesure du texte (en vous aidant des paragraphes qui le structurent), les idées importantes.
— Dans ce texte, il n'y a pas réellement d'exemples, mais des citations qui illustrent et parfois complètent le propos du texte. Elles ne sont pas à reproduire, mais peuvent contenir des informations que vous serez susceptibles de prendre en compte dans votre contraction.

Étape 3

Rédiger la contraction

Une fois ce travail effectué au brouillon, vous pouvez rédiger la contraction de texte.

LA LITTÉRATURE D'IDÉES — Corrigé 15

✏ Corrigé : contraction rédigée

Voici un exemple de texte du sujet annoté pour votre contraction de texte. Les textes en vert apparaissant dans ce corrigé et placés en marge ne doivent pas figurer dans votre devoir. Nous les avons insérés pour vous guider et vous aider à repérer les parties de la contraction de texte.

Les conseils du professeur

Texte du sujet annoté

Au terme de ce XVIIIe siècle, alors que va éclater la Révolution, les philosophes des Lumières ont provoqué un formidablement ébranlement des certitudes anciennes qui régissaient le vieux monde. Je retiendrai les idées les plus fortes qui ont fait rupture avec l'Ancien Régime. Et qui gardent, trois siècles plus tard, toute leur pertinence.

> Si les idées des Lumières ont autrefois été une révolution, elles sont aujourd'hui toujours pertinentes.

1re idée : le libre esprit critique

C'est le primat conféré à la raison sur la superstition, sur les vérités révélées, sur les dogmes. La raison et son corollaire, l'esprit critique, bien plus même, l'exigence critique à l'égard des traditions, des pouvoirs, des idéologies qu'ils inspirent et de ceux qui les servent. Comme l'écrit Tzvetan Todorov, « l'idée de critique est consubstantielle aux Lumières ».

Tous partagent la même conscience de la nécessité de faire triompher la libre raison critique. « Notre siècle, proclamait Kant, est le siècle propre de la critique à laquelle tout doit se soumettre. » Comme la lumière du jour succède à l'obscurité de la nuit, la raison succède au dogmatisme. Désormais, aucune autorité politique ou religieuse ne doit être à l'abri de la critique.

> Les titres sont repris dans les paragraphes correspondants. Les termes qu'ils contiennent sont souvent incontournables et seront donc repris dans la contraction.

> La raison et l'esprit critique ont remplacé le dogmatisme et la superstition, et remis en question les pouvoirs politiques et religieux.

2e idée : le volontarisme

[...] La quête du bonheur se substitue à l'attente du salut. Un autre monde que celui que nous connaissons est

L'Ingénu Corrigé 15 **LA LITTÉRATURE D'IDÉES**

Contraction et essai

envisageable et désirable. Le monde tel qu'il est n'est pas une fatalité. Les maux sociaux dont souffrent les peuples ne sont pas des phénomènes naturels.
On s'en rend difficilement compte aujourd'hui, mais, en un temps où la soumission à l'ordre politique et religieux est la règle commune, dénoncer ce que Castoriadis appellera en 1991 « la capitulation servile devant la sainte réalité » relève d'une rupture totale.
En amplifiant le propos subversif de La Boétie dans son *Discours sur la servitude volontaire*, les Lumières affirment que l'ordre établi, foncièrement injuste et totalitaire, n'est pas immuable et que l'homme peut prendre son destin en main et faire de la quête du bonheur pour tous l'objet de la politique.

> Les Lumières défendent la liberté d'agir pour son bonheur et refusent l'idée que les inégalités sociales soient une fatalité et un ordre naturel.

3ᵉ idée forte : la liberté

[...] Liberté de pensée, mais aussi liberté individuelle. S'affranchir. Désapprendre l'acquiescement, la soumission, l'obéissance passive. Ni esclave, ni serf, ni serviteur, mais citoyen. Terminée, la servitude volontaire. Pleinement citoyen. Libre. Diderot écrit : « Aucun homme n'a reçu de la nature le droit de commander aux autres. »
Dans son *Discours sur l'inégalité*, Rousseau démontre que la liberté politique est la base de toutes les autres libertés.
Vivre libre ou mourir, va proclamer la Convention nationale !

> Les Lumières défendent la liberté sous toutes ses formes : individuelle, intellectuelle et politique qui, pour Rousseau, est la condition des deux autres.

4ᵉ idée forte : l'égalité

Rousseau est, par excellence, l'auteur qui, avec constance, a revendiqué l'égalité politique. Avec lui, l'idée d'égalité politique, sociale et économique s'affirme comme jamais jusqu'alors dans l'histoire de l'humanité.
Mais il n'est pas le seul, comme les anti-Lumières ont tenté de le faire croire pour l'isoler et le marginaliser. La révolution des Lumières, c'est le refus des privilèges. « N'avoir que ses égaux pour maîtres » avait affirmé Montesquieu. « Les hommes naissent égaux en droits »

> C'est une lutte pour l'égalité humaine et l'abolition des privilèges. Même si la condition des femmes ne fait pas consensus, l'injustice qui leur est faite est mise en débat.

proclame la Déclaration de 1789. Tout être humain est pourvu de la même dignité, quels que soient sa couleur, sa croyance, son sexe, sa langue, son degré d'éducation, son niveau social.

Par contre, si Rousseau considère que la femme est au service de l'homme, Diderot, Montesquieu et Voltaire s'interrogent sur le sort injuste fait aux femmes. Milton défend le divorce par consentement mutuel. Helvétius affirme l'égalité des cerveaux des hommes et des femmes. On retiendra surtout Condorcet qui publie en 1790 « Sur l'admission des femmes au droit de cité » un véritable plaidoyer pour l'égalité.

5ᵉ idée forte : la tolérance

« Puissent tous les hommes se souvenir qu'ils sont frères ! » s'exclame Voltaire.

Claude-Adrien Helvétius a écrit un livre intitulé *De l'Esprit*. Ce livre a été condamné par le Vatican et brulé en faculté de théologie de la Sorbonne. Voltaire ne partage pas les idées développées dans ce livre et le souligne. Il prend toutefois la défense de son auteur. Il fera de même en défendant un jeune protestant toulousain du nom de Calas, ce qui l'amènera à publier un ouvrage majeur : le *Traité sur la tolérance*.

Le plaidoyer inlassable de Voltaire pour la tolérance sera joliment résumé au début du XXᵉ par une essayiste britannique en une phrase qu'il n'a jamais écrite comme telle mais qui lui est souvent attribuée : « Je ne suis pas d'accord avec ce que vous dites, mais je me battrai jusqu'à la mort pour que vous ayez le droit de le dire. » […]

> C'est une lutte pour la tolérance. Ce sera notamment le combat inlassable de Voltaire.

6ᵉ idée forte : la démocratie

En se libérant, par l'instruction, du pouvoir religieux, en rejetant les superstitions, les dogmatismes et les intégrismes, en privilégiant la raison critique, les hommes se dotent de la capacité d'agir sur le cours des choses en vue du bonheur de tous.

> L'idée de démocratie fondée sur la souveraineté du peuple remplace les anciens pouvoirs royaux et religieux.

Il faut donc que s'organise la délibération de tous et la décision par tous. Un principe fondamental est énoncé : la souveraineté populaire. Tous les pouvoirs émanent non plus du roi, ni de dieu, mais du peuple.

De l'union entre des citoyens égaux naît la société unie par le pacte social qui confirme le lien entre tous. Pour Rousseau, le pouvoir du peuple n'est pas transmis. Il est prêté temporairement. Ce que le peuple a prêté pendant un moment à un gouvernement, il peut toujours le reprendre. « La puissance législative appartient au peuple et ne peut appartenir qu'à lui » écrit-il. [...]

Ce pacte social basé sur l'égalité de ses citoyens doit garantir la liberté du peuple et son instruction afin de privilégier l'exercice de la raison contre les superstitions et l'intégrisme.

7ᵉ idée forte : l'universalité humaine

[...] Les Lumières transcendent toutes les frontières parce que la reconnaissance de la dignité qui est en chacun de nous, l'affirmation du droit de chacun à choisir sa voie abolit les frontières. Pour Montesquieu, Rousseau et Voltaire, les êtres humains ne se définissent pas par une appartenance à une communauté nationale, mais par leur appartenance à une nature humaine commune à tous les hommes. Les Lumières refusent de morceler le genre humain en groupes ethniques, historiques et culturels antagonistes. [...]

Les idées des Lumières sont universelles car le libre arbitre et la liberté transcendent les particularismes nationaux, ethniques ou culturels et appartiennent au genre humain dans son ensemble.

Raoul Marc Jennar, Texte de l'exposé présenté lors du festival « Un livre à la mer », Collioure, 25 août 2012, blog Mediapart.

Le devoir rédigé

Si les idées des Lumières ont autrefois été une révolution en mettant fin à l'Ancien Régime, elles sont aujourd'hui toujours pertinentes. Grâce aux Lumières, la raison et le libre esprit critique ont remplacé les dogmatismes religieux et politiques et remis en question leurs pouvoirs. Les philosophes des Lumières défendent aussi la liberté d'agir pour son propre bonheur et refusent l'idée que les inégalités sociales soient une fatalité intangible et un ordre naturel. Ils défendent la liberté sous toutes ses formes : individuelle, intellectuelle et

Ne reproduisez pas les titres, leur contenu est compris dans la contraction.

LA LITTÉRATURE D'IDÉES — Corrigé 15

politique. Or, cette dernière est pour Rousseau la condition des deux autres. Le combat des Lumières est une lutte pour l'égalité de tous et l'abolition des privilèges, et même si la condition des femmes ne fait pas consensus, l'injustice qui leur est faite est mise en débat. C'est également une lutte permanente pour la tolérance, à l'image des combats menés par Voltaire tout au long de sa vie. L'idée de démocratie, fondée sur la souveraineté du peuple, remplace les anciens pouvoirs dictatoriaux du roi et du pape. Le pacte social est basé sur l'égalité de ses citoyens et doit garantir la liberté du peuple et son instruction afin de privilégier l'exercice de la raison contre toutes les formes d'intolérance, d'intégrisme ou de superstition. Enfin, les idées des Lumières sont universelles, car le libre arbitre et la liberté transcendent les particularismes nationaux, ethniques ou culturels et appartiennent au genre humain dans son ensemble.

(245 mots)

> Utilisez des liens logiques quand ils paraissent nécessaires à la clarté du résumé.

> Reprenez les termes importants et qui ne peuvent être reformulés : esprit critique, démocratie, Lumières, intégrisme, etc.

> Indiquez le nombre de mots de la contraction.

Conseils
- Relisez le résumé pour vous assurer qu'il redonne bien le sens global du texte.
- Assurez-vous de ne pas laisser de fautes d'orthographe et de grammaire.

ESSAI

 Travail préparatoire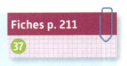

Fiches p. 211

Pensez-vous que l'esprit des Lumières ait définitivement triomphé ?

Étape 1

Analyse des termes importants du sujet

- « L'esprit des Lumières » est défini dans le texte que vous venez de résumer : appuyez-vous sur son contenu. Si vous avez étudié *L'Ingénu* cette année et « Voltaire, esprit des Lumières », le parcours qui lui est associé, vous pouvez bien sûr également vous appuyer sur ce que vous avez appris.

L'Ingénu Corrigé 15 LA LITTÉRATURE D'IDÉES

• « **Triomphé** » : un triomphe est une victoire totale et éclatante. Le terme est fort et l'enjeu de l'essai sera de nuancer ce terme : ne peut-on pas parler plutôt de « victoire » ? Existe-t-il des défaites ?

• « **Définitivement** » : l'adverbe est important car il interroge la dimension temporelle du sujet. Si victoire il y a, est-elle permanente ?

Analyser la question

La question est ici fermée car on peut y répondre par « oui » ou « non » : elle induit donc une réponse dialectique ou concessive (voir les conseils et méthode sur l'essai).

Conseil
Même si vous avez le choix entre trois sujets de contraction/essai le jour de l'examen, vous avez tout intérêt à choisir celui qui est en rapport avec l'œuvre travaillée pendant l'année afin de réinvestir ce que vous avez appris.

Si vous choisissez la réponse concessive (la plus accessible), en vous appuyant sur l'étude du vocabulaire menée plus haut, votre plan pourrait être du type : **Certes** l'esprit des Lumières a remporté des victoires, **mais** ces victoires sont incomplètes et non-permanentes. Vous avez l'articulation globale de votre devoir en deux grandes parties ; il reste à trouver les arguments **(étape 2).**

Étape 2

Chercher des arguments

Vous pouvez chercher des arguments en organisant votre travail en deux colonnes :
– dans la première (qui représentera votre première partie), indiquez tout ce qui constitue pour vous dans la société moderne les victoires des idées des Lumières ;
– dans la seconde (deuxième partie), essayez de lister les idées des Lumières qui sont encore combattues et qui ne parviennent pas à s'imposer complètement. Tentez de trouver trois idées par colonne.

Si vous avez du mal à trouver des arguments, réfléchissez à des exemples et tirez-en des arguments. Si vous avez travaillé sur *L'Ingénu*, appuyez-vous sur ses thèmes dominants, sur les éléments critiques que contient l'œuvre. Vous pouvez également vous appuyer sur des exemples tirés de l'histoire et du monde contemporain, le sujet vous y invite.

LA LITTÉRATURE D'IDÉES — Corrigé 15

Étape 3
Construire un plan
Élaborez un plan de l'essai avant de rédiger.
À partir des arguments que vous avez trouvés à l'**étape 2,** organisez une progression logique, en allant par exemple, du plus simple au plus complexe de vos arguments.
Essayez de trouver un exemple à développer pour chaque argument.

Plan de l'essai
I. Les victoires de l'esprit des Lumières
    1) L'avancée de la démocratie
    Ex. : Montesquieu et l'idée de la séparation des pouvoirs dans *De l'esprit des lois* (1748).
    2) Les progrès de la liberté d'expression
    Ex. : La liberté de la presse.
    3) Le primat de l'éducation
    Ex. : De *L'Encyclopédie* à l'éducation nationale.

II. Des combats en cours
    1) Il n'y a pas d'universalité des Lumières
    Ex. : Quelques exemples de libertés bafouées à travers le monde.
    2) La résistance de l'infâme
    Ex. : De l'autodafé à Daesh.
    3) La lutte pour la tolérance, un combat permanent
    Ex. : L'actualité du *Traité sur la tolérance* de Voltaire (1763).

Le plan comporte ici deux grandes parties et trois arguments par partie.
Le développement sera précédé d'une introduction et se terminera par une conclusion.

Étape 4
Rédiger
Vous pouvez ensuite passer à la rédaction de l'essai.

L'Ingénu Corrigé 15 **LA LITTÉRATURE D'IDÉES**

✎ Corrigé : essai rédigé

> *Les textes en vert apparaissant dans ce corrigé, placés en marge ou conseils entre crochets, ne doivent pas figurer dans votre devoir. Nous les avons insérés pour vous guider et vous aider à repérer les parties de l'essai.*

Les conseils du professeur

[Rédigez une amorce : elle amène la question du sujet.]
L'exposé de Raoul Marc Jennar rappelle ce que sont les idées des Lumières : le primat de la raison et de l'esprit critique, la promotion de l'éducation, le combat pour la liberté, la démocratie et contre l'intolérance, l'injustice, les superstitions et l'intégrisme.

[Posez la question proposée par le sujet.] Cet esprit des Lumières a-t-il définitivement triomphé ?

[Annoncez les grandes parties du plan.] L'esprit des Lumières est un vaste programme et le monde est trop divers pour répondre de manière exhaustive, **mais** nous tenterons d'analyser les victoires des Lumières avant d'envisager leurs défaites et, par conséquent, les combats qu'il leur reste à mener.

[Annoncez l'idée principale de la première partie.]
Si l'on peut écarter d'emblée le terme de « triomphe » parce que toute victoire définitive d'une idée paraît utopique, on peut évoquer les victoires de l'esprit des Lumières.

D'abord la démocratie : elle est désormais durablement installée en France et même en Europe, aux États-Unis et dans bien d'autres pays. Il est difficile encore une fois de brosser un tableau exhaustif, mais depuis le XVIIIe siècle, elle a progressé et s'est installée dans beaucoup de pays. Lorsqu'on étudie la situation en France, on peut dire que notre système politique présente tous les aspects d'une démocratie. Nous votons pour élire nos maires, nos députés et notre président. Les élections

Appuyez-vous sur le contenu du texte.

La phrase est articulée par un connecteur logique d'opposition qui sépare les deux grandes idées de la dissertation.

Début du premier paragraphe, donc du premier argument.

Énoncez clairement l'idée du paragraphe.

169

LA LITTÉRATURE D'IDÉES — Corrigé 15

sont libres, tout le monde peut se présenter (même s'il y a des règles à respecter) et toutes les tendances intellectuelles peuvent être représentées, de l'extrême gauche à l'extrême droite. On entend même parfois certaines critiques parce qu'il y a trop de candidats. Surtout, notre système social applique un principe fondamental pour qu'il y ait démocratie : la séparation des pouvoirs législatif, exécutif et judiciaire, telle qu'elle a été définie par Montesquieu dans *De l'esprit des lois*, publié en 1748. En effet, pour qu'il y ait démocratie, il faut notamment que le pouvoir exécutif, ceux qui font appliquer les lois, le président et les ministres, n'échappent pas au pouvoir de la justice. C'est le cas en France, puisqu'un ministre peut être mis en examen, comme ce fut le cas de Jérôme Cahuzac, ministre délégué chargé du budget en 2013 sous la présidence de François Hollande, qui dut démissionner. Il a depuis été condamné, ce qui montre que les hommes d'État sont redevables devant la justice, selon le principe démocratique défini par Montesquieu. Pour nuancer notre propos, il faut signaler qu'en France, un président en exercice ne peut être poursuivi par la justice ; c'est peut-être un aspect de notre démocratie qui est perfectible.

Or, Rousseau expliquait que la liberté politique était la base de toutes les autres. Et effectivement, dans les démocraties modernes, et notamment la France, les citoyens ont la liberté d'agir, de circuler et de s'exprimer. Ce qui a changé surtout avec la chute de l'Ancien Régime (la monarchie de droits divins), c'est que la liberté d'expression est désormais la norme. Il n'y a plus de censure d'État ou de censure religieuse qui interdit certaines œuvres ou force les écrivains à la contourner en rusant : la première publication de *Candide* fut, par exemple, présentée comme une traduction d'un livre allemand par M. le Docteur Ralph afin de contourner la censure car l'ouvrage critique avec ironie certains aspects du pouvoir politique et religieux de l'époque. Au contraire, la critique du pouvoir est aujourd'hui en

> Utilisez des connecteurs logiques pour mettre en évidence votre raisonnement.

France un sport national et personne ne risque la prison pour avoir exprimé publiquement son désaccord avec les autorités politiques. Par ailleurs, la liberté de la presse est un droit fondamental, sa diversité reflète la pluralité des points de vue, et certains journaux se sont fait une spécialité de la satire : c'est le cas du fameux hebdomadaire, *Le Canard enchaîné*. Or, avec l'avènement d'Internet, l'espace d'expression s'est considérablement agrandi et encore libéré, à tel point que certains demandent aujourd'hui davantage de contrôle afin d'endiguer une parole qui dépasse ce qui est acceptable pour le bon fonctionnement d'une démocratie, notamment lorsque cette parole est violente ou raciste, qu'elle stigmatise une minorité ou un individu. Car la liberté de parole dans une démocratie signe à la fois la victoire de la liberté, mais aussi celle de l'esprit critique et quand il ne reste plus que la critique sans l'esprit, elle s'oppose finalement au combat des Lumières.

Enfin, il est un autre domaine pour lequel on peut parler de victoire de l'esprit des Lumières, c'est l'éducation. Le grand projet collectif de *L'Encyclopédie* pilotée par Denis Diderot et Jean Le Rond d'Alembert était de délivrer un savoir universel accessible. Plus de 160 intellectuels, parmi lesquels, pour ne citer qu'eux, Voltaire et Rousseau, participèrent à ce gigantesque ouvrage construit sur plus de vingt ans. Ce *Dictionnaire raisonné des sciences, des arts et des métiers*, comme l'indique son titre, n'est pas un simple dictionnaire. S'il fait la synthèse des connaissances techniques, artistiques, littéraires, historiques et scientifiques de son époque, il constitue aussi un outil de promotion des idées des Lumières et montre par la référence à la raison dans son titre, que l'ouvrage n'est pas seulement une somme des savoirs, mais aussi un manifeste de l'esprit critique. Il devra d'ailleurs faire face plusieurs fois à la censure. Pour se convaincre encore une fois de l'importance que les philosophes des Lumières accordent à la promotion du savoir, rappelons que Voltaire rédigea son propre

> Marquez des alinéas pour rendre bien visibles les paragraphes : un paragraphe = un argument.

LA LITTÉRATURE D'IDÉES — Corrigé 15

dictionnaire philosophique, surnommé le « portatif », car contrairement à *L'Encyclopédie* qui est un ouvrage gigantesque, Voltaire voulait une œuvre plus compacte pour être plus efficace et accessible à tous. Ainsi, les philosophes croyaient à l'éducation qui était pour eux la meilleure arme pour développer l'esprit critique, seul capable de lutter contre l'obscurantisme religieux. Rappelons qu'à l'époque, l'éducation était réservée à une petite élite et l'Église détenait presque exclusivement son monopole. Aujourd'hui, l'éducation nationale est ouverte à tous, elle est gratuite et laïque. Sa laïcité garantit son indépendance vis-à-vis des religions. Or, c'était le grand combat de Voltaire, qui tout au long de sa vie s'est insurgé contre « l'infâme » : la superstition, l'intolérance, l'intégrisme et, plus largement, les excès de l'Église catholique qui s'efforçait de gouverner les consciences.

Pourtant, malgré les progrès de la science, le développement de l'éducation et la progression de la liberté, force est de constater que les idées des Lumières n'ont pas complètement, ni partout, triomphé.

D'abord, nous constatons que l'universalité des principes des Lumières échoue à se répandre entièrement. La démocratie n'est pas un régime politique universel, loin s'en faut, puisque nombre de pays sont dirigés par des systèmes dictatoriaux. Le plus édifiant d'entre eux est sans doute celui de la Corée du Nord dont le pouvoir est héréditaire et les libertés complètement contrôlées, à tel point que même la liberté de mouvement est limitée : un Coréen du Nord ne peut sortir librement de son pays. La liberté d'expression est également très contrôlée : toute critique du pouvoir expose à la prison à vie et même l'accès à Internet est contraint, voire impossible. Si l'exemple de la Corée du Nord est extrême, beaucoup de pays ne sont pas régis par des démocraties et, parmi eux, le plus peuplé au monde, la Chine, puisque le peuple n'intervient pas directement dans le choix de ses dirigeants, issus depuis soixante-dix ans du même parti politique au pouvoir, le parti communiste. Plus largement, l'idéal de liberté espéré par les philosophes est diversement mis en pratique à travers le monde. La liberté d'expression, en particulier, est très compliquée dans un certain nombre de pays : au Mexique, par exemple, 36 journalistes ont été assassinés entre 2011 et 2016, encore davantage au Honduras ; la Turquie compte actuellement 160 journalistes dans ses prisons ; en Arabie saoudite et en Algérie, des blogueurs sont enfermés pour avoir déplu au pouvoir ; au Vietnam, la blogueuse Nguyen Ngoc Nhu Quynh a été condamnée à dix années de prison pour propagande anti-étatique malgré une campagne internationale appelant à sa libération. Elle s'était exprimée sur des scandales environnementaux et s'était insurgée contre les droits de l'homme bafoués dans son pays.

    Un autre exemple récent montre que le combat de Voltaire contre « l'infâme » n'est pas encore gagné. On présente souvent Voltaire comme le fondateur du concept moderne de laïcité, principe selon lequel la religion doit appartenir à la sphère privée et ne pas intervenir dans l'action d'État ; ce concept s'applique en France, même s'il est parfois contesté. Pour Voltaire, c'était là encore une façon de renforcer l'idée de liberté : l'homme doit pouvoir profiter des plaisirs de la vie et penser librement et non selon des principes religieux qui limitent, dictent ou interdisent. Pourtant, ce principe n'est là encore pas universel : avant d'être finalement défait, s'est développé à partir de 2014, sur un large territoire allant de l'Irak à la Syrie, un régime politique intégriste, un « État islamique » aux idées radicales et complètement opposées à celles de Voltaire. Ce régime fondé sur la religion rappelle celui contre lequel s'élevait Voltaire avec ironie dans le célèbre passage de *Candide*, l'autodafé, lorsqu'il moquait une cérémonie de l'Inquisition catholique qui entend punir les supposés responsables du tremblement de terre de Lisbonne. Voltaire,

LA LITTÉRATURE D'IDÉES — Corrigé 15

à n'en pas douter, aurait combattu avec la même ironie un régime qui entend mettre la loi de Dieu au-dessus de toutes les autres. Mais il faut faire un constat : en dehors de cet exemple frappant qui a occupé très largement l'espace médiatique depuis 2014, les formes d'intégrisme ou de superstition sont encore nombreuses et l'esprit de Voltaire, référence des Lumières, sert encore de modèle pour les combattre.

Pour Voltaire, l'intégrisme religieux est source d'intolérance comme il l'a montré lors de l'affaire Calas. Rappelons les faits : en 1761, Jean Calas est accusé du meurtre de son fils. Il clame son innocence, mais il est protestant et on l'accuse d'avoir tué son fils pour éviter qu'il ne se convertisse au catholicisme (religion d'État à cette époque). La procédure est à charge, il est condamné à mort. Afin d'obtenir la révision de son procès, Voltaire publie le *Traité sur la tolérance* en 1763, livre dans lequel il invite à la tolérance entre les religions et critique le fanatisme religieux. Après deux ans d'instruction, il obtient que le jugement soit cassé. L'esprit des Lumières a cette fois triomphé. Dans le chapitre 8 de *L'Ingénu*, c'est par le regard ironique du Huron qu'il moque les persécutions du pouvoir royal, poussé par les Jésuites, contre les protestants. Toute son œuvre est parcourue de ce désir de tolérance et de cette méfiance du fanatisme. Or, il est intéressant de remarquer que sa voix est encore forte aujourd'hui : en janvier 2015, à la suite de l'attentat contre le journal *Charlie Hebdo* qui avait publié une caricature du prophète Mahomet, le *Traité sur la tolérance* s'est placé en tête des ventes en librairie un peu partout dans le monde. Ce phénomène montre deux choses : d'abord et malheureusement que l'intolérance, et notamment l'intolérance religieuse, est encore présente et active, y compris en France, mais aussi que les idées de Voltaire, cet esprit des Lumières, sont encore fortes et influencent toujours notre société, deux siècles et demi après l'affaire Calas, et qu'il est parfois utile de les relire.

> Lisez l'extrait de *L'Ingénu* proposé en annexe.

Les idées des Lumières, notamment celles de son plus illustre porte-parole Voltaire, n'ont, on l'a vu, pas encore triomphé, puisqu'un certain nombre de combats sont encore à mener et se mènent toujours. Triompheront-elles vraiment un jour ? C'est une question qu'on est en droit de se poser, mais l'histoire a montré qu'elle n'est pas linéaire et qu'elle opère de fréquents retours en arrière. Il y a donc fort à parier que l'ombre du grand homme et de ses pairs philosophes planera encore longtemps dans le débat d'idées.

> Concluez en synthétisant votre démonstration : cette synthèse doit répondre clairement à la question du sujet et reprendre la logique du raisonnement.

LA LITTÉRATURE D'IDÉES Corrigé 15

Le texte mis en annexe est là pour étoffer votre culture littéraire. Il ne fait pas partie du sujet.

 **Annexe**

Voltaire, *L'Ingénu*, Chapitre 8, 1767

L'INGÉNU VA EN COUR.
IL SOUPE EN CHEMIN AVEC DES HUGUENOTS[1].

L'Ingénu prit le chemin de Saumur par le coche, parce qu'il n'y avait point alors d'autre commodité. Quand il fut à Saumur, il s'étonna de trouver la ville presque déserte, et de voir plusieurs familles qui déménageaient. On lui dit que, six ans auparavant, Saumur contenait plus de quinze mille âmes, et qu'à présent il n'y en avait pas six mille. Il ne manqua pas d'en parler à souper dans son hôtellerie. Plusieurs protestants étaient à table : les uns se plaignaient amèrement, d'autres frémissaient de colère, d'autres disaient en pleurant : « Nous abandonnons nos douces campagnes, nous fuyons notre patrie. »

[...] « Et pourquoi fuyez-vous votre patrie, messieurs ? — C'est qu'on veut que nous reconnaissions le pape. — Et pourquoi ne le reconnaîtriez-vous pas ? Vous n'avez donc point de marraines que vous vouliez épouser ? Car on m'a dit que c'était lui qui en donnait la permission. — Ah ! monsieur, ce pape dit qu'il est le maître du domaine des rois. — Mais, messieurs, de quelle profession êtes-vous ? — Monsieur, nous sommes pour la plupart des drapiers et des fabricants. — Si votre pape dit qu'il est le maître de vos draps et de vos fabriques, vous faites très bien de ne le pas reconnaître ; mais pour les rois, c'est leur affaire ; de quoi vous mêlez-vous ? » Alors un petit homme noir[2] prit la parole, et exposa très savamment les griefs de la compagnie. Il parla de la révocation de l'édit de Nantes[3] avec tant d'énergie, il déplora d'une manière si pathétique le sort de cinquante mille familles fugitives et de cinquante mille autres converties par les dragons, que l'Ingénu à son tour versa des larmes. « D'où vient donc, disait-il, qu'un si grand roi, dont la gloire s'étend jusque chez les Hurons, se prive ainsi de tant de cœurs qui l'auraient aimé, et de tant de bras qui l'auraient servi ?

— C'est qu'on l'a trompé comme les autres grands rois, répondit l'homme noir. On lui a fait croire que, dès qu'il aurait dit un mot, tous les hommes penseraient comme lui ; et qu'il nous ferait changer de religion comme son musicien Lulli fait changer en un moment les décorations de ses opéras. Non seulement il perd déjà cinq à six cent mille sujets très utiles, mais il s'en fait des ennemis ; et le roi Guillaume, qui est actuellement maître de l'Angleterre, a composé plusieurs régiments de ces mêmes Français qui auraient combattu pour leur monarque. »

« Un tel désastre est d'autant plus étonnant que le pape régnant[4], à qui Louis XIV sacrifie une partie de son peuple, est son ennemi déclaré. Ils ont encore tous deux, depuis neuf ans, une querelle violente. Elle a été poussée si loin que la France a espéré enfin de voir briser le joug qui la soumet depuis tant de siècles à cet étranger, et surtout de ne lui plus donner d'argent : ce qui est le premier mobile des affaires de ce monde. Il paraît donc évident qu'on a trompé ce grand roi sur ses intérêts comme sur l'étendue de son pouvoir, et qu'on a donné atteinte à la magnanimité de son cœur. » [...]

---

1. *Huguenots* : protestants.
2. *Homme noir* : ministre protestant.
3. L'édit de Nantes avait été révoqué en 1685.
4. Il s'agit du Pape Innocent XI.

L'épreuve orale

Conseils et méthode

Épreuve orale

L'épreuve orale est coefficient 5 en séries technologiques. Elle permet « d'apprécier la qualité d'expression orale du candidat ainsi que sa capacité à développer un propos et à dialoguer avec l'examinateur. »
(Bulletin officiel de l'Éducation nationale spécial n° 1 du 22 janvier 2019).

Avant l'épreuve

Le descriptif

Le jour de l'oral, l'élève doit présenter son « descriptif des activités » à l'examinateur : ce descriptif « rend compte du travail qu'il a mené avec la classe durant l'année de première. Il prend la forme d'un récapitulatif des œuvres et des textes étudiés, en distinguant ceux qui ont fait l'objet d'une étude détaillée, sur lesquels les candidats peuvent être interrogés dans la première partie de l'épreuve. […]
Ce descriptif comporte également une partie individuelle indiquant l'œuvre choisie par le candidat parmi celles proposées par l'enseignant au titre des lectures cursives obligatoires ou parmi celles qui ont été étudiées en classe : cette œuvre fait l'objet de la seconde partie de l'épreuve. »

L'organisation de l'épreuve

« Après avoir accueilli le candidat, l'examinateur lui indique :
– le texte, avec une éventuelle sélection du passage à expliquer si le texte excède le format d'une vingtaine de lignes de prose continue ;
– la question de grammaire posée, qui ne peut concerner qu'un passage de l'extrait faisant l'objet de l'explication de texte.
Ces éléments sont indiqués par écrit au candidat, au moyen d'une fiche qui lui est remise et qu'il signe avant de commencer sa préparation. » (Bulletin officiel de l'Éducation nationale spécial n° 1 du 22 janvier 2019).

Vous devez vous munir de votre convocation, d'une pièce d'identité et de votre descriptif en double exemplaire.

Conseils et méthode

Oral du Bac

 Conseils
- Portez une tenue correcte, neutre et dans laquelle vous êtes à l'aise.
- Soyez poli(e) : « Bonjour Monsieur/Madame »… « Merci »…

Préparation : 30 minutes

- Le candidat dispose du texte à étudier et prépare au brouillon son explication linéaire (ou explication qui suit la progression du texte), la question de grammaire et la présentation de l'œuvre qu'il a choisie pour la seconde partie de l'épreuve.
- Préparer un brouillon clair qui présente les principales étapes de votre explication.
- Le brouillon ne doit pas être entièrement rédigé, il faut laisser une part d'improvisation à l'oral : une bonne méthode consiste à écrire le plan de l'explication directement en marge du texte et à faire des allers-retours constants entre le texte et l'explication.
- Les citations peuvent être surlignées directement sur le texte avec un code couleur pour plus de lisibilité.

Première partie de l'épreuve : 12 minutes

Lors de cette première partie, le candidat prend seul la parole ; l'examinateur l'écoute sans intervenir. La lecture est notée sur 2 points, l'explication linéaire sur 8 points et la question de grammaire sur 2 points.

Présentation du texte

Penser à évoquer l'auteur, le(s) titre(s), la date, le contexte littéraire et biographique, la situation de l'extrait si nécessaire, son genre, sa forme (si nécessaire, pour la poésie par exemple), son thème et l'enjeu du texte.

La lecture à voix haute

Pour réaliser une lecture fluide et expressive, le candidat doit :
— lire lentement et prendre le temps de bien poser sa voix ;
— faire les liaisons ;
— ne pas lire trop vite ;
— respecter les contraintes liées à la versification : diérèse, enjambements…

Conseils et méthode

 Conseil
Il est important de s'entraîner à lire pour réaliser une lecture expressive qui respecte le rythme et la tonalité du texte.

L'explication de texte

L'explication de texte porte sur un des textes que vous avez étudiés durant l'année. Il est lié à l'objet d'étude. Si le texte est long, l'examinateur pourra sélectionner un passage d'une vingtaine de lignes.

L'explication linéaire du texte, sans être nécessairement une analyse ligne par ligne, épouse les mouvements du texte, sa logique, la progression de son sens. Elle n'exclut pas des allers-retours dans le texte. On procédera par unité de sens en s'appuyant sur les paragraphes ou les strophes en poésie : cela aide à éviter la simple paraphrase.

La conclusion rappelle les éléments importants du texte.

 Conseil
Pour cette première partie, on attend de vous que vous soyez capable d'exprimer votre point de vue de façon nuancée et précise sur un extrait d'œuvre. Cette épreuve ne s'improvise pas, vous devrez vous entraîner régulièrement pour la mener à bien.

La question de grammaire

Répondez de façon claire et précise à la question proposée par l'examinateur.

Seconde partie de l'épreuve : 8 minutes

Le candidat présente l'œuvre qu'il a choisie (durant environ 3 minutes), puis dialogue avec l'examinateur à propos de cette œuvre (durant le temps restant). Cette partie de l'épreuve est notée sur 8 points.

Cette épreuve évalue votre capacité à vous exprimer à l'oral, mais également vos connaissances et votre investissement durant l'année.

Conseils et méthode

La présentation de l'œuvre

Dans cette partie de l'épreuve orale, il s'agit de présenter une œuvre ou un parcours dans une œuvre (pour les recueils poétiques en particulier), parmi toutes celles étudiées pendant l'année : lectures au programme comme lectures cursives au choix du professeur ou de l'élève.

Cette présentation est ouverte et vous êtes libre de la mener selon votre souhait. Nous proposons cependant un modèle qui peut vous accompagner dans votre travail de préparation :

1. la présentation de l'œuvre ou du parcours dans l'œuvre choisie ;
2. le lien avec l'intitulé du parcours et l'œuvre obligatoire du parcours ou le lien avec le parcours si vous avez choisi une œuvre au programme ;
3. l'explication plus détaillée d'un extrait ou d'un poème du parcours (cette étape n'est pas obligatoire, mais elle enrichira votre présentation) ;
4. votre avis personnel et la justification du choix de l'œuvre.

L'entretien

« Le candidat réagit aux relances de l'examinateur qui, prenant appui sur la présentation du candidat et sur les éléments qu'il a exposés, évalue les capacités à dialoguer, à nuancer et étoffer sa réflexion, à défendre son point de vue sur la base de la connaissance de l'œuvre. » (Bulletin officiel de l'Éducation nationale spécial n° 1 du 22 janvier 2019.)

Le candidat doit donc s'attendre à être questionné sur ses choix, sur sa connaissance de l'œuvre, ses thèmes, sa composition, sur l'auteur, ce qu'il a aimé, moins aimé, les éventuels travaux d'écriture ou de recherche en rapport avec l'œuvre, etc. Il faut être attentif aux questions et ne pas hésiter à développer vos réponses.

 Conseil

Cette seconde partie évalue votre sensibilité personnelle à l'égard d'une œuvre littéraire. Votre présentation, pour être convaincante, devra être construite et montrer votre investissement personnel et votre engagement : il s'agit de motiver et défendre un choix de lecture.

Oral du Bac

SUJET 16

« Une charogne », Poème XXVII,
« Spleen et Idéal », *Les Fleurs du mal*

Œuvre : *Les Fleurs du mal*, Charles Baudelaire, 1857
Parcours : Alchimie poétique : la boue et l'or

1. Vous présenterez l'explication linéaire de « Une charogne », extrait des *Fleurs du mal* de Charles Baudelaire.

2. Vous répondrez à la question de grammaire suivante : Quelles sont les valeurs des temps qui apparaissent dans les cinq premiers quatrains ?

1   Rappelez-vous l'objet que nous vîmes, mon âme,
    Ce beau matin d'été si doux :
    Au détour d'un sentier une charogne infâme
    Sur un lit semé de cailloux,

5   Les jambes en l'air, comme une femme lubrique,
    Brûlante et suant les poisons,
    Ouvrait d'une façon nonchalante et cynique
    Son ventre plein d'exhalaisons.

    Le soleil rayonnait sur cette pourriture,
10 Comme afin de la cuire à point,
    Et de rendre au centuple à la grande Nature
    Tout ce qu'ensemble elle avait joint ;

    Et le ciel regardait la carcasse superbe
    Comme une fleur s'épanouir.
15 La puanteur était si forte, que sur l'herbe
    Vous crûtes vous évanouir.

Les mouches bourdonnaient sur ce ventre putride,
D'où sortaient de noirs bataillons
De larves, qui coulaient comme un épais liquide
Le long de ces vivants haillons.

Tout cela descendait, montait comme une vague,
Ou s'élançait en pétillant ;
On eût dit que le corps, enflé d'un souffle vague,
Vivait en se multipliant.

Et ce monde rendait une étrange musique,
Comme l'eau courante et le vent,
Ou le grain qu'un vanneur d'un mouvement rythmique
Agite et tourne dans son van.

Les formes s'effaçaient et n'étaient plus qu'un rêve,
Une ébauche lente à venir,
Sur la toile oubliée, et que l'artiste achève
Seulement par le souvenir.

Derrière les rochers une chienne inquiète
Nous regardait d'un œil fâché,
Épiant le moment de reprendre au squelette
Le morceau qu'elle avait lâché.

— Et pourtant vous serez semblable à cette ordure,
À cette horrible infection,
Étoile de mes yeux, soleil de ma nature,
Vous, mon ange et ma passion !

Oui ! telle vous serez, ô la reine des grâces,
Après les derniers sacrements,
Quand vous irez, sous l'herbe et les floraisons grasses,
Moisir parmi les ossements.

Alors, ô ma beauté ! dites à la vermine
Qui vous mangera de baisers,
Que j'ai gardé la forme et l'essence divine
De mes amours décomposés !

LA POÉSIE — Corrigé 16

1. Corrigé de l'explication linéaire

Ce corrigé, annoté et accompagné de conseils, correspond à l'intégralité de la première partie de l'épreuve orale.

Fiches p. 211
1 à 16

La présentation de l'œuvre et de l'extrait

Les conseils du professeur

Le poème « Une charogne » est extrait de la section « Spleen et Idéal » des *Fleurs du mal*, recueil publié pour la première fois en 1857. Le poème est composé de 12 quatrains de vers mêlés, des alexandrins et des octosyllabes. C'est l'un des poèmes les plus célèbres de Baudelaire et il contribua fortement au succès des *Fleurs du mal* si bien que le poète craignait de « passer pour le prince des charognes ». « Une charogne », même s'il ne fait pas partie des six poèmes du recueil qui ont été censurés, permet de comprendre pourquoi le recueil fut condamné pour « outrage à la morale publique et aux bonnes mœurs », contribuant à faire de Baudelaire un poète maudit.

> Présentez le poème et le recueil en choisissant les éléments de forme et de contexte qui peuvent aider à sa compréhension.

C'est un poème emblématique de la poésie de Baudelaire qui renouvelle, à la suite du romantisme, les thèmes traditionnels de la poésie lyrique en prenant ici pour modèle une charogne dont il fait l'allégorie de la création poétique. Le poème met en scène un couple apercevant une charogne qui devient le sujet du poème.

> Évoquez le contexte littéraire.

> Décrivez succinctement le texte pour permettre sa compréhension.

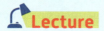

Lecture

La lecture est un moment important : elle compte pour 2 points sur les 12 de la première partie de l'oral.
Pour réaliser une lecture fluide et expressive :
– ne pas lire trop vite et prendre le temps de bien poser sa voix ;
– attention de bien respecter le rythme des alexandrins et des octosyllabes : chez Baudelaire, la versification est classique et respecte la prononciation du « e » devant la consonne ;

Les Fleurs du mal — **Corrigé 16** — **LA POÉSIE**

– faire attention aux nombreuses diérèses (fiche 14) :
« s'épanou/ir » (v. 14), « évanou/ir » (v. 16), « inqui/ète » (v. 33), « Épi/ant » (v. 35), « infecti/on » (v. 38), « passi/on » (v. 40) ;
– ne pas marquer de pause entre les vers 18 et 19 pour tenir compte du rejet ;
– marquer une pause entre les vers 36 et 37 afin de mettre en lumière la dernière partie du poème qui adresse une leçon.

L'explication linéaire (environ 8 minutes)

La première strophe plante les décors : au cours d'une promenade, un couple découvre par hasard « une charogne infâme sur un lit semé de cailloux ». Le poète s'adresse à sa femme ou sa maîtresse (« mon âme ») et il s'agit d'un souvenir : « Rappelez-vous ».

La strophe crée un effet d'attente : l'objet du souvenir (la charogne) n'intervient qu'au troisième vers, retardé par le vocatif (« mon âme ») et surtout le complément circonstanciel de lieu (« Au détour d'un sentier »).

Mais derrière cette scène banale se cache un dessein que le reste du poème va dévoiler et dont nous avons déjà un indice : le rapprochement étrange et paradoxal des deux figures féminines par le jeu de la rime : « mon âme » / « charogne infâme ».

Le deuxième quatrain commence ensuite la description de la charogne présentée comme une prostituée à cause de sa position équivoque : « lit » (v. 4), « jambes en l'air » (v. 5), « femme lubrique » (v. 5), « Brûlante » (v. 6), « Ouvrait d'une façon nonchalante et cynique / Son ventre » (v. 7 et 8). Le terme « cynique » insiste d'ailleurs sur le caractère immoral de la position.

Le rapprochement entre « mon âme » et la « charogne infâme » évoqué au premier quatrain et la description du cadavre en prostituée sont peut-être une allusion à Jeanne

---

La strophe est un repère pratique pour avancer dans le poème : elle forme souvent une unité de sens qui est plus facile à expliquer que le vers. Cela évite aussi de trop morceler l'explication.

Utilisez vos connaissances grammaticales.

Utilisez le vocabulaire de la versification [fiches 14 et 15].

Utilisez les connecteurs logiques pour rendre l'explication logique et démonstrative.

Duval, actrice et courtisane avec laquelle Baudelaire a entretenu une longue et tumultueuse relation.

Les strophes 3, 4, 5 et 6 prolongent la description de la charogne. Cette description est paradoxale, à la fois horrible de précision, mais présentée comme un spectacle de la nature qui porte en lui une forme de beauté.

Les éléments sensibles insistent sur l'horreur du spectacle auquel aucun sens ne peut échapper. Le vocabulaire montre l'aspect macabre du spectacle : « pourriture » (v. 9), « cuire à point » (v. 10), « carcasse » (v. 13), « mouches » / « ventre putride » (v. 17), « larves » (v. 19, dont le rejet renforce le caractère répugnant) et « épais liquide » (v. 19).

Le tableau que Baudelaire peint de la charogne est insistant et fait appel à tous les sens ; chaque strophe est d'ailleurs centrée sur un des sens : la chaleur du soleil suggère qu'elle soit ressentie tactilement par le couple qui observe le cadavre (strophe 3), « La puanteur » (strophe 4) évoque l'olfaction, le bourdonnement fait appel à l'ouïe dans la strophe 5. Enfin, la vue capte les divers mouvements du cadavre animé par les « larves », en particulier dans le sixième quatrain.

La vue et l'ouïe sont les sens les plus représentés dans le poème. La vue, d'abord, est présente tout au long du poème et la charogne est non seulement observée par le couple, mais aussi par « le ciel » (v. 13) et une « chienne » (v. 33), la charogne réunissant ainsi la prouesse de réunir les forces divines du ciel et de la terre, du plus élevé au plus bas, les larves et l'animal charognard.

La charogne est ainsi présentée comme le symbole du cycle de la vie : elle rend « au centuple à la grande Nature / Tout ce qu'ensemble elle avait joint ; » (v. 11 et 12). Puis, à la strophe 6 (v. 23 et 24) : « On eût dit que le corps, enflé d'un souffle vague, / Vivait en se multipliant. ». Le « souffle » évoque d'ailleurs le souffle divin qui insuffle la vie. Au vers 20, les haillons du cadavre deviennent « vivants » et la charogne nourrit la chienne du vers 33. La mort engendre la vie.

Vous pouvez choisir de progresser dans le poème en unités de sens : ici en regroupant des strophes.

Appuyez-vous sur des procédés stylistiques [fiche 15].

Vous pouvez bien sûr faire des retours en arrière pour relier des éléments entre eux. La lecture linéaire n'interdit pas de circuler dans le poème pour en dégager des idées qui traversent le texte.

L'ouïe enfin est présente dans trois strophes : le bourdonnement de la strophe 5, la strophe 6 emploie le verbe « pétillant » et la 7 évoque la « musique » du cadavre.
Le tableau horrible se mue ainsi en poème, les bourdonnements en musique, la « charogne infâme » du vers 3 devient « carcasse superbe » (v. 13), qui s'épanouit en « fleur » comme la boue en or : on tient là d'ailleurs une explication du titre du recueil, *Les Fleurs du mal* ; la fleur poétique est extraite de la laideur.

La strophe 7 marque ensuite un mouvement d'éloignement de la charogne qui devient « monde » et entame la réflexion esthétique : la description prend une dimension symbolique explicite à la **strophe 8**. Par la force de l'imagination (reine des facultés créatrices pour Baudelaire), la réalité du cadavre se transforme en « toile oubliée, et que l'artiste achève » : le poète est celui qui, par la force de l'imagination, transfigure la réalité, même horrible, en objet esthétique, la laideur en beauté, la boue en or, le mal en fleur.

> Appuyez-vous sur vos connaissances de l'auteur étudié en cours.

Le poème prend ainsi une dimension allégorique qui se confirme dans les **trois derniers quatrains** séparés d'ailleurs du reste du poème par un tiret au vers 37. Il introduit une leçon : la comparaison évoquée dans la première strophe entre la compagne du poète et la charogne est désormais explicite. Reprenant le motif médiéval du « *Memento mori* » (souviens-toi que tu vas mourir), le poète rappelle à sa compagne sa condition mortelle. Mais il le fait d'une façon brutale et cynique, la comparant à une « ordure » (v. 37), « une horrible infection » (v. 38). Cette posture envers les femmes est coutumière à Baudelaire.

L'ironie du poète se perçoit aussi dans l'expression du vers 41 « reine des grâces » : l'expression désignant tout à la fois les manières gracieuses des femmes et l'indulgence divine pour le salut des âmes.

Dans les trois dernières strophes, on constate également la multiplication des points d'exclamation (v. 40, 45 et 48), suggérant une sorte de jubilation sadique, comme si le poète éprouvait une forme de délectation à faire souffrir. Le poète est à la fois élogieux (« mon ange et ma passion ») et brutal (« vous irez [...] / Moisir parmi les ossements. »). Pour comprendre cette dualité, il faut rappeler le rapport souvent ambivalent que le poète entretient avec les femmes qui sont présentées tout à la fois comme des êtres charmants et blessants, d'une grande beauté, mais aussi cruels. Ce rapport souvent conflictuel qu'il entretient avec les femmes (ses « amours décomposés »), à l'image de sa relation difficile avec Jeanne Duval, est l'une des sources de spleen, et le spleen engendre, par son dépassement, la poésie.

Votre connaissance de l'auteur vous permet d'enrichir la compréhension du texte et son explication.

La conclusion

On pourrait pour finir rapprocher ce poème du « Galant tireur » des *Petits poèmes en prose* : c'est en imaginant l'image de la femme qu'il appelle là encore son « ange », au naturel blessante et moqueuse, que le poète atteint son but, celui de la création poétique. Comme dans la charogne où, du souvenir de ses « amours décomposés » (dernier vers), surgit « l'essence divine » (v. 47), la poésie.

Appuyez-vous sur un texte de l'œuvre que vous avez choisi de présenter pour la deuxième partie de l'épreuve : mettez déjà en évidence leurs liens.

La conclusion générale

Ce poème prend une valeur programmatique de l'art baudelairien : de la transfiguration de la réalité, fût-elle horrible, surgit la beauté de la poésie. Avec ce poème, on cerne mieux le parcours associé à la lecture des *Fleurs du mal* : Alchimie poétique : la boue et l'or. Le jugement poétique peut tout transformer en morceau d'esthétique. Le poème (ses deux derniers vers, en particulier) illustre les deux alexandrins qui sont sans doute à l'origine du parcours lié aux *Fleurs du mal* et que l'on trouve dans un projet d'épilogue du recueil datant de 1861 : « Car j'ai de chaque chose extrait la quintessence / Tu m'as donné ta boue et j'en ai fait de l'or ».

Résumez le point essentiel du commentaire et mettez-le en relation avec l'intitulé du parcours de lecture au programme.

Les Fleurs du mal — Corrigé 16 — **LA POÉSIE**

2. Corrigé de la question de grammaire

Cette analyse grammaticale vous sera demandée après votre explication linéaire.

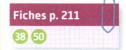

Quelles sont les valeurs des temps qui apparaissent dans les cinq premiers quatrains ?

Trois temps apparaissent dans les cinq premiers quatrains. L'impératif présent « *Rappelez-vous* » (v. 1) inscrit (valeur aspectuelle de ponctualité) le poème dans le présent d'énonciation (valeur temporelle). Le passé simple « *nous vîmes* » (v. 1) et tous les imparfaits qui suivent ont une valeur de passé (valeur temporelle). Le passé simple lance le récit (valeur aspectuelle de ponctualité) en faisant surgir l'apparition de la charogne que les imparfaits s'attachent à décrire dans la durée (valeur aspectuelle).

➕ Pour vous entraîner davantage

Quelle est la nature du mot « comme » (v. 5, 10, 14, 19, 21 et 26) et des propositions qu'il introduit ?

Le mot « comme » est une conjonction de subordination qui introduit six propositions subordonnées circonstancielles de comparaison. Toutes, sauf une, sont elliptiques : « comme [si elle était] une femme lubrique » (v. 5), « comme [s'il rayonnait] afin de la cuire à point » (v. 10), « comme [coule] un épais liquide » (v. 19), « comme [monte] une vague » (v. 21), « Comme [rendent une étrange musique] l'eau courante et le vent, / ou le grain… » (v. 25-26).
Toutes ces comparaisons signalent la transformation de la charogne en sujet de poésie.

LA POÉSIE — Corrigé 16

3. Corrigé de la présentation de l'œuvre choisie

Pour la seconde partie de votre oral, vous devez présenter une œuvre intégrale choisie parmi celles étudiées durant l'année et dialoguer avec votre examinateur. Vous trouverez ici un exemple de présentation d'une œuvre qui peut vous servir de modèle.

La présentation de l'œuvre et de l'extrait

J'ai choisi de vous parler d'un autre recueil poétique, *Le Spleen de Paris ou Petits poèmes en prose*. C'est la deuxième grande œuvre poétique de Charles Baudelaire. Il a commencé sa rédaction en 1855 et l'a poursuivie jusqu'à sa mort en 1867. Sur les cent poèmes initialement prévus, il n'a pu en écrire que la moitié. Rassemblée par deux amis, Charles Asselineau et Théodore de Banville, l'œuvre paraît en 1869, après la mort du poète. Ils choisissent deux titres parmi les nombreux imaginés par le poète. *Le Spleen de Paris* évoque son thème principal, la mélancolie, et les *Petits poèmes en prose* renvoient au genre du recueil et à la forme des poèmes.

Comme pour les *Fleurs du mal*, les poèmes reçoivent d'abord un mauvais accueil. Pour l'époque, les poèmes de Baudelaire sont étranges et trop souvent choquants ; la boue ne plaît pas à tout le monde et rares sont ceux qui y décèlent de l'or et défendent l'œuvre, mais le poète peut compter sur ses amis. Théophile Gautier écrit que ces poèmes en prose sont « bien supérieurs » à ceux de *Gaspard de la nuit* d'Aloysius Bertrand qui lui avaient servi de modèle, mais appliqués « à la description de la vie moderne ».

La véritable reconnaissance viendra avec la génération suivante (Paul Verlaine, Stéphane Mallarmé, Arthur Rimbaud) qui voient en lui un modèle. Charles Baudelaire est désormais considéré comme l'un des plus grands poètes de la littérature française

Les conseils du professeur

Préparez minutieusement votre présentation chez vous puisque vous savez d'avance quelle œuvre vous présenterez. Par ailleurs, vous aurez peu de temps au moment des 30 minutes de préparation pour la préparer de nouveau, puisque vous aurez déjà l'explication linéaire et la question de grammaire à traiter.

Les Fleurs du mal — **Corrigé 16** — **LA POÉSIE**

Comme l'indique le titre du recueil, Baudelaire s'est employé à décrire la ville de Paris dans ses divers aspects, y compris la misère et la pauvreté, en prenant comme sujet parfois des modèles qui échappaient à la poésie avant le romantisme.

L'explication plus détaillée d'un extrait ou d'un poème du parcours

Un poème nous a particulièrement plu et frappé, « Le joujou du pauvre », qui met en scène deux enfants qui se retrouvent face à face. Tout les oppose, le premier est riche, bien habillé, et se trouve derrière la grille d'un vaste jardin. Il tient un jouet beau et brillant. De l'autre côté de la grille, « des barreaux symboliques séparant deux mondes », dans la rue, se trouve un enfant pauvre, le visage noir, crasseux. L'enfant riche est fasciné par le joujou du pauvre, un rat vivant dans une cage. Ce joujou permet aux enfants de communiquer et de se sourire mutuellement. C'est alors que le texte montre que les deux sourires sont équivalents, les deux enfants ont des dents d'une égale blancheur.

Le lien avec l'intitulé du parcours

Pour Baudelaire, l'artiste est celui qui, avec « un œil impartial, découvrirait la beauté, si, comme l'œil du connaisseur devine une peinture idéale sous un vernis de carrossier, il la nettoyait de la répugnante patine de la misère. ». Cette citation illustre parfaitement l'intitulé du parcours : « **Alchimie poétique : la boue et l'or.** » Baudelaire explique finalement son rôle de poète : faire de toute chose de la beauté et découvrir cette beauté là où les autres ne la voient pas. Et ce poème résonne fortement avec « Une charogne » : dans les deux cas, le poète nous permet de voir de la beauté derrière les apparences. Ces deux poèmes sont éclairants sur son projet poétique : il s'agit de transfigurer le monde au moyen de la poésie. Et il n'y a pas que les sujets choisis qui sont novateurs, le choix de la prose pour épouser la modernité est aussi quelque chose de nouveau.

> Citez précisément le texte et montrez que vous le connaissez bien.

> Montrez que vous êtes capable de relier l'œuvre avec le parcours au programme.

LA POÉSIE — Corrigé 16

L'avis personnel et la justification du choix de l'œuvre

J'ai bien aimé ce recueil justement grâce à la prose, cela fait que les poèmes ressemblent souvent à des petits récits avec du suspense, on a envie de découvrir la fin et c'est inhabituel en poésie.

Ce qui est inhabituel aussi dans ce recueil, et c'est cela qui m'a plu également, ce sont certains sujets ou thèmes abordés. On rencontre des personnages étranges, notamment des femmes un peu folles ou bizarres. Parfois, le poète se montre sous un jour vraiment étonnant, comme dans « Le mauvais vitrier », où il fait carrément preuve de méchanceté.

L'entretien avec l'examinateur

L'examinateur peut vous poser les questions suivantes durant l'entretien :

Des questions sur le ou les thèmes du recueil :
– Quels sont les thèmes dominants du recueil ?
– Quels liens pouvez-vous faire avec l'autre recueil poétique de Baudelaire, *Les Fleurs du mal* ?
– Qu'est-ce que le spleen pour Baudelaire ?
– Est-ce que cette notion de spleen peut être reliée au parcours « Alchimie poétique : la boue et l'or », selon vous ? Pourquoi ?

Des questions sur le parcours :
– Que signifie pour vous le terme « alchimie » ?
– Trouvez-vous que Baudelaire, dans sa poésie, réussisse cette alchimie de transformer la boue en or ?

Des questions plus spécifiques sur l'œuvre, suggérées par votre exposé :
– Pourquoi le poète fait-il preuve de méchanceté ?
– Que raconte le poème « Le mauvais vitrier » ?
– Est-ce habituel pour un poète de se peindre sous les traits de quelqu'un capable de mal agir envers les autres ? Pourquoi cela vous a-t-il surpris ?
– Vous parliez de portraits de femmes étonnantes, seriez-vous capable de donner un ou deux exemples ?

Des questions sur votre rapport à l'œuvre :
– Un poème en prose est-il pour vous vraiment de la poésie ?
– Quel recueil avez-vous préféré entre *Les Fleurs du mal* et *Le Spleen de Paris* ? Pourquoi ?
– Etc.

SUJET 17

« Veni vidi vixi », « Pauca Meae », *Les Contemplations*

Œuvre : *Les Contemplations*, Livres I à IV, Victor Hugo, 1856
Parcours : Les Mémoires d'une âme

1. Vous présenterez l'explication linéaire de « Veni vidi vixi », extrait des *Contemplations* de Victor Hugo.

2. Vous répondrez à la question de grammaire suivante : Quelle circonstance et quelle nuance expriment les propositions subordonnées introduites par « puisque » ?

1 J'ai bien assez vécu, puisque dans mes douleurs
   Je marche, sans trouver de bras qui me secourent,
   Puisque je ris à peine aux enfants qui m'entourent,
   Puisque je ne suis plus réjoui par les fleurs ;

5 Puisqu'au printemps, quand Dieu met la nature en fête,
   J'assiste, esprit sans joie, à ce splendide amour ;
   Puisque je suis à l'heure où l'homme fuit le jour ;
   Hélas ! et sent de tout la tristesse secrète ;

   Puisque l'espoir serein dans mon âme est vaincu ;
10 Puisqu'en cette saison des parfums et des roses,
   Ô ma fille ! j'aspire à l'ombre où tu reposes,
   Puisque mon cœur est mort, j'ai bien assez vécu.

   Je n'ai pas refusé ma tâche sur la terre.
   Mon sillon ? Le voilà. Ma gerbe ? La voici.
15 J'ai vécu souriant, toujours plus adouci,
   Debout, mais incliné du côté du mystère.

LA POÉSIE — Sujet 17

(suite)

> J'ai fait ce que j'ai pu ; j'ai servi, j'ai veillé,
> Et j'ai vu bien souvent qu'on riait de ma peine.
> Je me suis étonné d'être un objet de haine,
> 20 Ayant beaucoup souffert et beaucoup travaillé.
>
> Dans ce bagne terrestre où ne s'ouvre aucune aile,
> Sans me plaindre, saignant, et tombant sur les mains,
> Morne, épuisé, raillé par les forçats humains,
> J'ai porté mon chaînon de la chaîne éternelle.
>
> 25 Maintenant, mon regard ne s'ouvre qu'à demi ;
> Je ne me tourne plus même quand on me nomme ;
> Je suis plein de stupeur et d'ennui, comme un homme
> Qui se lève avant l'aube et qui n'a pas dormi.
>
> Je ne daigne plus même, en ma sombre paresse,
> 30 Répondre à l'envieux dont la bouche me nuit.
> Ô Seigneur ! ouvrez-moi les portes de la nuit
> Afin que je m'en aille et que je disparaisse !

1. Corrigé de l'explication linéaire

Ce corrigé correspond à la première partie de l'épreuve orale. Vous trouverez ici un exemple de brouillon détaillé et annoté qui peut vous servir de modèle.

Fiches p. 211
1 à 16

Les conseils du professeur

L'introduction peut être préparée à la maison afin d'être exposée avec précision le jour de l'oral.

La présentation de l'œuvre et de l'extrait

Le recueil poétique *Les Contemplations* est présenté, dans sa préface, comme les « Mémoires d'une âme » (d'où le titre du parcours associé à l'œuvre). On peut, en effet, y lire un parcours plus ou moins autobiographique, allant d'« Aurore » jusqu'« Au bord de l'infini » (titres de la première et de la dernière sections

Les Contemplations — Corrigé 17 — LA POÉSIE

du recueil). « Pauca Meae » en est la quatrième partie. L'expression latine que l'on trouve chez le poète Virgile pourrait être traduite par « un peu de moi » ou « le peu de choses qui me reste », sous-entendu « de ma fille ». Car ce quatrième livre des *Contemplations* évoque la disparition de la fille du poète à l'âge de 19 ans. La mort de Léopoldine a beaucoup affecté Victor Hugo et la douleur va forcer le poète à interroger le sens de sa vie.

> Je présente l'œuvre dans son contexte.

Le poème « Veni vidi vixi », rédigé en avril 1848 et composé de huit quatrains en alexandrins, fait écho à une phrase célèbre de l'empereur romain Jules César, mais dont Hugo modifie le dernier terme. Ainsi, « *Veni, vidi, vici* » (Je suis venu, j'ai vu, j'ai vaincu) devient « *Veni, vidi, vixi* » (Je suis venu, j'ai vu, j'ai vécu…). C'est donc un poème bilan qui dresse l'état d'une vie dans un moment de profonde tristesse, alors que la perte de sa fille le hante (il se livre d'ailleurs à des séances de spiritisme pour tenter de prendre contact avec son âme dans l'au-delà) et qu'il est exilé et seul sur l'île de Guernesey, en raison de son opposition à Napoléon III et de son désir de retrait de la vie politique.

> Je présente le poème.

Lecture

La lecture est un moment important : elle compte pour 2 points sur les 12 de la première partie de l'oral.
• Il faut ici tenter d'exprimer la tonalité élégiaque (tonalité tournée vers la tristesse et la douleur) : la lecture doit être lente et solennelle.
• C'est un poème grave, lisez-le comme tel, avec un rythme lent.
• Le poème est composé d'alexandrins classiques : pour en respecter le rythme, il faut prononcer les « e » devant une consonne seulement. Attention aux deux diérèses de « réjoui » (v. 4) et « envieux » (v. 30).

LA POÉSIE — Corrigé 17

L'explication linéaire : travail préparatoire détaillé pouvant servir de support à l'oral

Victor Hugo, « Veni vidi vixi », *in* « Pauca Meae », *Les Contemplations*, 1856.

Les conseils du professeur

> **1ᵉʳ temps du poème :** les trois premières strophes → expression immédiate de la douleur : emploi du passé composé et du « je » → dimension autobiographique. Adverbe « bien assez » → lassitude résignée.

J'ai bien assez vécu, puisque dans mes **douleurs**
Je marche, sans trouver de bras qui me secourent,
Puisque je ris à peine aux enfants qui m'entourent,
Puisque je ne suis plus réjoui par les fleurs ;

Thème lyrique de la douleur et de la solitude renforcées par l'anaphore de « Puisque » qui rend le désespoir inéluctable.

Puisqu'au printemps, quand Dieu met la nature en fête,
J'assiste, **esprit sans joie**, à ce splendide amour ;
Puisque je suis à l'heure où l'homme fuit le jour ;
Hélas ! et sent de tout la **tristesse secrète** ;

Thème lyrique et romantique de la nature, mais renversement ici : le poète n'a pas l'humeur en accord avec la saison.

> *Registre élégiaque omniprésent : tristesse/douleur.*

Puisque l'espoir serein dans mon âme est **vaincu** ;
Puisqu'en cette saison des parfums et des roses,
Ô **ma fille** ! j'aspire à l'ombre où tu reposes,
Puisque mon cœur est **mort**, j'ai bien assez vécu.

Perte de l'espoir, contraste du désespoir au printemps, saison de la renaissance.

Modalité exclamative : amplification de la douleur → pathétique.

> *Référence explicite à Léopoldine, cause de sa tristesse.*

> **Derniers vers de la strophe 3** qui amplifient encore la douleur en évoquant la mort ; le dernier mot « vécu » justifie le titre du poème. C'est également une reprise anaphorique du premier vers → effet d'insistance sur la vie passée.

Les Contemplations — Corrigé 17 — **LA POÉSIE**

Oral du Bac

2ᵉ temps du poème : le poète combattant → dimension épique.

Je n'ai pas refusé ma tâche sur la terre.
Mon sillon ? Le voilà. Ma gerbe ? La voici.
J'ai vécu souriant, toujours plus adouci,
Debout, mais incliné du côté du mystère.

- Termes à connotation militaire.
- Début du bilan : retour sur les actions du poète → « Les mémoires d'une âme ».
- Reprise du dernier mot du titre → dimensions rétrospective et introspective du poème.

J'ai fait ce que j'ai pu ; j'ai servi, j'ai veillé,
Et j'ai vu bien souvent qu'on riait de ma peine.
Je me suis étonné d'être un objet de haine,
Ayant beaucoup souffert et beaucoup travaillé.

- Poète exilé, paria, blessé par le reste de l'humanité, mais qui se présente encore « Debout » (v. 16) et courageux → dimension épique du valeureux combattant.

Dans ce bagne terrestre où ne s'ouvre aucune aile,
Sans me plaindre, saignant, et tombant sur les mains,
Morne, épuisé, raillé par les forçats humains,
J'ai porté mon chaînon de la chaîne éternelle.

- Image du forçat qui se retrouve dans *Les Misérables* à travers le personnage de Jean Valjean.
- Image du poète forçat de travail, ce qu'il était.
- Les répétitions soulignent le travailleur incessant.
- Thème romantique du poète exilé sur terre car différent ; parallèle avec « L'Albatros » de Baudelaire.

3ᵉ temps du poème : présent de l'écriture ; après l'homme d'action incompris, le poète se retire du monde. Portrait d'un homme pétrifié (« stupeur ») par la douleur ; anaphore du « je » → paradoxal : retraite du monde, mais mise en valeur de sa personne et l'apologie de son travail.

Maintenant, mon regard ne s'ouvre qu'à demi ;
Je ne me tourne plus même quand on me nomme ;
Je suis plein de stupeur et d'ennui, comme un homme
Qui se lève avant l'aube et qui n'a pas dormi.

Je ne daigne plus même, en ma sombre paresse,
Répondre à l'envieux dont la bouche me nuit.
Ô Seigneur ! ouvrez-moi les portes de la nuit
Afin que je m'en aille et que je disparaisse !

- Appel à la mort qui ponctue le poème/ fin du bilan = fin de sa vie → *veni, vidi, vixi*.

En conclusion : la douleur a terrassé le soldat Hugo et l'humanité lui est indifférente : posture du sage en retrait.

LA POÉSIE — Corrigé 17

La conclusion

Ce poème illustre l'intitulé du parcours mieux que tout autre dans le recueil, puisqu'il livre véritablement les mémoires de son âme sous la forme d'un bilan : celui d'un homme ayant vécu intensément et travaillé beaucoup malgré l'adversité, et qui se retrouve exilé et seul avec le douloureux souvenir de sa fille. Le lyrisme romantique est en partie renouvelé ici par la mise à distance du poète de lui-même et de la nature qui ne reflète plus ses états d'âme.
Cependant, les figures du forçat ou de l'exilé qu'il arbore relèvent comme souvent chez Victor Hugo d'un mélange de sincérité et de posture, à la manière des nombreuses photos sur lesquelles il aimait mettre en scène son exil solitaire du haut du « rocher des proscrits » surplombant la mer autour de l'île de Jersey, un autre de ses exils.

2. Corrigé de la question de grammaire

Cette analyse grammaticale vous sera demandée après votre explication linéaire.

Quelle circonstance et quelle nuance expriment les propositions subordonnées introduites par « puisque » ?

La conjonction de subordination « *puisque* » introduit huit subordonnées circonstancielles de cause dont sept sont placées en tête de vers. L'anaphore redouble la nuance de certitude contenue dans l'expression de la cause.

Pour vous entraîner davantage

Comment est exprimée la négation dans la sixième strophe du poème (v. 21 à 24) ?

La négation est d'abord exprimée par l'association d'un adverbe négatif « *ne* » et d'un déterminant indéfini « *aucune* » au vers 21. Elle est contenue ensuite dans la préposition « *sans* » du vers 22. Enfin, elle apparaît dans le vocabulaire péjoratif sur l'ensemble de la strophe : dans les mots « *bagne* » (v. 21) et « *forçats* » (v. 23), métaphore négative pour désigner la terre, dans le participe présent « *saignant* » (v. 22), dans l'adjectif « *morne* » auquel sont associés les participes passés « *épuisé* » et « *raillé* » (v. 23).
L'expression de la négation traduit le sentiment d'exclusion du poète pour qui la vie est devenue un poids, un supplice sans fin.

SUJET 18

« Cortège », *Alcools*

Œuvre : *Alcools*, Guillaume Apollinaire, 1913
Parcours : Modernité poétique ?

1. Vous présenterez l'explication linéaire de « Cortège », extrait d'*Alcools* de Guillaume Apollinaire.

2. Vous répondrez à la question de grammaire suivante : Quelle est la fonction des pronoms personnels contenus dans les cinq premiers vers ?

Cortège

[...]
1 Un jour
   Un jour je m'attendais moi-même
   Je me disais Guillaume il est temps que tu viennes
   Pour que je sache enfin celui-là que je suis
   Moi qui connais les autres
5 Je les connais par les cinq sens et quelques autres
   Il me suffit de voir leurs pieds pour pouvoir refaire ces gens à milliers
   De voir leurs pieds paniques un seul de leurs cheveux
   Ou leur langue quand il me plaît de faire le médecin
   Ou leurs enfants quand il me plaît de faire le prophète [...]
10 Ô gens que je connais
   Il me suffit d'entendre le bruit de leurs pas
   Pour pouvoir indiquer à jamais la direction qu'ils ont prise

LA POÉSIE — Sujet 18

(suite)

Il me suffit de tous ceux-là pour me croire le droit
De ressusciter les autres
15 Un jour je m'attendais moi-même
Je me disais Guillaume il est temps que tu viennes
Et d'un lyrique pas s'avançaient ceux que j'aime
Parmi lesquels je n'étais pas
Les géants couverts d'algues passaient dans leurs villes
20 Sous-marines où les tours seules étaient des îles
Et cette mer avec les clartés de ses profondeurs
Coulait sang de mes veines et fait battre mon cœur
Puis sur cette terre il venait mille peuplades blanches
Dont chaque homme tenait une rose à la main
25 Et le langage qu'ils inventaient en chemin
Je l'appris de leur bouche et je le parle encore
Le cortège passait et j'y cherchais mon corps
Tous ceux qui survenaient et n'étaient pas moi-même
Amenaient un à un les morceaux de moi-même.
30 On me bâtit peu à peu comme on élève une tour
Les peuples s'entassaient et je parus moi-même
Qu'ont formé tous les corps et les choses humaines
[…]

Alcools   Corrigé 18   **LA POÉSIE**

1. Corrigé de l'explication linéaire

Ce corrigé, annoté et accompagné de conseils, correspond à l'intégralité de la première partie de l'épreuve orale.

Pendant les 30 minutes de préparation

– Surlignez les phrases/mots du texte à expliquer et/ou à citer.
– N'hésitez pas à utiliser un code couleur pour mettre en évidence chaque grand mouvement du texte, les figures de style, etc.
– Annotez dans la marge les principales idées de votre explication au fur et à mesure du texte de façon à avoir sur un même plan l'idée et la citation correspondante.

Les conseils du professeur

La présentation de l'œuvre et de l'extrait

« Cortège » est extrait du recueil *Alcools* de Guillaume Apollinaire. Le titre s'explique par le motif récurrent et poétique de la soif, le désir de consommer la vie, mais il comporte aussi une part autobiographique. Certains poèmes rappellent les amours déçues ou malheureuses de l'auteur et on explique la genèse du poème « Cortège » comme un retour à l'écriture d'Apollinaire après sa rupture avec Annie Playden : le poète décomposé reviendrait à la vie par ce cortège et signerait par là aussi son retour à la poésie en reprenant le thème du phœnix qui parcourt le recueil. Sa composition daterait d'ailleurs de 1906, quelques années avant la parution d'*Alcools* en 1913.

Ce poème témoigne de la transition qui s'opère dans l'écriture poétique ; il exprime, par une image extraordinaire, le surréalisme en train de se créer sous nos yeux.

Je présente le poème et le recueil en choisissant les éléments de forme et de contexte qui peuvent aider à sa compréhension.

203

LA POÉSIE — Corrigé 18

En revenant à la poésie, Guillaume Apollinaire amène avec lui une nouvelle façon d'écrire. Le poète est, en effet, l'inventeur du mot « surréalisme », dont il est jugé le précurseur. La poésie d'Apollinaire est singulière et inclassable, elle témoigne de cette volonté de découvrir d'autres territoires artistiques par des formes variées et modernes : abandon de la ponctuation, vers libres, disparition fréquente de la rime au profit de l'assonance.

> Je m'appuie sur mes connaissances de l'œuvre étudiée en classe pour enrichir mon introduction et donner les premières clés de lecture.

Lecture

La lecture est un moment important : elle compte pour 2 points sur les 12 de la première partie de l'oral.

La lecture du poème peut être jugée difficile en raison de l'absence de ponctuation. Si l'on essaie de la rétablir, on s'aperçoit qu'elle coïncide le plus souvent avec la fin du vers, ce qui met en valeur l'unité de chaque vers et rend la compréhension du texte possible, parce que le lecteur marque naturellement une pose à la fin de chaque vers. Cependant, la ponctuation clarifie l'unité syntaxique, même si elle ne lève pas toutes les ambiguïtés, en particulier dans les trois derniers vers.

Conseils

- Entraînez-vous à lire avec la ponctuation restituée pour ensuite mieux lire sans cette ponctuation.
- Une bonne lecture permet de montrer que vous avez compris le poème : dans ce cas, votre lecture rendra le texte plus intelligible.

Proposition de ponctuation pour faciliter la lecture

Un jour.
Un jour je m'attendais moi-même,
Je me disais Guillaume, il est temps que tu viennes
Pour que je sache enfin celui-là que je suis.
Moi qui connais les autres,
Je les connais par les cinq sens et quelques autres.

Alcools **Corrigé 18** **LA POÉSIE**

Il me suffit de voir leurs pieds pour pouvoir refaire ces gens à milliers,
De voir leurs pieds paniques, un seul de leurs cheveux,
Ou leur langue quand il me plaît de faire le médecin,
Ou leurs enfants quand il me plaît de faire le prophète,
[…]
Ô gens que je connais !
Il me suffit d'entendre le bruit de leurs pas
Pour pouvoir indiquer à jamais la direction qu'ils ont prise,
Il me suffit de tous ceux-là pour me croire le droit
De ressusciter les autres.
Un jour je m'attendais moi-même,
Je me disais Guillaume, il est temps que tu viennes,
Et d'un lyrique pas s'avançaient ceux que j'aime,
Parmi lesquels je n'étais pas.
Les géants couverts d'algues passaient dans leurs villes
Sous-marines où les tours seules étaient des îles,
Et cette mer avec les clartés de ses profondeurs
Coulait sang de mes veines et fait battre mon cœur.
Puis sur cette terre, il venait mille peuplades blanches
Dont chaque homme tenait une rose à la main,
Et le langage qu'ils inventaient en chemin,
Je l'appris de leur bouche et je le parle encore.
Le cortège passait et j'y cherchais mon corps.
Tous ceux qui survenaient et n'étaient pas moi-même
Amenaient un à un les morceaux de moi-même.
On me bâtit peu à peu comme on élève une tour ;
Les peuples s'entassaient et je parus moi-même,
Qu'ont formé tous les corps et les choses humaines.
[…]

L'explication linéaire (environ 8 minutes)

Le poème commence comme une narration qui en épouse les codes classiques, débutant par « Un jour » (v. 1) qui suscite un effet d'attente à la manière d'un conte. L'emploi des deux imparfaits (« attendais » et « disais », v. 2 et 3) renforce cette impression narrative.

> En l'absence de strophes, j'avance dans le poème par unités de sens.

LA POÉSIE — Corrigé 18

Mais le vers 3 opère une bascule, le poète s'adressant à lui-même : « Je me disais Guillaume il est temps que tu viennes ». Après les subjonctifs présents (« viennes » au vers 3 et « sache » au vers 4), l'indicatif relie le poète d'autrefois à celui du moment de l'écriture, « Pour que je sache enfin celui-là que je suis » écrit Apollinaire.

Le poème apparaît donc comme une quête de soi. Or, cette découverte de soi est immédiatement associée à la connaissance des autres, comme si la construction de son être passait par « les autres » (v. 5). Cette connaissance est associée aux sens : « Je les connais par les cinq sens et quelques autres ».

Évidemment, le lecteur s'interroge sur ces « autres » sens. Il peut s'agir de l'intuition ou de l'imagination, une sorte de sixième sens poétique qui donnerait accès à des vérités universelles ou cachées. Or, cet accès à une vérité autre est l'apanage des prophètes (le mot est présent au vers 10), image classique du poète et de la vérité poétique depuis Ronsard en passant par Victor Hugo jusqu'au surréalisme.

Il semble d'ailleurs qu'on entre davantage dans le surréalisme **à partir du vers 6** par les images évoquées ensuite jusqu'au vers 10 : les « pieds paniques » renforcent cette impression car il est difficile de leur donner une explication rationnelle. Quant aux sens traditionnels évoqués dans le vers 6, c'est d'abord la vue qui est utilisée (« voir », v. 7 et 8), puis l'ouïe (« entendre », v. 12). Les autres sens sont évoqués dans la partie coupée du texte.

La dimension prophétique du poète **se poursuit des vers 11 à 15** : le poète se présente comme une sorte de démiurge capable de « ressusciter les autres » (v. 15) et doué d'une connaissance omnisciente du monde renforcée par l'anaphore aux vers 7, 12 et 14 avec « Il me suffit ».

Je m'appuie sur les connaissances grammaticales acquises durant l'année et les années précédentes.

Je cite régulièrement le texte.

Alcools **Corrigé 18** **LA POÉSIE**

Une autre répétition introduit **une nouvelle étape, l'arrivée du cortège : le vers 16** commence par l'anaphore déjà présente aux vers 1 et 2. Le vers 16 est même identique au vers 2. Ce cortège est rythmé par « le bruit de leurs pas » qui évoque les pieds de la prosodie latine, comme si le poème et le cortège ne faisaient qu'un. Le terme « lyrique » (v. 18) évoque également la cadence du cortège qu'on peut imaginer marcher en musique. Le mot renvoie également au sentiment amoureux, au « j'aime » de la fin de ce même vers.

> Je peux faire des va-et-vient dans le poème pour relier des éléments entre eux.

À partir du vers 20, le poète évoque la nature de ce cortège : il est composé de deux groupes distincts : le premier, du vers 20 à 23, emmène le peuple marin puisqu'on décèle le champ lexical de la mer (« algues », « Sous-marines », « mer », « profondeurs ») alors que le deuxième groupe séparé par le connecteur logique « Puis » au début du vers 24 compose le groupe terrestre (« terre », « rose »).

Le vers 23 (« Coulait sang de mes veines et fait battre mon cœur ») semble indiquer que la première partie du cortège compose l'intérieur du poète ; son sang qui « coulait » et son cœur (qui bat) sont les organes vitaux. Le terme « profondeurs » du vers 22 suggère l'intérieur du corps du poète. La seconde partie apporte le « langage » (v. 26 et 27 : « langage », « bouche », « parle ») et des éléments symboliques, la couleur blanche et la rose (rouge ?) aux vers 24 et 25. Ainsi, la seconde partie peut représenter l'âme, la pensée du poète et la création poétique qui passe par la parole, mais peut-être aussi l'amour des « autres » évoqués dans la première partie du poème. Au monde physique et organique des profondeurs succède donc celui plus intangible de l'art, des idées, des sentiments. Apollinaire déroule donc à travers ce cortège sa vision de la poésie et de son pouvoir.

> J'utilise des liens logiques pour structurer mon explication.

La fin du poème donne la clé du mystère. À partir des vers 29 et 30 (« Tous ceux qui survenaient et n'étaient pas moi-même / Amenaient un à un les morceaux de

LA POÉSIE — Corrigé 18

moi-même. »), la finalité du cortège s'éclaire. Il est là pour reconstruire le poète, c'est une entreprise de reconstruction de son être, morceau par morceau : d'abord les éléments organiques, puis son âme et sa parole. Il semble donc que c'est par les autres que le poète se construit.

Le poète est élevé comme une tour : « On me bâtit peu à peu comme on élève une tour ». Or, l'image de la tour évoque le mythe de la tour de Babel, comme si le poète approchait le rêve d'une parole poétique capable d'unir tous les hommes, tous « Les peuples » (v. 32). Le langage créé par le cortège (métaphore du poème ?) relie le poète aux autres et prend une valeur intemporelle et donc universelle (v. 26 et 27).

Le passé composé du dernier vers (« Qu'ont formé ») a pour effet de ramener la narration du passé vers le présent de l'écriture. Mais ce vers est difficile à comprendre dans la mesure où il ne s'articule pas bien logiquement avec le reste du poème : il agit comme une synthèse temporelle et même physique, la forme plurielle sans sujet défini « ont » semblant regrouper le cortège, le poète et même le monde dans un tout, confortant les dimensions prophétique et surréaliste du poème.

La conclusion

« Cortège » est donc un poème de la quête et de la renaissance : par une métaphore surréaliste, le poète se montre dans une phase de reconstruction de lui-même, mais aussi de son art poétique. La recomposition du poète marque en même temps l'avènement d'une nouvelle forme de poésie, libre de forme et au-delà du réalisme. Ainsi, le poème illustre la « modernité poétique » de Guillaume Apollinaire que l'intitulé du parcours, associé à la lecture du recueil *Alcools*, interroge.

Ce cortège bâtit le corps du poète en même temps que le poème lui-même, comme si la poésie et le poète ne faisaient qu'un, et l'allégorie de la tour de Babel montre comment la puissance du langage poétique permet de réunir l'humanité autour de la figure du poète/prophète.

> Je conclus en soulignant les éléments principaux de mon explication et en liant le poème au parcours au programme.

Alcools — Corrigé 18 — **LA POÉSIE**

2. Corrigé de la question de grammaire

Cette analyse grammaticale vous sera demandée après votre explication linéaire.

Quelle est la fonction des pronoms personnels contenus dans les cinq premiers vers ?

Tous les pronoms personnels, à l'exception du pronom sujet de la deuxième personne « *tu* » au vers 3, renvoient à la première personne. Les formes « *je* » (v. 3 et 4) et « *moi* » (v. 5) ont la fonction de sujet. Les formes « *m'* » et « *moi-même* » du deuxième vers ont la fonction de complément d'objet direct. La forme « *me* » du vers 3 a la fonction de complément d'objet indirect.

Cette omniprésence du pronom de la première personne manifeste la difficulté du poète à se connaître lui-même. Le recours au pronom de la deuxième personne, indice d'un dédoublement, exprime également cette difficulté.

➕ Pour vous entraîner davantage

Quelles sont la nature et la fonction du mot « que » dans les vers 3 et 4 ?

Le mot « *que* » apparaît trois fois dans les vers 3 et 4. La première occurrence est une conjonction de subordination qui introduit une subordonnée complétive (« *que tu viennes* »). Le deuxième mot « *que* » entre dans la composition d'une locution conjonctive et introduit une subordonnée circonstancielle de but « *pour que je sache* ». La dernière occurrence est un pronom relatif dont l'antécédent est le pronom démonstratif « *celui-là* ». Ce pronom relatif est attribut du sujet de la subordonnée relative « *que je suis* ».

Fiches de cours

1 Les procédés d'écriture

▶ **Les procédés d'écriture regroupent l'ensemble des moyens du langage dont dispose un écrivain pour s'exprimer.** On peut traduire le terme de procédé par « façon d'écrire » ou « façon particulière d'exprimer quelque chose ».

▶ **La forme du texte :** le genre et le sous-genre d'un texte conditionnent les attentes du lecteur.

> *Ex. :* Dans un roman, on s'attend à être transporté dans un univers différent du nôtre, on s'attend à ce que l'on nous raconte longuement une histoire, à trouver un mélange de récit et de discours, etc.

▶ **Les quatre grands genres au programme sont :**
- la poésie ;
- le roman et le récit ;
- le théâtre ;
- la littérature d'idées (essais, plaidoyers, fables, contes philosophiques, etc.).

▶ **Le type de texte** conditionne l'intention de l'écrivain, la fonction du texte, sa visée dominante. On peut répertorier quatre types de texte :

- **narratif :** le texte raconte, rapporte une suite d'événements, souvent d'une manière chronologique ;

- **descriptif :** le texte décrit un lieu, un objet, un personnage dans le temps et l'espace ;

- **explicatif :** le texte informe, présente à l'aide de données objectives (qui ne tiennent pas compte du point de vue personnel) ;

- **argumentatif :** le texte vise à convaincre ou persuader, défend une thèse qui est à la fois son idée générale et l'opinion de son auteur.

> *Ex. :* lorsqu'on veut raconter une histoire, le texte est **narratif**, comme dans un roman.
>
> Parfois, au cours du récit, il est nécessaire de s'arrêter pour « voir » le décor, le texte se fait donc **descriptif** ; il peut alors être intéressant de s'interroger sur le rôle de la description dans le récit.

▸ **L'organisation du texte :** la structure du texte est aussi un moyen pour créer des effets stylistiques.

> *Ex. :* dans une argumentation, la structure logique ; en poésie, l'organisation des strophes et des rimes, etc.

▸ **Le vocabulaire :** l'étude du vocabulaire est très importante parce qu'elle renseigne sur les thèmes dominants du texte, son sens et les intentions de l'auteur. Elle inclut les champs lexicaux, le vocabulaire positif ou négatif, la dénotation et la connotation, la dérivation...

▸ **Les figures de style :** les différentes figures de style permettent d'enrichir le sens d'un texte et de lui donner une dimension esthétique ; leur étude est donc importante.
Il faut être en particulier attentif aux images (comparaison, métaphore, personnification, etc.), aux figures d'insistance (répétition, accumulation, gradation, etc.) et aux oppositions (antithèse, oxymore, paradoxe, etc.).

Vous trouverez des précisions sur les différents procédés évoqués ici dans les fiches suivantes.

❷ Les tonalités (ou registres)

▸ **La tonalité (ou le registre) d'un texte correspond à l'émotion ou plus largement à l'effet que l'auteur cherche à produire chez le lecteur.** Pour identifier la tonalité d'un texte, il convient donc de s'interroger sur l'émotion dominante ressentie lors de sa lecture.

▸ La tonalité peut être facilement identifiable, surtout lorsqu'elle est associée à certains genres littéraires : le tragique pour la tragédie, le comique pour la comédie, l'épique pour l'épopée, la tonalité élégiaque pour l'élégie, etc.

▸ Mais certaines tonalités se retrouvent dans différents genres et beaucoup de textes mêlent différents registres.

▸ On distingue deux grands types de tonalités : les tonalités sérieuses et les tonalités plaisantes (voir **fiches ❸ et ❹**).

3 Les tonalités sérieuses

▸ **La tonalité lyrique :** le lyrisme est le plus souvent associé à la poésie car il est lié à la musique par son étymologie (lyrique vient de lyre). Il est l'expression des sentiments personnels : amour, joie, colère, malheur, etc. (voir la **fiche** ❺).

▸ **La tonalité élégiaque :** elle exprime la plainte, le sentiment de tristesse et de mélancolie, mais également la nostalgie et la tendresse (voir la **fiche** ❻).

▸ **La tonalité pathétique :** elle vise à émouvoir en suscitant la compassion, la pitié (voir la **fiche** ❼).

▸ **La tonalité tragique :** elle provoque la crainte et la pitié car le destin s'acharne contre un homme sans qu'aucun espoir ne soit possible, conformément au principe de la tragédie antique et classique.

⚠ **Ne pas confondre le pathétique et le tragique :** on parle de tragique uniquement quand la fatalité écrase inéluctablement (inévitablement) l'homme pour le mener à une perte certaine. Est tragique ce qui rappelle la fragilité de la condition humaine.

▸ **La tonalité épique :** elle raconte des faits héroïques en y mêlant le surnaturel. Elle célèbre et exalte les hauts faits d'un héros en suscitant l'admiration et parfois la peur.

▸ **La tonalité réaliste :** le texte cherche à donner l'illusion du vrai malgré son caractère fictif.

▸ **La tonalité fantastique :** elle provoque un sentiment d'hésitation entre le naturel et le surnaturel, et provoque la peur.

▸ **La tonalité polémique :** elle vise à combattre avec virulence, et parfois avec violence, une idée ou une personne, et provoque de vives réactions d'opposition aux propos tenus.

▸ **La tonalité didactique :** elle vise à enseigner.

4 Les tonalités plaisantes

▸ **La tonalité comique ou humoristique :** elle provoque le rire ou le sourire en déformant la réalité car le rire naît de la rupture, du décalage avec la réalité ou de l'habitude qu'on en a.

▸ **La tonalité ironique :** elle repose sur l'implicite et le sous-entendu pour amener à comprendre l'inverse ou un message différent du message explicite. L'ironie peut être méchante, cinglante ou drôle.

▸ **La tonalité satirique :** elle critique en faisant rire ou sourire aux dépens d'un personnage, d'une catégorie sociale, d'une institution ou à propos des mœurs d'une époque ou d'un groupe.

▸ **La tonalité parodique :** elle provoque le rire ou le sourire en imitant et caricaturant une personne, une œuvre ou un genre.

▸ **La tonalité burlesque :** elle fait rire ou sourire en traitant un sujet noble avec vulgarité et grossièreté. Elle se caractérise souvent par un comique de geste.

▸ **La tonalité absurde :** elle peint un univers ou des comportements qui défient la logique, insensés, incompréhensibles.

5 Les indices du lyrisme

On reconnaît le registre du lyrisme par certains indices :

▸ **Le vocabulaire des sentiments** personnels, des sensations.

▸ **Les marques de la première personne.**

▸ **Les modalités exclamatives et interrogatives** porteuses d'émotion.

▸ **La musicalité** de la phrase.
   Ex. : l'usage d'un rythme ternaire, d'anaphores, etc.

▸ **L'évocation de la nature et des sensations** qu'elle procure.

▸ **Certaines figures de style** comme la métaphore ou les hyperboles lorsqu'elles marquent l'intensité d'un sentiment.

6 Les indices de l'élégie

On reconnaît le registre de l'élégie par certains indices.

▸ **L'élégie est une sous-catégorie du lyrisme,** certaines de ses caractéristiques se recoupent donc avec lui comme l'évocation de la nature et son lien avec les sentiments du poète, la peinture des sentiments personnels ou l'expression poétique, en particulier le soin du rythme et l'utilisation d'images.

▸ **L'élégie est toutefois une orientation particulière du lyrisme** vers les souffrances de l'amour, la plainte et la tristesse, l'angoisse de la fuite du temps, la mélancolie, la tendresse ou la nostalgie.

▸ **Les indices stylistiques sont sensiblement les mêmes** que pour le lyrisme, il conviendra alors de distinguer précisément les sentiments décrits.

Ex. : ci-dessous figure un exemple d'analyse de procédés stylistiques basé sur une strophe de « Veni vidi vixi » de Victor Hugo (*Les Contemplations*, 1856).

« Dans ce bagne terrestre où ne s'ouvre aucune aile,
Sans me plaindre, saignant, et tombant sur les mains,
Morne, épuisé, raillé par les forçats humains,
J'ai porté mon chaînon de la chaîne éternelle. »

Dans cette strophe, Victor Hugo utilise la **métaphore** filée du bagne pour exprimer sa douleur. La vie sur Terre est donc ici comparée à un lieu de souffrance sans espoir. La métaphore renforce l'expression de la douleur car elle exprime l'idée que le poète se sent prisonnier de cette douleur.

Le champ sémantique (« chaînon ») renforce également cette idée d'enfermement en insistant sur le fait que le poète est captif de sa douleur. Enfin, les rythmes ternaires des vers 2 et 3 créent encore un effet d'insistance et donnent l'impression d'une complainte.

Le lyrisme de cette strophe est donc tourné vers la douleur. On parlera de lyrisme plutôt que d'élégie, car il ne s'agit ni de mélancolie ni de plainte, mais davantage d'un constat lucide sur son passé. Malgré la douleur, il ne s'agit pas non plus de compassion. Le dernier vers insiste surtout sur le courage du poète qui a porté sa croix, ce qui n'inspire pas la pitié, ni de la part du lecteur ni de la part du poète sur lui-même.

7 Les indices du pathétique

On reconnaît le registre du pathétique par certains indices.

▶ **La présence d'un sentiment de compassion ou la pitié.**

▶ **L'expression d'émotions** telles que la tristesse, la colère, la déception, la douleur, la souffrance ou le désespoir.

▶ **La modalité exclamative ou interrogative** qui traduit l'émotion du locuteur.

▶ **Les procédés qui mettent en valeur ou amplifient l'émotion :** les images, les hyperboles, les répétitions, etc.

8 L'étude du vocabulaire

▶ **Le champ lexical**

Pour observer le **thème** ou le **sujet** d'un texte, il peut être utile d'observer ce que l'on appelle le « **champ lexical** », c'est-à-dire l'ensemble des mots qui se rapportent à une même idée.

> *Ex. :* « ennemi », « offensive » et « battre » forment un champ lexical qui se rapporte à la guerre.

Le champ lexical pourra prendre en compte à la fois la dénotation et la connotation des mots.

▶ **La dénotation et la connotation**

• Les mots portent en eux un sens qui est celui donné par le dictionnaire, c'est la **dénotation**.
Mais ils suggèrent aussi des idées, des sentiments, des émotions qui se rattachent à son sens, c'est la **connotation**.

• La connotation résulte de ma propre **subjectivité** : mes sentiments personnels sur le mot, ce à quoi il me fait penser. L'analyse d'un texte doit donc prendre en compte la dénotation des mots, mais elle peut s'enrichir de leur connotation.

Ex. : à la dénotation du mot « vipère » qui désigne une espèce de serpent s'associe les connotations de « venin », « danger », « peur », « morsure », etc. Le mot me laisse donc une impression négative.

• On peut ainsi mesurer la **subjectivité** du narrateur ou de l'auteur sur le sujet abordé. En effet, un même sujet peut être vu de plusieurs façons. En simplifiant, on observe deux grandes tendances :
— un sujet peut être vu de manière **positive**, appelée souvent **méliorative** ;
— ou il peut être présenté de façon **négative**, dite **péjorative**.

Ex. : phrase méliorative : « L'immense chêne du jardin me protégeait de ses branches puissantes, sous sa ramure immense, le ciel pouvait s'écrouler. »
Le chêne est présenté comme un élément positif et protecteur par le narrateur : les termes « protégeait » et « puissantes » montrent sa force positive.
Phrase péjorative : « Le vieux chêne du jardin était noir et menaçant, à tout instant ses branches au bois fendu gémissaient sous le vent et semblaient céder sous le poids des années. »
Le chêne est présenté comme inquiétant : des mots comme « noir », « menaçant » et « gémissaient » sont perçus comme péjoratifs.

9 L'explicite et l'implicite

▸ **Dans un texte, certains éléments sont explicites,** c'est-à-dire qu'ils sont clairement énoncés, immédiatement compréhensibles.

▸ **Mais les textes littéraires contiennent souvent une part d'implicite,** autrement dit, des sous-entendus. Le lecteur doit alors faire un effort de compréhension pour déduire du texte les éléments cachés ou simplement suggérés pour les mettre à jour.

▶ **Ces éléments implicites peuvent se déduire :**

• Du **vocabulaire positif** (mélioratif) **ou négatif** (péjoratif) qui renseigne sur le jugement porté sur l'objet ou la personne décrits.

> *Ex. :* « Face à l'échiquier, ce grand dadais, le dos courbé, fixait ses pions d'un regard éteint. »
> **Implicite** : L'homme ne comprend pas grand-chose aux échecs.
> Si l'on remplace le mot « éteint » par « aiguisé », l'implicite serait, au contraire, qu'il s'agit d'un bon joueur.

• Des **modalisateurs** tels que « peut-être », « sans doute », « certainement », etc., qui donnent des indications sur le degré de certitude.

> *Ex. :* « Il a eu 20 à son devoir maison, il a sans doute eu un éclair de génie en rentrant chez lui. »
> **Implicite** : Le modalisateur « sans doute » indique justement et ironiquement le doute du locuteur et sous-entend que l'élève a reçu de l'aide.

• Des **non-dits et ellipses** qui font appel à la déduction logique du lecteur.

> *Ex. :* « Les routes sont enneigées, mes parents devraient appeler le collège. »
> **Implicite** : La circulation est impossible, je ne pourrai pas aller au collège.

• **De l'ironie, des doubles sens, des questions rhétoriques et de certaines figures de style** comme les images qui, par leur richesse, veulent souvent signifier plus qu'au premier abord et font appel aux qualités d'analyse du lecteur.

> *Ex. :* en ce qui concerne l'ironie, en fonction du contexte, des expressions comme « Quelle générosité ! » ou « Félicitations ! » peuvent signifier l'inverse du sens explicite.
> *Ex.* de question rhétorique : « Tu crois que tu vas y arriver en t'y prenant de cette façon ? »
> **Implicite** : Tu ne vas jamais y arriver.
> *Ex.* de métaphore : « Il me regardait avec ses petits yeux de fouine. »
> **Implicite** : l'image des yeux de fouine (animal aux petits yeux très noirs et inquiétants) fait implicitement de ce regard une description négative. L'homme auquel appartient ce regard est malhonnête.

10 Les images ou figures d'analogie

Une image est une analogie, autrement dit une comparaison : elle exprime une réalité en la comparant (explicitement ou implicitement) à une autre réalité.

▸ Les différentes formes de comparaison

• **La comparaison :** elle rapproche un élément (le comparé) d'un autre (le comparant) par un point commun, à l'aide d'un mot ou d'une locution de comparaison (comme, tel, à la manière de, etc.).

Ex. : Il est fort comme un ours.

• **La métaphore** est une figure de comparaison particulière. Elle rapproche deux éléments pour souligner leur ressemblance, mais sans mot de comparaison.

Ex. : C'est un ours.
La métaphore est plus riche que la comparaison, elle signifie davantage de choses ; le terme « ours » peut, en effet, être interprété de différentes manières.

• **L'allégorie :** elle représente une chose abstraite (souvent une idée) sous une forme concrète.

Ex. : La mort est une grande faucheuse.

Les formes de l'allégorie sont très variées et peuvent même s'étendre à l'ensemble d'un récit.

• **La personnification et l'animalisation :** la première consiste à représenter une chose ou un animal sous les traits d'une personne et la seconde une personne ou une chose sous les traits d'un animal.

Ex. de personnification : « Le vieux chêne saignait de son tronc douloureux sa sève antique. »
Les mots « saignait » et « douloureux » sont normalement utilisés pour les hommes.

Ex. d'animalisation : « Le visage du forçat, aux yeux révulsés, aux babines écumantes qui jappaient des petits cris plaintifs, faisait froid dans le dos. »
Les mots « babines » et « jappaient » sont des mots qui désignent habituellement les chiens.

▸ L'interprétation d'une analogie

Il faut toujours chercher à interpréter une analogie.

Une image sert :
– à rendre plus claire une idée ;
– à enrichir le sens ;
– à embellir le propos ;
– à créer la surprise ou le rire par le rapprochement de deux éléments aux univers éloignés.

11 Les figures de substitution

Elles remplacent un terme par un autre terme ou par une expression.

▸ La périphrase

C'est le procédé qui consiste à remplacer un mot simple par une expression plus complexe ou par une phrase.

> *Ex. :* dans la fable « Le Chêne et le Roseau », Jean de La Fontaine désigne ainsi le chêne :
> « Celui de qui la tête au ciel était voisine
> Et dont les pieds touchaient à l'empire des Morts. »

▸ La métonymie

Elle désigne une chose par une autre chose qui a un rapport logique avec la première.

> *Ex. :* si je bois un verre, c'est une métonymie parce qu'en réalité je ne bois pas le verre mais ce qu'il contient.

▸ La synecdoque

C'est une métonymie particulière qui désigne l'ensemble d'une chose par une de ses parties.

> *Ex. :* la lame pour désigner le couteau dans « Il sortit une lame. »

12 Les figures d'insistance

Elles permettent d'insister sur une idée, de souligner ou d'amplifier un propos.

▸ La répétition
Elle permet d'insister sur l'élément répété.
> *Ex. :* « Le ciel n'a pas de couleur. La terre est grise, le blé est gris, le ciel est gris. »
> (Jean Giono, *Rondeur des jours*, 1941)

▸ L'anaphore
Répétition particulière, l'anaphore est la reprise d'un mot ou d'un groupe de mots en début de phrase, de vers, de paragraphe ou de strophe.
> *Ex. :* « Cœur qui a tant rêvé,
> Ô cœur charnel,
> Ô cœur inachevé,
> Cœur éternel »
> (Charles Péguy, *Ballade du cœur qui a tant battu*, posthume)

▸ L'hyperbole
Elle met en relief un élément par l'exagération des termes employés.
> *Ex. :* Je meurs de soif.

▸ La gradation
C'est une énumération de mots dont l'intensité augmente ou diminue.
> *Ex. :* « C'est un roc !... C'est un pic !... C'est un cap ! Que dis-je, c'est un cap ! C'est une péninsule ! »
> (Edmond Rostand, *Cyrano de Bergerac*, 1897)

▸ L'accumulation
C'est une énumération plus ou moins longue de termes.
> *Ex. :* « Au ciel, aux vents, aux rocs, à la nuit, à la brume,
> Le sinistre océan jette son noir sanglot. »
> (Victor Hugo, « Les pauvres gens », *La Légende des siècles*, 1859)

13 Les figures d'opposition

Elles attirent l'attention du lecteur par un contraste saisissant et mettent en valeur l'opposition entre deux idées ou deux éléments.

▶ **L'antithèse**
Elle rapproche deux idées opposées.
> *Ex. :* Qui aime bien châtie bien.

▶ **L'oxymore**
Il rapproche deux mots de sens contraire.
> *Ex. :* Un clair-obscur.

▶ **L'antiphrase**
Elle exprime une idée par son contraire : une phrase signifie de façon ironique l'inverse de son sens littéral.
> *Ex. :* Jacques a été pris en train de tricher. **Il est dans de beaux draps.**

▶ **La prétérition**
Elle consiste à déclarer ne pas vouloir parler de quelque chose pour, au contraire, attirer l'attention sur cette chose.
> *Ex. :* **Pour ne pas la nommer**, c'est Julie qui a eu la meilleure note en maths.

▶ **Le paradoxe**
Il énonce une opinion contraire à l'opinion commune ou fait cohabiter deux idées opposées.
> *Ex. :* Il est interdit d'interdire.

14 Le vocabulaire de la poésie

▸ **Les vers**

• Un vers est une ligne qui comprend un nombre de syllabes que l'on peut compter et qui se termine le plus souvent par une rime.
Dans un poème, les vers sont souvent tous de la même longueur. Lorsque ces longueurs varient, on parle de **vers mêlés ou libres**.

• Il existe des **vers pairs**, les plus fréquents, et des **vers impairs**.

• Lorsqu'on compte les syllabes d'un vers, le « e » compte lorsqu'il est suivi d'une consonne et ne compte pas lorsqu'il est suivi d'une voyelle et à la fin d'un vers.

• La **diérèse** consiste à compter deux sons dans une syllabe alors qu'habituellement on n'en compte qu'un.
La diérèse met ainsi en valeur le mot en insistant sur sa prononciation.

> *Ex. :* « L'homme, avare bourreau de la cré/a/ti/on »
> Dans ce vers de Théophile Gautier, la dernière syllabe du mot « créa**tion** » est prononcée de telle sorte qu'elle produise deux syllabes : **ti/ion**. Ainsi, le vers est un alexandrin.

▸ **Les strophes**

Les vers se regroupent pour former des paragraphes qu'on appelle strophes. Les principales strophes sont :
– deux vers : le **distique** ;
– trois vers : le **tercet** ;
– quatre vers : le **quatrain** ;
– cinq vers : le **quintil** ;
– six vers : le **sizain** ;
– huit vers : le **huitain**.

▸ **Les rimes**

La rime est la répétition d'un même son à la fin du vers, ou parfois à l'intérieur des vers, on parle alors de **rime interne**. Les rimes sont soumises à trois critères : **leur valeur, leur genre, leur disposition**.

▸ **La valeur des rimes**

• Une rime est **riche** lorsque les mots à la rime ont trois sons en commun.
> *Ex. :* placer / glacer.

- Avec deux sons en commun, la rime est **suffisante**.
  Ex. : fruit / bruit.
- Avec un seul son en commun, la rime est **pauvre**.
  Ex. : beau / bateau.

▶ **Le genre des rimes**

Dans la versification classique, les rimes masculines et féminines sont alternées.
– les rimes féminines : le mot à la rime se termine par un « e » muet ;
  Ex. : ronde/profonde
– les rimes masculines : toutes les autres rimes.
  Ex. : rond/blond.

▶ **La disposition des rimes**

On distingue trois façons de disposer les rimes :

Les rimes plates ou suivies	Les rimes se suivent selon le modèle **aabb**.	« Dans la plaine les baladins / S'éloignent au long des jardins / Devant l'huis des auberges grises / Par les villages sans églises. » (Guillaume Apollinaire, « Les Saltimbanques », *Alcools*, 1913)
Les rimes embrassées	Les rimes se suivent selon le modèle **abba**.	« Dans la nuit parfumée aux herbes de Provence / le lombric se réveille et bâille sous le sol, / étirant ses anneaux au sein des mottes molles / il les mâche, digère et fore avec conscience. » (Jacques Roubaud, « Le Lombric », *Les Animaux de tout le monde*, 1983)
Les rimes croisées	Les rimes se suivent selon le modèle **abab**.	« On ne voit, en passant par les Landes désertes, / Vrai Sahara français, poudré de sable blanc, / Surgir de l'herbe sèche et des flaques d'eaux vertes / D'autre arbre que le pin avec sa plaie au flanc. » (Théophile Gautier, « Le Pin des Landes », *España*, 1845)

15 Le rythme et les sonorités

▸ Le rythme : le vers et la phrase

Une phrase peut être plus courte ou plus longue qu'un vers, les deux ne coïncident pas toujours :

• **l'enjambement** consiste à prolonger la phrase d'un vers sur le suivant. Le mot ou groupe de mots détaché(s) au début du vers suivant s'appelle **un rejet**. Ce procédé crée un effet d'attente qui met en valeur le mot ou le groupe rejeté ;

> *Ex. :* « Même il m'est arrivé quelques fois de manger
>   Le Berger ».
> (Jean de La Fontaine, « Les Animaux malades de la peste », *Fables*, 1678)

• **le contre-rejet** s'observe lorsqu'un élément du premier vers se rattache grammaticalement au vers suivant. Cela crée une mise en valeur, par un effet d'attente.

> *Ex. :* « Attendez les zéphyrs. Qui vous presse ? Un corbeau
>   Tout à l'heure annonçait malheur à quelque oiseau. »
> (Jean de La Fontaine, « Les Deux Pigeons », *Fables*, 1678)

▸ Les coupes

Une **césure** coupe un alexandrin ou un décasyllabe en deux morceaux comprenant un même nombre de syllabes, les **hémistiches**. Un alexandrin classique est coupé en deux par une césure, formant deux hémistiches de six syllabes. La césure intervient au niveau d'une virgule ou lors d'une respiration de la phrase, juste après un mot important.

> *Ex. :* « Que ces rois / de l'azur, // maladroits / et honteux, »
> (Charles Baudelaire, « L'Albatros », *Les Fleurs du mal*, 1861)
> L'alexandrin est ici parfaitement équilibré avec un rythme 3/3 // 3/3. L'hémistiche sépare le vers en deux parties de sens opposés.

▸ Les effets sonores

• La **rime** est le marqueur principal du rythme. La récurrence des sons en fin de vers marque, en effet, un rythme auquel l'oreille est sensible.

• Les **harmonies suggestives et imitatives** permettent aux poètes, par le jeu réalisé sur les sons, de suggérer ou imiter la réalité :
– **l'assonance** consiste à répéter certains sons de voyelles ;
– **l'allitération** consiste à répéter certains sons de consonnes.

Ex. : « Je fais souvent ce rêve étrange et pénétrant ».
(Paul Verlaine, « Mon rêve familier », *Poèmes saturniens*, 1866)
L'assonance renforce ici l'étrangeté du rêve et suggère la langueur en étirant le vers par la répétition d'un son long.

▸ **La prose poétique**

La poésie en prose ne peut pas s'aider des rimes ni du décompte des syllabes pour imprimer un rythme, mais elle joue sur les harmonies suggestives et imitatives ainsi que sur les variations de la longueur et du rythme des phrases.

16 Les formes poétiques

▸ **Les formes fixes**

La tradition a consacré plusieurs formes poétiques : ce sont les **formes fixes**. Elles sont assez nombreuses, notamment au Moyen Âge (le rondeau, la ballade, le lai, le triolet, le pantoum, etc.).

La ballade, le sonnet, l'ode et la fable sont les formes fixes les plus fréquentes.

• **La ballade** : ce poème est formé de trois strophes suivies d'une demi-strophe. Chaque strophe se termine par un vers refrain.

• **Le sonnet** : ce poème est composé de deux quatrains et un sizain (réparti souvent en deux tercets).
Dans son modèle classique, les rimes sont organisées selon le modèle *abba-abba-ccdede* (sonnet français) ou *abba-abba-ccdeed* (sonnet italien).
Dans le sonnet classique, les rimes féminines et masculines sont alternées.
Le sonnet est la forme poétique la plus célèbre. Il apparaît en Italie sous la plume du poète Pétrarque au XIVe siècle, est popularisé au XVIe siècle en France et son succès ne s'est jamais démenti, même si depuis le XIXe siècle les poètes prennent des libertés avec son cadre strict.

• **L'ode** : poème lyrique par excellence, l'ode est de longueur variable, mais ses strophes sont égales par le nombre et la longueur des vers. L'ode est un poème de célébration d'un événement ou d'une personne. Née dans l'Antiquité, elle est fréquente à la Renaissance.

• **La fable** : ce récit en vers contient une morale explicite (clairement énoncée) ou implicite (sous-entendue). La fable existe depuis l'Antiquité et connaît son âge d'or au XVIIe siècle sous la plume de Jean de La Fontaine. Elle est composée de vers mêlés dont la souplesse s'adapte au récit.

▶ **Les formes libres**

À partir du XIXe siècle, les poètes se sont progressivement libérés des contraintes de la poésie classique, créant toutes sortes de formes libres. La structure d'un poème de forme libre repose souvent sur un procédé tel que la répétition, l'anaphore ou le refrain.

▶ **Voici deux types de formes libres particulières :**

• **Le calligramme** : poème de forme libre rendu célèbre par Guillaume Apollinaire au début du XXe siècle, le poème prend la forme de son objet.

> *Ex.* : un poème sur une colombe prendra la forme de l'oiseau ; les vers en dessineront le contour.

• **Le poème en prose** est la forme la plus « libre » de la poésie. Le poème en prose n'utilise ni vers ni rime, mais se caractérise par sa brièveté, des paragraphes courts et une attention toute particulière portée aux jeux sonores, aux effets de rythme et aux images.

17 Le roman

▶ **Définition**

On définit habituellement le roman comme **une œuvre fictive** (imaginaire), **narrative** (qui raconte une histoire et met en scène un ou plusieurs personnages), **longue** (plus longue que la nouvelle) et **en prose**.

▶ **Une brève histoire du roman**

• **Le roman est dérivé de l'épopée antique,** récit extraordinaire qui narre les exploits de héros à dimension mythique.

> *Ex. : L'Iliade et L'Odyssée* de Homère.

• **Au Moyen Âge, un roman désigne un récit en langue du peuple** (l'ancien français) qui conte les exploits d'un héros, souvent un chevalier ; on est alors très proche de l'épopée.

> *Ex. :* La *Chanson de Roland.*

• **Peu à peu, le roman s'ancre dans le monde réel,** même si les héros demeurent parfois des êtres extraordinaires, comme la famille de géants des romans de Rabelais, *Pantagruel* et *Gargantua* (1532-1534).

• **Le premier roman moderne est** *La Princesse de Clèves* (1678) de Madame de La Fayette. Il plonge le lecteur dans l'analyse psychologique des personnages de la société noble du XVIIe siècle.

• **À partir du XVIIIe siècle, le roman se diversifie** et sa production augmente.

• **L'âge d'or du roman est le XIXe siècle :** les personnages de romans reflètent tous les aspects de la société qui devient même un personnage à part entière car elle est, en partie, responsable du sort des personnages ; ce sont, par exemple, le réalisme et le naturalisme d'Émile Zola dans son cycle, « Les Rougon-Macquart ».

• **Au XXe siècle apparaît le nouveau roman** dont l'objectif est de remettre en cause l'écriture romanesque traditionnelle en reléguant au second plan l'intrigue et les personnages.

> *Ex. :* dans *Les Choses,* Georges Perec hisse des objets au rang de protagonistes de l'histoire, au même titre que les personnages.

• **Aujourd'hui, le roman est un genre qui peut prendre des formes bien différentes.** On peut lire des romans d'aventure, de science-fiction, d'amour, d'espionnage, des romans fantastiques, policiers, autobiographiques… C'est un genre ouvert et prisé des lecteurs.

18 Les principaux sous-genres de romans

Le roman est un genre varié aux multiples sous-genres.

▶ **Le roman réaliste :** récit qui veut décrire la réalité avec vraisemblance, il crée l'illusion du réel et renseigne les lecteurs sur la société et ses individus, leurs vies, leurs mœurs, leurs psychologies.

▶ **Le roman naturaliste :** récit qui, en plus du réalisme, réfléchit scientifiquement à la société et ses individus, notamment à travers les notions de classes sociales et d'hérédité. Le naturalisme est essentiellement connu grâce au cycle romanesque d'Émile Zola, « Les Rougon-Macquart ».

▶ **Le roman psychologique :** récit qui explore avec réalisme la psychologie de ses personnages, on l'appelle aussi « roman d'analyse ».

▶ **Le roman historique :** récit qui met en scène des héros réels ou imaginés sur toile de fond historique.

▶ **Le roman d'aventure :** récit d'aventures plus ou moins extraordinaires.

▶ **Le roman policier :** récit de crimes et d'enquêtes.

▶ **Le roman noir :** récit souvent policier mais qui décrit un univers plus marginal et offre une image pessimiste du monde.

▶ **Le roman épistolaire :** roman par lettres ; le récit progresse par le jeu d'une correspondance échangée entre plusieurs protagonistes.

▶ **Le roman de science-fiction :** récit qui transporte dans un univers futuriste qui utilise une science et une technologie encore inconnues.

▶ **Le roman fantastique :** récit décrivant des phénomènes étranges à propos desquels le lecteur hésite entre une explication rationnelle ou surnaturelle.

▶ **Le roman satirique :** récit qui propose une vision critique de la société.

▶ **Les romans comique et picaresque :** récit souvent satirique qui dépeint les pérégrinations d'un héros populaire qui cherche l'ascension sociale.

▶ **Le roman de gare :** récit souvent policier de lecture aisée.

19 L'incipit

▸ **Définition**
C'est le début d'un texte narratif. Sa longueur peut varier de quelques lignes à quelques pages. Il a un rôle introductif et définit la situation de communication : qui parle, où, quand, comment ?

▸ **Il permet notamment de répondre aux questions suivantes :**
- Qui est le narrateur ? Quelle est la focalisation (voir la **fiche** ㉓) ?
- Quelles sont les bases de l'intrigue : que se passe-t-il au début de l'histoire ?
- Quel est le contexte spatio-temporel : où et quand se déroule l'intrigue ?
- Qui sont le(s) personnage(s) : quelles indications a-t-on sur lui ou eux ?
- Quel est le sous-genre : roman policier, d'aventure, d'amour, réaliste, de science-fiction, etc. ? (voir la **fiche** ⓲)
- Quelle est la tonalité dominante : sérieuse ou plaisante ?

▸ **L'incipit fournit donc des renseignements essentiels** pour commencer à lire et comprendre le livre, mais son rôle est aussi d'accrocher le lecteur. Il ménage du suspense pour inviter à lire la suite.

20 Le personnage de roman

Qu'ils soient humains ou non, les personnages sont essentiels dans la narration. Le personnage de roman est inventé ; c'est un être de fiction, même s'il peut **s'inspirer plus ou moins largement de la réalité.**

▸ **Le portrait**
La description d'un personnage s'appelle un **portrait**.

- **Le portrait physique** décrit l'apparence du personnage : sa carrure, sa taille, la couleur de ses cheveux, les traits de son visage, un détail de sa physionomie, etc. L'apparence de ce personnage est souvent liée, mais pas toujours (l'auteur peut jouer sur le contraste entre les deux), à son caractère.

• **Le portrait psychologique** : le caractère du personnage est défini par des caractéristiques psychologiques et morales. Son milieu social et son environnement peuvent également être analysés pour le définir.

• **Le portrait en action** : il arrive que le personnage ne soit pas décrit directement mais de façon indirecte à travers ses actes, son comportement. On parle alors de « portrait en action » : il s'agit de caractériser le personnage à partir de ce qu'il fait.

• **Le portrait permet d'imaginer le personnage** de roman pour mieux faire fonctionner son imagination. Il entraîne aussi l'**identification du lecteur** qui peut vivre par procuration les événements du roman ou tout simplement s'attacher au personnage.

Le « héros » de roman

• Le plus souvent, l'intrigue tourne autour d'un personnage principal que l'on qualifie de « héros » même s'il n'a rien « d'héroïque », c'est-à-dire qu'il ne fait pas forcément quelque chose de courageux ou d'extraordinaire.

• On peut établir une distinction entre **personnage de roman** et **personnage « romanesque »**. Ce dernier sera plus volontiers héroïque, extraordinaire et porteur de sentiments forts ; le « personnage de roman » est plus simplement un personnage présent dans un roman et donc pas forcément « romanesque ».

Le schéma actantiel

Le schéma actantiel est un outil pour **analyser et étudier les relations** qu'entretiennent les personnages entre eux :

– **le sujet** : c'est le **personnage principal**, le héros de l'histoire ;

– **l'objet** : c'est **la quête, l'objectif** que poursuit le personnage principal, **le but** qu'il s'est fixé ;

– **le ou les adjuvants** : dans cette quête, il peut y avoir des **personnages qui aident le sujet**. Ce sont les adjuvants. Ils sont **bienveillants**, ils vont aider le héros à atteindre son but ;

– **le ou les opposants** : il peut y avoir également des opposants, c'est-à-dire des personnages qui sont les **ennemis du héros**, du personnage principal. Ils vont **faire obstacle** à la réalisation de son projet, à la réussite de son objectif.

21 Le récit et le discours

Dans un roman, deux modes de narration sont possibles et le plus souvent mêlés.

▶ **Le récit**

• Les événements relatés sont coupés de la situation d'énonciation (je/ici/maintenant). Le récit se fait, en général, à la troisième personne et grâce à l'alternance des temps passé simple/imparfait.

• Le récit se déploie autour d'une **intrigue**. Il peut prendre de multiples formes. Le **schéma narratif** le plus basique épouse la structure suivante :
– situation initiale (situation de départ, stable) ;
– élément perturbateur (rompt la stabilité de la situation initiale) ;
– épreuves (péripéties) ;
– situation finale (retour à une situation stable).

▶ **Le discours**

Le discours s'ancre dans une situation d'énonciation qui fait référence à un locuteur précis en des temps et lieu perceptibles par le lecteur. Un discours est, en général, à la première personne et au présent.

22 Les différents types de discours

Si une narration alterne le plus souvent récit et discours, **plusieurs types de discours** peuvent être utilisés. On en relève trois.

▶ **Le discours direct**

• Il rapporte les paroles « directement », telles qu'elles ont été énoncées.
  Ex. : Paul dit : « C'est difficile le français. »

• On reconnaît le discours direct :
– parce qu'il est introduit le plus souvent par un verbe introducteur (dire, crier, annoncer, etc.) placé avant, après ou au milieu du discours rapporté ;
– à sa typographie particulière : deux points, guillemets ou tirets avec retour à la ligne dans le cadre d'un dialogue ;

– aux temps organisés en fonction de la situation d'énonciation : le présent le plus souvent ;
– à la création d'un « effet de réel » ou « de direct » qui rend le récit plus vivant.

▸ **Le discours indirect**
• Il rapporte les paroles indirectement, à l'intérieur du récit du narrateur.
  Ex. : Paul dit que le français est difficile.

• On reconnaît le discours indirect :
– parce qu'il est introduit par un verbe introducteur suivi d'une proposition subordonnée, les paroles rapportées se mêlant ainsi au récit grâce à une phrase complexe ;
– car il y a concordance des temps entre ceux du récit et ceux du discours rapporté, donc entre la proposition principale et la subordonnée.

▸ **Le discours indirect libre**
Plus complexe à repérer, il permet de rapporter des paroles en s'affranchissant des marques du discours direct comme du discours indirect dans une sorte de synthèse du discours et du récit.
  Ex. : Paul trouvait cette histoire de discours trop difficile, d'ailleurs ça l'ennuyait le français ! Il verrait ça demain !

23 La focalisation ou point de vue

▸ **Auteur, narrateur et personnage**
• Lorsqu'on analyse un **récit**, il faut tout d'abord bien faire la différence entre l'« auteur », le « narrateur » et le « personnage ».
• **L'auteur** est celui qui écrit le livre.
• **Le narrateur** est celui qui raconte l'histoire, à l'intérieur du livre. Auteur et narrateur sont deux personnes différentes dans le roman, une seule et même personne dans l'autobiographie. Le narrateur peut être un personnage du roman ou un narrateur extérieur à l'intrigue qui racontera donc l'histoire.
• **Le personnage** est le protagoniste (le héros) de l'histoire. Personnage et narrateur peuvent se confondre.

▸ **La focalisation**

• C'est le **point de vue** du narrateur sur son ou ses personnages et son environnement. C'est la façon dont le narrateur regarde pour décrire et raconter ce que font les personnages du récit.

• Il y a trois types de point de vue :

– **La focalisation interne** : le narrateur est l'un des personnages qui participe à la scène décrite ou racontée. Le lecteur voit donc les éléments du récit de l'intérieur, il voit, entend et pense comme le personnage. On dit que c'est une vision subjective (personnelle).

– **La focalisation externe** : le narrateur est l'un des personnages présents, mais il ne fait que voir et entendre comme si ce n'était qu'un œil sans pensées. On dit que c'est une vision objective (impartiale).

– **La focalisation omnisciente** : le narrateur voit tout, entend tout comme un dieu capable de voir, de prévoir mais aussi de lire dans les pensées des personnages. « Omni » veut dire « tout » et « scient » (que l'on retrouve dans « scientifique ») signifie « savoir ».

• Il n'est pas rare que les points de vue se mêlent dans un même récit.

24 La description

La description « **donne à voir** » une scène, un objet, un personnage (voir la fiche 20) parce qu'elle ou il est particulièrement signifiant ou permet au lecteur de comprendre le monde dans lequel évolue le roman. Elle a donc une fonction significative, **la description fait sens**.

▸ **Comment analyser une description ?**

• La description dépend de celui qui regarde, il faut donc commencer par **identifier le point de vue** pour distinguer le subjectif de l'objectif, et **l'intention de la description** : quel est son but ? À quoi sert-elle ?

• Dans le cadre d'une **description objective**, observez et vérifiez la **neutralité du point de vue**. Son rôle est purement descriptif, il apporte des informations nécessaires à la compréhension, comme un article de dictionnaire.

- Dans le cadre d'une **description subjective**, identifiez la **nature de la subjectivité** : que pense celui qui décrit ce qu'il voit ? Observez pour cela le **vocabulaire mélioratif**, **péjoratif** (voir la fiche ❽), les **verbes de perception** (de quelle manière les choses sont-elles perçues ?), de **sensation** (quels sentiments, sensations traduisent-ils ?), la **modalisation** (les marques de jugement qui traduisent la subjectivité), **les marques d'intensité** (ce que je vois est-il « super » ou « assez bien » ?), **les images** (les figures de comparaison) (voir la fiche ❿) qui permettent de décrire par analogie. Le fait de rapprocher deux éléments en les comparant n'est jamais innocent, cherchez donc à percevoir ce que « cache » l'analogie (la comparaison).
- Soyez attentifs aux **tonalités** (voir les fiches ❷ à ❹) qui permettent de « teinter » la description de compassion, d'ironie, de satire, d'amour, de colère, d'humour... et renseignent également sur la subjectivité du regard porté sur l'objet décrit.
- La description est organisée selon un ordre le plus souvent spatial, il faut donc observer comment les éléments sont disposés.
- **Une description peut faire intervenir d'autres sens que la vue.** Soyez donc attentifs au vocabulaire des sens auditif, olfactif, tactile et gustatif autant que visuel.
- Observez la relation entre l'environnement, les objets et les personnages s'il y en a.

▶ **Les fonctions de la description**
La description peut avoir plusieurs fonctions :
– **Une fonction narrative** : elle éclaire le décor pour que le lecteur visualise le cadre de l'histoire et puisse mieux goûter le réalisme du récit. Elle peut, par exemple, jouer avec l'hypotypose, figure de style qui fait croire au lecteur qu'il assiste lui-même à la scène pour créer ce que l'on appelle un effet de réel.
– **Une fonction symbolique** : elle a alors une volonté édifiante (exemplaire) ou démonstrative qui illustre le récit. Elle fonctionne comme une métaphore, par analogie, elle pousse à la réflexion et enrichit son sens ;
– **Une fonction esthétique** : elle permet d'embellir le récit, de faire une pause dans la narration, voire de la couper momentanément.

25 L'utopie

▸ **Définition**

• Le mot « utopie » fut inventé en 1516 par Thomas More mais vient d'un mot grec formé à partir de « *ou* » qui signifie « non » et de *topos* qui vient lui-même de « lieu ».

• Le mot désigne étymologiquement un lieu qui n'existe pas, un lieu imaginaire. L'utopie la plus célèbre est le paradis de la Bible.

• Dans la littérature et la philosophie, les utopies permettent de peindre des cités idéales, comme la Callipolis dans *La République* du philosophe de l'Antiquité grecque Platon ou encore l'abbaye de Thélème décrite dans *Gargantua* par Rabelais en 1534.

▸ **Les fonctions littéraires de l'utopie**

• **Fonction narrative** : l'utopie peint un pays imaginaire qui fait voyager et rêver le lecteur.

• **Fonction critique** : l'utopie permet la comparaison de ce lieu idéal avec le pays et le régime politique de l'auteur. Par écho, elle interroge la société en proposant un monde parfait qui pointe les imperfections du monde réel.

• Notons que, dans le langage courant, le mot a évolué négativement puisqu'il désigne une illusion, un souhait, une chose irréalisable.

▸ **La dystopie ou contre-utopie**

Au contraire de l'utopie, la dystopie ou contre-utopie peint un monde fictif négatif. Elle interroge aussi sur le présent en pressentant un futur hypothétique, une projection d'un avenir pessimiste.

26 La comédie

▸ **Définition :** la comédie vise à faire rire ou sourire en mettant en scène des personnages dans des situations quotidiennes. Le dénouement de la pièce est heureux.

▸ **Au Moyen Âge, la farce médiévale,** spectacle populaire, propose des personnages stéréotypés dans des intrigues courtes, simples.

▸ **La comédie devient plus complexe au XVIe siècle** en prenant une portée satirique et didactique.

▸ **Elle prend de l'ampleur au XVIIe siècle** grâce à des auteurs comme Corneille et Molière, et en s'inspirant de la *commedia dell'arte* italienne (théâtre improvisé et gestuel à partir de schémas stéréotypés) et de la comédie espagnole. Elle peut être en vers ou en prose et comporte souvent une dimension satirique qui critique certains types de caractères, de mœurs ou de travers sociaux.

▸ **Aux XIXe et XXe siècles,** qui marquent l'ouverture des formes théâtrales, le genre évolue vers :
– **Le mélodrame** : accompagné de musique à ses débuts, le mélodrame procure un mélange de pitié, d'horreur, de pleurs et de rires grossiers. L'intrigue est incroyablement complexe et les personnages simplistes.
– **La comédie-ballet** : la comédie-ballet est un genre qui mêle au texte théâtral la musique et la danse. Le thème en est souvent le mariage.
– **Le vaudeville et le théâtre de boulevard** : ce théâtre repose sur le quiproquo, le malentendu, les rebondissements et met en scène des personnages du milieu bourgeois dans un rythme rapide. Le sujet en est le plus souvent l'amour infidèle ou l'argent.
– **Le théâtre de l'absurde** : il met en scène des personnages pour qui le monde semble ne pas avoir de sens, en rupture avec la société. Est « absurde » ce qui est contraire à la raison, illogique, insensé. Ce théâtre, souvent drôle par les situations incroyables qu'il expose, propose une réflexion philosophique sur le monde.

▸ **Étudier une comédie, c'est mettre en évidence les procédés qui provoquent le rire** (voir la fiche 27), mais c'est aussi, souvent, analyser la critique sociale que permet la satire. Le rire a, en effet, la vertu de pointer les défauts des hommes, de leurs comportements et des travers de la société. **La comédie cherche ainsi à plaire et à instruire.** Mais le théâtre de l'absurde peut proposer des situations plus sérieuses, voire tragiques.

27 Les différents types de comique

▸ **Le comique de mot** joue sur le sens et le son des mots (jeux de mots, bégaiements, hésitations, répétitions, quiproquos, etc.).

▸ **Le comique de geste** joue sur les mouvements du corps (corps et visage), utilisant notamment le registre burlesque (chute, collisions, grimaces, etc.).

▸ **Le comique de situation** joue sur les circonstances (quiproquos, rencontres inattendues, etc.).

▸ **Le comique de caractère** dénonce des traits de caractère par la caricature (l'avare, le fanfaron, l'idiot, le menteur, etc.).

▸ Ces quatre types de comiques sont souvent étroitement liés au sein d'une pièce.

28 La tragédie et le drame

▸ **La tragédie**

• La pièce raconte **la chute d'un héros** ; le dénouement est tragique.

• La tragédie cherche à provoquer crainte et pitié chez le spectateur en représentant l'homme confronté à une force supérieur à lui (le destin ou un principe moral ou religieux supérieur).

• Les personnages sont de haut rang : nobles, princes, rois ou héros.

• On distingue :

– **La tragédie classique**, soumise aux règles des trois unités : unités d'action, de lieu et de temps (une seule action doit se dérouler dans un même lieu en 24 heures). L'intrigue entraîne la chute du héros et mène souvent à la mort. La tragédie classique est en vers.

– À la fin du XVIIe siècle apparaît **la tragi-comédie** qui exalte les valeurs chevaleresques et emprunte aux romans ses rebondissements, ses épreuves dramatiques et un dénouement heureux.

▸ **Le drame**

• À la fin de l'époque classique, les deux genres canoniques de la tragédie et de la comédie plaisent moins au public. Les deux registres vont alors se mêler dans le drame.

• Au XVIIIe siècle, le nouveau « genre sérieux » est le drame aux ambitions morales et réalistes ; il montre des conditions moyennes et bourgeoises. C'est le **drame bourgeois.**

• Au XIXe siècle, le drame prend de l'ampleur avec le **drame romantique** qui mélange les registres comique et pathétique (même si ce dernier domine). Il représente avec réalisme et en prose des situations d'hommes issus de différents milieux sociaux. Il abolit la distinction entre comédie et tragédie ainsi que les règles du théâtre classique. **Victor Hugo définit le drame romantique dans la préface de son drame** *Cromwell* **en 1827.**

29 La représentation théâtrale

▸ **Un texte de théâtre est écrit pour être représenté sur scène** par des acteurs, dans un décor. Le texte devient alors spectacle, c'est la **représentation théâtrale**.

▸ **Cette représentation fait le choix d'une mise en scène,** qui est une interprétation particulière du texte. Deux mises en scène peuvent être très différentes l'une de l'autre. Ainsi, pour un même texte, deux mises en scène éveillent des émotions différentes, produisent des significations différentes.

▸ **La mise en scène fait :**

– **Le choix de l'espace** : le décor est un élément essentiel de la pièce. Le metteur en scène peut respecter les didascalies quand celles-ci indiquent le décor, mais il peut aussi ajouter des éléments ou modifier l'espace en dépaysant la pièce dans un autre lieu, voire une autre époque. Parmi les éléments du décor, le metteur en scène veille également à l'accompagnement musical (ou son absence), aux accessoires et à l'éclairage.

– **Le choix des acteurs** : les acteurs incarnent les personnages (personnalité, charisme, jeu, taille, etc.), tout peut avoir un impact sur la perception du spectateur.

– **La direction des acteurs** ou le choix du jeu de scène. Cet élément est très important. Il détermine le rythme de la pièce, le registre, la compréhension que le spectateur va avoir de la pièce et des personnages.

30 Le vocabulaire du théâtre

▶ **Définition** : « théâtre » vient d'un mot grec signifiant « regarder ».

▶ **L'origine du théâtre occidental** remonte aux célébrations civiques et religieuses de l'Antiquité grecque qui représentaient des faits historiques ou légendaires en associant la musique, la danse et la parole.

▶ **En français, le mot « théâtre » désigne donc à la fois le lieu où se jouent le spectacle et le texte.**

▶ **L'espace scénique** est défini par la scène et le décor.

▶ **L'espace dramatique** est le lieu de l'histoire.

▶ **La représentation** est la pièce jouée sur scène.

▶ **Le dramaturge** est l'auteur de la pièce de théâtre.

▶ **Les didascalies** sont les indications données par l'auteur : elles renseignent sur les mouvements des acteurs, les décors, les pensées des personnages, etc.

▶ **L'intrigue** est organisée en **actes**, divisés en **scènes** : la première est appelée scène d'exposition, la dernière, dénouement. L'action connaît des **péripéties** (rebondissements) et le point culminant de l'action dramatique est le **nœud dramatique**.

▶ **Le discours** est le plus souvent un **dialogue** entre deux ou plusieurs personnages, construit en **répliques** appelées **stichomythies** lorsqu'elles se répondent vers pour vers.

▶ **La tirade** est une longue réplique qui permet un récit, un développement ou un exposé.

▸ **Le monologue** est un discours d'un personnage qui parle tout seul pour lui-même. Il peut avoir plusieurs fonctions (voir la **fiche** 32).

▸ **L'aparté** désigne le fait qu'un personnage s'adresse au public sans être entendu des autres personnages.

▸ **Le quiproquo** est un malentendu qui consiste à interpréter des paroles de façon erronée ou à prendre une personne pour quelqu'un d'autre. Il est souvent comique.

▸ **La double énonciation :** au théâtre, la situation d'énonciation est complexe ; le discours d'un personnage est destiné aux autres personnages de la pièce présents sur scène mais également aux spectateurs.

31 La scène d'exposition

▸ **Définition**
C'est la **première scène d'une pièce** de théâtre ; elle ménage le suspense et expose les éléments principaux qui permettront au lecteur de saisir les enjeux de la pièce.

▸ **Elle plante le décor :** dans le texte, il est souvent décrit dans les premières didascalies. Sur scène, le décor est visible et crée une ambiance, donne des indications sur le lieu de l'intrigue et l'époque.

▸ **Elle présente les personnages :** dans le texte, c'est à travers leurs dialogues (ou un monologue d'exposition) que les personnages donnent des indications sur leur identité, leur caractère, leur tempérament et le rapport de forces entre eux. Sur scène, le jeu des acteurs, les costumes, les voix traduisent et éclairent le texte.

▸ **Elle présente les premiers éléments de l'intrigue :** par les dialogues et les actions, le lecteur ou le spectateur découvrent la situation et les premiers enjeux de l'histoire.

▸ **Elle présente le genre de la pièce :** au théâtre, il est le plus souvent associé à la tonalité. Le spectateur sait dès les premières minutes s'il va rire ou pas durant la pièce, s'il s'agit d'une pièce sérieuse ou comique. Cependant, le théâtre moderne peut procurer au spectateur toute une palette d'émotions différentes, que la seule scène d'exposition ne renseigne pas entièrement.

32 Le monologue

▸ **Définition**

Le monologue est le **discours d'un personnage qui parle tout seul pour lui-même.** Il peut donc paraître artificiel parce qu'il est étonnant qu'une personne parle toute seule. Mais le personnage s'adresse en réalité à lui-même et aux spectateurs : on parle alors de « double énonciation ».

▸ **Le monologue intervient souvent au début d'une pièce** pour présenter l'intrigue ou au cours de la pièce pour exprimer les émotions et les réflexions d'un personnage en situation de trouble. Pour cette raison, il est souvent lyrique et/ou pathétique.

▸ **On attribue au monologue quatre fonctions possibles** qui peuvent se superposer :

– **La fonction lyrique** : le monologue révèle les états d'âme, les sentiments et les émotions du personnage qui parle. Victor Hugo disait de ce type de monologue qu'il était « l'illumination de l'intérieur du personnage ».

– **La fonction délibérative** : le personnage qui parle est en proie à un conflit intérieur, voire un dilemme, qu'il tente de résoudre en examinant les différentes possibilités qui s'offrent à lui. Ce monologue révèle à la fois les états d'âme du personnage (il est aussi lyrique) et ses réflexions, ses interrogations, ses doutes.

– **La fonction informative** : les deux formes précédentes ont évidemment ce rôle, mais le monologue peut être plus spécifiquement centré sur l'objectif d'informer le spectateur de la situation, du conflit en cours et de donner des éléments de compréhension de la pièce, de susciter le suspense ou l'intérêt. C'est tout particulièrement le rôle du monologue d'exposition.

– **La fonction dramatique** : le monologue permet alors de faire une pause dans l'action afin de laisser au spectateur le temps de souffler un peu et de réfléchir ou, au contraire, de relancer l'action par une prise de décision à la fin du monologue. Cette fonction est donc transversale et s'ajoute à une ou plusieurs des autres fonctions évoquées.

33 Qu'est-ce qu'argumenter ?

▸ **Définition :** argumenter, c'est chercher à faire adhérer son interlocuteur à son point de vue.

▸ **On peut chercher à convaincre :** lorsque l'on veut convaincre un destinataire, on fait appel à sa raison. Le texte ou le discours s'appuie sur une idée générale, un point de vue appelé « thèse » ; c'est par la valeur de cette idée et la logique du raisonnement que l'on veut emporter l'adhésion du destinataire.

▸ **On peut chercher à persuader :** pour persuader, on fait appel aux sentiments du destinataire, à son émotion pour entraîner son adhésion.

▸ Ces deux termes (« convaincre » et « persuader ») ne sont pas opposés. Ces deux stratégies se mêlent souvent étroitement dans la plupart des textes et il est parfois difficile de démêler raison et émotion.

▸ **On peut chercher à délibérer :** il y a délibération lorsque deux points de vue différents, souvent opposés, se confrontent. Pour cette raison, la délibération s'observe surtout dans les dialogues qui permettent à chacun de défendre et d'affirmer son point de vue.

▸ **Le dilemme** (fréquent dans la tragédie) est un cas de délibération intérieure. Le dilemme présente un choix entre deux propositions contradictoires entre lesquelles il paraît impossible de choisir alors qu'un choix doit être fait.

Pour chercher à convaincre ou persuader, pour mettre en scène une délibération, un texte littéraire peut revêtir des formes diverses (voir les **fiches** 34 **et** 35) et user de nombreuses stratégies (voir la **fiche** 37).

34 Les genres de l'argumentation directe

Dans les genres de l'argumentation directe, l'auteur défend une idée principale appelée « thèse » grâce à des arguments.

▸ **L'idée est clairement énoncée,** elle est explicite (voir la fiche ❾) et défendue à l'aide d'un raisonnement logique. On distingue différents genre de l'argumentation directe.

▸ **L'essai** est un texte qui expose une idée, développe une réflexion, propose un point de vue personnel sur un sujet de société, de politique, de science, d'histoire ou lié à l'actualité. Cet exposé de forme libre peut prendre des formes très diverses : dialogue, narration, description, etc.

▸ **Le pamphlet** est un texte à l'esprit satirique qui attaque quelqu'un ou quelque chose avec force et, parfois, avec violence.

▸ **Le réquisitoire et le plaidoyer** sont tous deux sont issus du genre judiciaire. Le premier est l'exposé argumenté de l'accusation. À l'inverse, le second est l'exposé de la défense.

▸ **Le manifeste** est un texte théorique qui expose les principes et les objectifs d'un nouveau mouvement. Il peut avoir un ton virulent et revendiquer une nouveauté radicale.

▸ **Le traité** est un ouvrage plus volumineux et plus ambitieux que l'essai, et qui se veut parfois exhaustif. Il tente plutôt de convaincre que de persuader et se présente donc comme un ouvrage plus objectif.

▸ **La préface** est un texte placé en tête d'une œuvre, écrit par l'auteur lui-même ou par une autre personne. Il présente l'œuvre et ses divers aspects. La tonalité ainsi que l'objet de la préface sont très variés.

▸ **Le sermon et l'oraison funèbre** sont des discours religieux qui visent, pour le premier, à expliquer le sens des textes religieux, pour inciter à les mettre en pratique (c'est le discours du prêtre à l'église), et pour le second, à faire l'éloge d'un défunt au moment de son enterrement.

▸ Cette liste n'est pas exhaustive, l'argumentation directe est encore possible dans un article de journal, une lettre, un discours, un dialogue, etc.

35 Les genres de l'argumentation indirecte

▸ **Dans une argumentation indirecte, l'idée défendue est implicite,** c'est-à-dire sous-entendue (voir la fiche ❾). Les idées sont alors portées par un récit (comme l'apologue) ou dissimulées par de l'ironie.

▸ **Un apologue** est un court récit allégorique en vers ou en prose qui a pour fonction d'instruire le lecteur en délivrant un enseignement appelé « précepte » ou « morale ». L'apologue peut prendre plusieurs formes :

• **La fable,** genre inventé dans l'Antiquité, met en scène, dans un récit délivrant une morale, des animaux, voire des végétaux, qui agissent et parlent comme des hommes. La fable est souvent l'occasion pour son auteur de peindre avec humour les travers et les excès de la nature humaine.

• **La parabole** est un récit allégorique qui permet de dispenser un enseignement moral ou religieux. On trouve beaucoup cette forme dans les textes religieux, notamment dans la Bible.

• **Le conte** est un récit traditionnel souvent riche d'un enseignement, explicite ou implicite.

• **Le conte philosophique** met en scène un anti-héros à la découverte brutale du monde, ce qui permet à l'écrivain d'en dénoncer les préjugés et les abus de son époque, comme l'intolérance et l'oppression.

• **L'utopie,** venant d'un mot d'origine grecque signifiant « sans lieu », est un récit dans lequel l'auteur décrit une cité imaginaire où l'on découvre des formes nouvelles d'organisations politiques et sociales, ce qui est l'occasion pour lui de critiquer la société dans laquelle il vit (voir la fiche ㉕).

▸ Tous les genres littéraires peuvent véhiculer des idées indirectement. C'est par une lecture attentive que le lecteur peut découvrir les idées que porte une histoire romanesque, le discours d'un personnage théâtral ou une poésie.

36 La situation de communication

La situation de communication définit l'ensemble des facteurs qui interviennent dans la communication (Qui parle ? Qui écoute ? Où ? Quand ? Comment ?) et renseigne le destinataire sur la façon de percevoir le message.

▶ **L'énonciation** est l'ensemble des marques de la subjectivité du locuteur (présence plus ou moins marquée du sujet, celui qui dit, qui énonce) dans l'énoncé. C'est donc l'ensemble des signes qui marquent sa présence, son implication et le degré de certitude de son propos.

▶ **Les indices de l'énonciation :** on détermine précisément l'énonciation en étudiant un certain nombre d'indices.

▶ **Les indices de personne :** « je » implique davantage le locuteur que « on » qui a une valeur plus large et qu'il convient de définir avec précision car il peut inclure ou non le locuteur. De même pour « nous » qui peut également avoir une valeur de majesté ou de modestie. Il faut aussi penser aux pronoms et adjectifs possessifs.

▶ **Les indices spatio-temporels** (temps et espace) établissent une relation entre le temps de l'écriture et celui du texte. On les appelle également des **déictiques** ; ils renseignent sur le lien qui peut exister entre les propos tenus et leur auteur.

▶ **Les marques de sentiments ou de jugements** indiquent ce que l'auteur pense de ce qu'il dit : les adverbes (« certainement »), le vocabulaire péjoratif ou mélioratif, le sens des verbes (« croire » n'est pas « affirmer »), les tonalités (attention à l'ironie, voir la fiche ❹), les hyperboles (voir la fiche ⓬), etc.

▶ **Les modes et les temps verbaux :** il faut être attentif surtout aux emplois du subjonctif et du conditionnel qui marquent le doute.

▶ **La modalisation de la phrase** donne des indices sur l'émotion de l'énonciateur ou le degré de certitude de son propos :
– **affirmative** : je suis sûr de ce que je dis ;
– **interrogative** : je m'interroge ou j'interroge. Attention au cas de l'interrogation rhétorique qui est une fausse question à valeur d'affirmation ;
– **exclamative** : j'exprime un sentiment (colère, surprise, peur, joie…) ;
– **impérative** : je donne un ordre.

37 Les stratégies d'argumentation

▸ Dans une argumentation directe, la thèse (idée générale) est défendue par des arguments qui peuvent être illustrés par des exemples.

▸ Les arguments sont organisés par un raisonnement qui suit une logique. On distingue différents types de raisonnement.

▸ **Le raisonnement causal ou cause/conséquence** part d'une cause qui entraîne un effet, une conséquence.
Mots logiques utilisés : pour, donc, pour que, de façon à, si bien que, à cause de, ainsi, en conséquence, etc.

Ex. : Il est allé trop vite, donc il est tombé.

▸ **Le raisonnement inductif** part du particulier pour aboutir à une conclusion plus générale. Attention, ce raisonnement est parfois abusif car il généralise à partir d'un cas particulier.

Ex. : Ce livre est ennuyeux donc tous les livres le sont.

▸ **Le raisonnement déductif** part au contraire d'une idée générale pour aboutir à une idée particulière.

Ex. : Tous les hommes sont mortels donc je suis mortel.

▸ **Le raisonnement concessif :** le locuteur paraît admettre la thèse adverse pour la nuancer ou mieux soutenir la sienne.
Mots logiques utilisés : Certes, même si, mais, cependant, etc.

Ex. : Certes, cette voiture est chère mais elle a beaucoup d'options.

▸ **Le raisonnement par opposition :** le locuteur nie la thèse adverse pour mieux affirmer la sienne.
Mots logiques utilisés : mais, cependant, pourtant, toutefois, en revanche.

Ex. : Les hommes ne sont pas bons car dès qu'ils le peuvent ils profitent de leur force.

▸ **Le raisonnement par analogie ou comparaison** met en relation deux réalités différentes par une comparaison, pour illustrer ou expliquer une idée.
Mots logiques utilisés : comme, de la même façon que, ainsi que, tel, à l'instar, etc.

Ex. : Ils sont opposés comme l'eau et le feu.

▸ **Le raisonnement cumulatif** agit par addition d'idées qui vont dans le même sens, se complètent.
Mots logiques utilisés : de même que, de plus, ainsi, et, etc.
Ex. : L'eau et le feu sont opposés, de même que la terre et le vent.

▸ **Pour repérer la stratégie argumentative, il faut être attentif au sens du texte et aux connecteurs logiques** qui structurent le raisonnement et organisent la démonstration en ménageant des transitions. **Certains connecteurs sont implicites** car la progression n'est parfois visible que par la ponctuation, la composition des paragraphes ou le temps des verbes.

38 La valeur des temps

▸ On distingue 4 modes personnels.
• **Indicatif :** l'action se déroule dans un monde considéré comme vrai.
• **Subjonctif :** l'action est virtuelle, possible ou de l'ordre du désir.
• **Impératif :** l'action est imposée à celui/celle à qui on s'adresse.
• **Conditionnel :** l'action est envisagée sous la forme d'une condition.

▸ **Les valeurs aspectuelles** renseignent sur la manière dont se déroule l'action
• Aspect non accompli (action en cours) / accompli (action achevée) :
Ex. : Je mange. / Il rendit son devoir.
• Aspect ponctuel (action survenue à un moment précis) :
Ex. : Le skieur chuta.
• Aspect duratif (action qui dure) :
Ex. : La cigale chantait.
• Aspect itératif (action habituelle) :
Ex. : Il prend le bus tous les matins.

▶ **Les valeurs temporelles** situent l'action dans le temps.

Présent	d'énonciation (moment où l'on parle) : *Ex. :* Je t'écris de l'île Saint-Pierre.	
	de vérité générale (intemporel) : *Ex. :* L'eau bout à cent degrés.	
	à valeur de futur ou de passé proches : *Ex. :* J'arrive tout de suite. Il sort à l'instant.	
	de narration (valeur stylistique) : *Ex. :* Il allait tricher, soudain il se ravise.	
Futur	situe l'action par rapport au moment de l'énonciation : *Ex. :* Je jouerai.	
Passé composé	peut exprimer une vérité générale : *Ex. :* L'argent n'a jamais fait le bonheur. peut exprimer un futur proche : *Ex. :* Patience, j'ai fini dans un instant. peut exprimer une habitude (aspect itératif) : *Ex. :* Il a plu tous les jours cet été. peut exprimer une éventualité : *Ex. :* Si tu as terminé tu pourras sortir.	
L'imparfait et le passé simple	L'imparfait exprime une durée sans début ni fin, une action à l'arrière-plan. *Ex. :* La nuit tombait. Le passé simple exprime une action avec un début et une fin, met une action au premier plan. *Ex. :* Deux heures après, il arriva enfin.	

▶ **Les valeurs modales** indiquent l'attitude de celui qui parle (énonciateur) en accordant une valeur particulière à certains temps.

Présent et futur	Un ordre	Tu te tais. Tu iras à 10 h à la piscine.
Futur, imparfait et conditionnel	Une demande polie	Pourrons-nous venir chez toi ? Je voulais vous parler. J'aimerais un thé.
Conditionnel	Futur dans le passé, une mise à distance de l'énonciateur	Hier, j'ai dit qu'il pleuvrait aujourd'hui. Il y aurait des extraterrestres sur Mars.
Imparfait et futur antérieur	Une condition ou une hypothèse	Si tu venais, je serais heureux. Il n'est pas là, il se sera perdu.

39 La concordance des temps

▶ **Le temps du verbe de la subordonnée dépend de sa situation** (passée, présente ou future) par rapport au temps du verbe de la principale.

Ex. : Je soutiens qu'il était/est/sera sérieux.

▶ **À l'indicatif, quand le verbe de la proposition principale est au présent ou au futur,** le temps du verbe de la subordonnée dépend du contexte.

Ex. : J'affirme/J'affirmerai qu'il est parti, qu'il était parti, qu'il part, qu'il partira, qu'il partirait…

▶ **À l'indicatif, quand le verbe de la proposition principale est au passé,** la concordance s'applique de façon plus systématique. Le temps du verbe de la subordonnée indique que l'action se passe avant, pendant ou après l'action de la principale.

	Antériorité	Simultanéité	Postériorité
J'ai affirmé	qu'il était parti (plus-que-parfait)	qu'il partait (imparfait)	qu'il partirait (conditionnel présent)
J'affirmais	qu'il fut parti (passé antérieur)	qu'il est parti (passé composé)	qu'il serait parti (conditionnel passé)

▶ **À l'indicatif, quand le verbe de la subordonnée indique un fait toujours vrai,** il peut rester au présent.

Ex. : Hippocrate pensait que la maladie n'est pas une punition divine.

▶ **Au subjonctif, la concordance s'applique selon que le verbe de la subordonnée indique une action passée ou simultanée.**

	Antériorité	Simultanéité
Je regrette/Je regretterai	qu'il soit parti (subjonctif passé)	qu'il parte (subjonctif présent)
J'ai regretté/Je regrettais/ J'avais regretté/Je regretterais…	qu'il fût parti (subjonctif plus-que-parfait)	qu'il partît (subjonctif imparfait)

▶ **Dans la langue courante,** seuls sont utilisés le passé et le présent du subjonctif.

▸ **La modalisation du propos :** le mode de la subordonnée peut dépendre de l'intention de celui qui parle (énonciateur).

▸ **Le choix de l'indicatif** marque l'engagement de l'énonciateur.
Ex. : Je cherche un appartement qui peut te convenir. (= Je m'engage pour que l'appartement te convienne.)

▸ **Le choix du subjonctif ou du conditionnel** n'engage pas l'énonciateur ou signale son incertitude.
Ex. : Je cherche un appartement qui puisse/pourrait te convenir. (= Je ne m'engage pas sur le fait que l'appartement te convienne effectivement.)

40 Les types de phrases

La phrase, unité minimale de la langue, traduit les intentions de celui qui parle.

▸ **La phrase déclarative** (affirmer ou nier). *Ex. :* Un secret (n') est (pas) lourd à porter.

▸ **La phrase interrogative** (interroger). L'interrogation oratoire est une affirmation déguisée. *Ex. :* Pourras-tu garder ce secret ? Qui peut garder un secret ?

▸ **La phrase injonctive** (ordonner ou défendre) : ses modes sont l'impératif, le subjonctif et l'infinitif. *Ex. :* Garde ce secret.

41 Les formes de phrases

▸ **Les phrases prennent des formes variées** qui peuvent se cumuler.

▸ **Forme affirmative ou négative** (formes logiques). Deux négations s'annulent. *Ex. :* Tu as un secret. / Tu n'as pas de secret. / Tu ne peux pas ne pas venir.

▸ **Forme active ou passive** (le sujet fait ou subit l'action). *Ex. :* Je garde le secret. / Le secret a été bien gardé.

▸ **Forme impersonnelle** (le pronom « il » est le sujet apparent).
Ex. : Il neige. / Il reste des secrets. / Il faut que tu te reposes.

▸ **Forme exclamative** exprime une déclaration, une interrogation ou une injonction. *Ex. :* Garde ce secret terrible ! (injonction)

▸ **Forme emphatique** par mise en évidence d'un élément.
Ex. : Voilà un secret terrible.

▸ La forme emphatique, qui est souvent un effet de style, met en relief un élément selon deux procédés : la dislocation de la phrase (*Ex. :* Ce secret, il est terrible.) ou le recours à des présentatifs (*Ex. :* C'est un secret terrible que tu m'as révélé.).

42 La ponctuation

▸ **La ponctuation** est l'ensemble des signes graphiques qui rythment la lecture et facilitent la compréhension.

▸ **Le point** signale la fin d'une phrase par une pause forte.
Ex. : C'est un secret.

▸ **La virgule** marque une pause faible, sépare des éléments semblables, de même nature ou de même fonction, les appositions.
Ex. : C'est un secret, mon secret.

▸ **Le point-virgule** signale une pause intermédiaire.
Ex. : J'ai un secret ; je pourrais te le dire.

▸ **Les deux points** annoncent une citation, une énumération, une explication. *Ex. :* J'ai un secret : j'ai trouvé de l'or.

▸ **Les points de suspension** signalent une pause tout en invitant à prolonger la phrase. *Ex. :* J'ai un secret…

▸ **Les guillemets** servent à faire ressortir un mot, les paroles d'un personnage ou une citation. *Ex. :* J'ai « un secret ».

▸ **Le tiret** signale le dialogue ou met un élément en relief.
Ex. : Il avoua – secret terrible – sa faute.

▸ **Les parenthèses** insèrent une explication non indispensable.
Ex. : Le secret (connu de tous) a été révélé.

43 Les phrases simples et complexes

▸ On distingue la phrase verbale (*Ex. :* Emma attendait.) de la phrase non verbale (Quelle attente !).

▸ On distingue la phrase simple, qui comporte un seul verbe, un seul groupe sujet (*Ex. :* Emma attendait un événement), de la phrase complexe, qui comporte au moins deux verbes conjugués (*Ex. :* Emma attendait qu'un événement se produisît).

▸ **La phrase complexe** est constituée d'autant de propositions qu'elle contient de verbes conjugués. Les propositions indépendantes peuvent être coordonnées (*Ex. :* Les jours passaient et Emma attendait.) ou juxtaposées (*Ex. :* Les jours passaient ; Emma attendait.).

▸ **Les conjonctions de coordination** expriment chacune un sens particulier :

mais	opposition, surenchère
ou/ni	alternative
et	addition, opposition
donc	conséquence
or	conséquence, interrogation
car	cause

▸ Attention notamment aux conjonctions *et* et *mais* qui sont parfois mises l'une pour l'autre.

Ex. : Tu as appelé et il n'a pas décroché (et = mais).

Ex. : Il a gagné la partie mais aussi le match (mais = et).

▸ Les phrases peuvent être aussi coordonnées, dans un sens plus large, par des adverbes de liaison (en effet, puis, toutefois…).

▸ Les propositions juxtaposées peuvent être unies par des liens de :

cause	Emma rêvait-elle, elle était silencieuse.
conséquence	Emma rêvait : elle était silencieuse.
condition	Charles l'aurait su, il n'aurait rien dit.
concession	Emma priait ; l'événement n'arrivait pas.

▶ Les propositions subordonnées, c'est-à-dire dépendantes d'une autre proposition dite principale, peuvent être :

Complétives (COD du verbe principal)	
• **conjonctives**	Emma attendait qu'il se produisît quelque chose.
• **interrogatives indirectes**	Emma se demandait quand surviendrait l'événement.
• **infinitives**	Emma sentait venir un événement.
Circonstancielles	
Elle priait parce qu'elle espérait un événement.	
Participiales	
Les jours passant, Emma attendait un événement.	
Relatives	
Emma, qui espérait un événement, priait.	

▶ Les différents types de propositions subordonnées conjonctives en fonction de compléments circonstanciels (temps, condition, cause, conséquence, but, comparaison, concession) sont détaillées dans les **fiches** 45 à 51.

44 Les propositions subordonnées relatives

▶ **La proposition subordonnée relative** est une proposition dépendante d'une autre proposition à laquelle elle est rattachée par un pronom relatif, qui reprend le plus souvent un nom ou un pronom, appelé antécédent.

▶ La proposition subordonnée relative a pour fonction complément de l'antécédent.

▶ Le pronom relatif a une fonction au sein de la subordonnée relative :

	Forme simple	Forme composée
fonction de sujet	qui, quiconque (indéfini)	Lequel, laquelle, lesquels
fonction de COD	Que (qu'), quoi	
fonction de complément du nom	Qui, quoi, dont, où	Lequel, laquelle, lesquels, duquel, de laquelle, desquels, desquelles, auquel, à laquelle, auxquels, auxquelles
fonction de COI		
fonction de complément circonstanciel		

▶ Il ne faut pas confondre le pronom relatif *que* avec :

• La conjonction de subordination *que* :

Ex. : J'entends que notre porte-parole fait un beau discours.

• La restriction *ne... que...* :

Ex. : Je n'ai écouté qu'un discours.

• Le complément du comparatif *que* :

Ex. : Le discours de notre porte-parole est plus beau que le mien.

• Le présentatif *c'est... que...* :

Ex. : C'est un beau discours que prononcera notre porte-parole.

▶ Les subordonnées relatives peuvent être équivalentes à un adjectif ou un groupe nominal.

Un adjectif :	
• Subordonnée déterminative (quand sa présence est nécessaire)	La mutation que tu as obtenue te ravit.
• Subordonnée explicative (si elle peut être supprimée)	Il a retrouvé ses clefs, qu'il avait laissées sur la porte.
Un groupe nominal : la subordonnée n'a pas d'antécédent.	Invite qui tu veux, il y a de la place pour tout le monde. Va où ton bonheur t'appelle.

▶ Les subordonnées relatives peuvent exprimer implicitement une circonstance ; elles sont alors l'équivalent d'une subordonnée conjonctive circonstancielle de :

cause	Mon frère, qui est très curieux, est allé voir. (= parce qu'il est très curieux)
conséquence	Son action eut un succès qui le rendit heureux. (= tel qu'elle le rendit heureux)
but	Je cherche un train qui puisse me ramener tôt. (= pour qu'il puisse me ramener tôt)
opposition	Mon ami, qui a le cœur fragile, compte faire l'ascension de ce sommet. (= bien qu'il ait le cœur fragile)

45 L'expression du temps

▸ D'un point de vue grammatical, l'expression du temps consiste à établir un rapport chronologique entre deux actions.

▸ Le temps peut être exprimé explicitement par :

une préposition ou une locution prépositionnelle	à, dans, en, vers, avant, après, pendant… / jusqu'à, à la suite de, autour de… *Ex. :* J'aurai fini dans trois heures.
une subordonnée conjonctive, introduite par une conjonction de subordination ou locution conjonctive	dès que, pendant que, après que… *Ex. :* Dès que j'aurai fini, je partirai.

▸ Les groupes de mots introduits par des prépositions ou des conjonctions de subordination constituent des compléments circonstanciels de temps.

▸ La subordonnée circonstancielle de temps signale une action qui peut être antérieure, simultanée ou postérieure à celle de l'action de la proposition principale. Elle peut aussi signaler un enchaînement rapide d'actions :

Action antérieure	avant que… (ne *explétif*), en attendant que, jusqu'à ce que… (+ subjonctif)	Je ne partirai pas avant qu'il ne revienne.
Action simultanée	quand, lorsque, comme, pendant que, tant que, tandis que, alors que, au moment où, à mesure que… (+ indicatif)	Je partirai quand il reviendra.
Action postérieure	quand, lorsque, aussitôt que, sitôt que, depuis que, dès que, maintenant que, une fois que… (+ indicatif)	Je partirai quand il sera revenu.
Succession rapide d'actions	à peine… que (inversion du sujet), ne pas plus tôt que… (+ indicatif)	À peine suis-je parti qu'il est revenu.

▸ Le temps peut aussi être exprimé implicitement par :
– une juxtaposition. *Ex. :* La pluie cessa, elle reprit sa promenade.
– une coordination. *Ex. :* Elle chantait et elle travaillait.
– un participe présent ou passé. *Ex. :* Guérie, elle a repris son travail.

▶ D'autres mots servent aussi à exprimer le temps avec des nuances particulières :

	Adverbes ou locutions adverbiales	Verbes	Noms communs
Date / moment	– (tout) d'abord, premièrement… – ensuite, puis, deuxièmement… – enfin, finalement… – autrefois, jadis, hier, aujourd'hui… – soudain, brusquement, tout à coup… – d'emblée, tout de suite, sur le champ…	– commencer, débuter, démarrer, engager, entamer, entreprendre, initier – finir, cesser, achever, terminer, clore, clôturer…	– le commencement, le début, l'introduction… – la fin, l'achèvement, la conclusion…
Antériorité	avant, auparavant…	précéder, passer…	le passé…
Simultanéité	cependant, en même temps…	correspondre, synchroniser…	la concomitance, la coïncidence…
Postériorité	par la suite, bientôt, puis, ensuite, alors…	anticiper, devancer, projeter, prévoir…	le futur, le projet, l'anticipation…
Répétition	*bis*, *ter*…, souvent, fréquemment…	répéter, réitérer, recommencer, ressasser…	la répétition, le ressassement, le piétinement…
Durée	continuellement, continûment, sans cesse	se prolonger, continuer, poursuivre, subsister, durer, perdurer, s'éterniser…	la durée, le cours, la longévité, la continuité, la permanence, la perpétuation…
Retardement	*sine die*	retarder, ajourner, différer…	l'ajournement, le report, la procrastination…

46 L'expression de la condition

▶ La condition, appelée aussi « hypothèse », exprime un fait ou une explication dont dépend la réalisation, réelle ou imaginaire, de l'action du verbe principal.

▶ La condition peut être exprimée explicitement par :

une préposition ou une locution prépositionnelle	à, avec, en, dans, sans, selon…/à condition de, en cas de, à moins de… *Ex.* : Sans liberté, je ne peux vivre.
une subordonnée conjonctive, introduite par la conjonction de subordination *si* ou par une locution conjonctive	comme si, au cas où, dans l'hypothèse où, quand bien même, à (la) condition que, pourvu que, pour peu que, pour autant que, à supposer que, en admettant que, à moins que… *Ex.* : Si tu veux, je te le donnerai.

▶ Les groupes de mots introduits par des conjonctions de subordination ou des prépositions constituent des compléments circonstanciels de condition.

▶ Il existe des nuances dans l'expression de la condition :

L'éventuel (action réalisable dans l'avenir) : indicatif, subjonctif	Si tu viens, je te le donnerai. À supposer que tu viennes, je te le donnerai.
Le potentiel (action possible dans l'avenir) : indicatif (imparfait), subjonctif, conditionnel	Si tu venais [un jour], je serais content. À supposer qu'il vienne/vînt, je le lui donnerais. Au cas où tu viendrais, je te le donnerais.
L'irréel du présent (action impossible dans le présent) : indicatif (imparfait)	Si [seulement] tu venais [maintenant], je serais content [mais tu ne viens pas maintenant].
L'irréel du passé (action impossible dans le passé) : indicatif (imparfait), subjonctif (imparfait), conditionnel passé	S'il était/fût venu [autrefois], j'aurais/j'eusse été content [mais il n'est pas venu]. Quand même il serait venu, je serais parti.

▶ Les subordonnants exprimant la condition peuvent introduire d'autres circonstances :
– comparaison : comme si ;
– concession : quand, quand même, quand bien même ;
– alternative : selon que, suivant que… ou…, soit que… soit que…, que… ou/et que…

▶ La condition peut aussi être exprimée implicitement par le lexique, notamment par :

une juxtaposition	Je l'appelle, il vient tout de suite.
la coordination *et*	Essaie et tu verras ce qui t'en coûtera.
une interrogative et une impérative	Vous partez ? N'oubliez rien !
un subjonctif (littéraire)	Que vienne une tempête, nous serons démunis.
un double conditionnel	Une tempête viendrait, nous serions démunis.
n'étai(en)t, n'eût été/ n'eussent été (littéraire)	N'eût été la tempête, nous ne serions pas démunis.
une participiale	(En) lisant beaucoup, tu sauras.
un infinitif	À l'écouter, il serait génial.
une épithète	Malade, il ne viendrait pas.

▶ D'autres mots servent aussi à exprimer la condition comme des noms communs (*Ex.* : le préalable, la supposition, l'hypothèse, l'éventualité…) ou des verbes (*Ex.* : supposer, envisager, admettre, conjecturer, imaginer…)

47 L'expression de la cause

La cause détermine la raison, le motif, l'origine d'un fait.

▶ Elle peut être exprimée explicitement par **la conjonction de coordination *car*.** *Ex.* : Il est absent car il est malade.

▶ Elle peut être exprimée explicitement par **un adverbe ou une locution adverbiale** (en effet, effectivement, en fait…). *Ex.* : Il est absent ; en effet, il est malade.

▶ Elle peut être exprimée explicitement par **une préposition** (avec, à, de...) ou **une locution prépositionnelle** (grâce à...).
   Ex. : Il est absent à cause d'une grippe.

▶ Elle peut être exprimée explicitement par **une subordonnée conjonctive** introduite par une conjonction de subordination (comme, puisque...) ou une locution conjonctive (vu que...).
   Ex. : Il est absent parce qu'il est malade.

▶ Les groupes de mots introduits par des conjonctions de subordination ou des prépositions constituent des compléments circonstanciels de cause.

▶ L'expression de la cause peut être nuancée :

Cause neutre	– de, par, pour, du fait de, en raison de, à la suite de, par suite de, des suites de... – comme, parce que, dans la mesure où, d'autant plus que (+ indicatif ou conditionnel)
Cause certaine	– vu, étant donné, compte tenu – puisque, vu que, attendu que, étant donné que, du fait que, dès lors que, du moment que, dès l'instant que, tant (+ indicatif ou conditionnel)
Cause prétextée	sous prétexte de, sous prétexte que
Cause rejetée ou incertaine	non que, soit que... soit que... (+ subjonctif)
Cause positive	grâce à
Cause négative	à cause de, faute de, à force de, à trop, sous la pression, sous la dépendance de

▶ La cause peut aussi être exprimée implicitement par :
– une juxtaposition. *Ex. :* Il y a quelqu'un : on a sonné.
– un participe présent ou passé. *Ex. :* Fatiguée, elle est allée se coucher.
– une proposition subordonnée relative. *Ex. :* Mon frère, qui est très curieux, est allé voir.

▶ La cause peut également être exprimée par des noms communs (*Ex. :* le motif, la raison, le prétexte, l'origine, le mobile, la source, l'agent...) ou des verbes (*Ex. :* provoquer, causer, déclencher, engendrer, occasionner, susciter...).

48 L'expression de la conséquence

▸ **La conséquence fait suite à une action.** Elle manifeste un phénomène, un résultat, un effet.

▸ La conséquence peut être exprimée explicitement par :

La conjonction de coordination *donc*	
donc	« Si ce n'est toi, c'est donc ton frère. » (Jean de La Fontaine)
Un adverbe ou une locution adverbiale	
alors, aussi, ainsi, dès lors, c'est pourquoi, en conséquence, par conséquent, de ce fait, d'où, par là…	Les pierres ont été formées pour en faire des châteaux, aussi monseigneur a un très beau château.
Une préposition ou une locution prépositionnelle suivie de l'infinitif	
à, en, jusqu'à, au point de, de manière à, assez (de)…, trop (de)… pour…	« Il en rit le premier jusqu'à éclater. » (Jean de La Bruyère)
Une proposition subordonnée conjonctive introduite par la conjonction de subordination que, qui peut se présenter sous plusieurs formes :	
• une locution conjonctive	
si bien que, de façon que, de (telle) sorte que, de (telle) manière que, au point que, tant et si bien que + indicatif ou conditionnel	« Il fit si bien qu'il l'enleva. » (Alain-René Lesage)
• une conjonction en corrélation	
si, tellement, tel, tant… que (+ indicatif) Tel que peut aussi introduire une subordonnée de comparaison.	« Jeanne fut tellement émue qu'elle faillit pleurer. » (Guy de Maupassant)
assez, suffisamment, trop (il faut, il suffit)… pour que (+ subjonctif), moins… mieux… (+ indicatif)	Elle est suffisamment tenace pour que son projet aboutisse.

▸ Les groupes de mots introduits par des conjonctions de subordination ou des prépositions constituent des compléments circonstanciels de conséquence.

▸ La conséquence peut aussi être exprimée implicitement par :
– une juxtaposition. *Ex. :* Il est parti ; il me manque.
– la coordination *et*. *Ex. :* Un seul être vous manque, et tout est dépeuplé. (Alphonse de Lamartine)
– une relative. *Ex. :* Son action eut un succès qui le rendit heureux.

▸ La conséquence peut aussi être exprimée par des noms communs (*Ex. :* la conséquence, le résultat, l'effet, la réaction, l'aboutissement, l'issue, l'impact, le contrecoup, les suites, les séquelles, les retombées…) ou des verbes (*Ex. :* résulter, découler de, s'ensuivre, procéder, ressortir…).

49 L'expression du but

▸ **Le but est l'objectif que l'on se fixe.** Le but dépend d'une volonté : il relève de ce que l'on envisage.

▸ Le but peut être exprimé explicitement par :

Une préposition	pour	Il est parti pour son plus grand bonheur.
Une locution prépositionnelle	afin de, en vue de, dans l'intention de, dans le but de, dans l'espoir de, dans la perspective de, de façon à, de manière à, histoire de (familier)	Il a pris le bus plus tôt afin d'être en avance.
Une subordonnée conjonctive introduite par une locution conjonctive	pour que, afin que…	Nous l'accompagnerons pour qu'il ne se sente pas seul. Monte, que je te parle (*que* est ici employé après l'impératif au lieu de *pour que*).
	en sorte que, de façon que, de manière que (expriment parfois simultanément la conséquence et le but)	Nous partirons ensemble de façon que nous arrivions en même temps.

263

▸ Les groupes de mots introduits par des prépositions de locutions prépositionnelles ou des locutions conjonctives de subordination constituent des compléments circonstanciels de but.

▸ Les propositions subordonnées de but, appelées aussi « finales », sont toujours suivies du subjonctif.

▸ L'expression du but peut être nuancée :

But à atteindre	pour, afin de, en vue de, dans l'intention de, dans le but de, dans l'espoir de, dans la perspective de, de façon à, de manière à, histoire de (familier), pour que, afin que, à seule fin que, dans l'espoir que	Il est parti dans l'espoir de la voir.
But à éviter	pour éviter de/que, de peur de/que, de crainte de/que	Il rentre plus tôt de peur que l'orage n'éclate. (*ne* explétif)

▸ Le but peut aussi être exprimé implicitement par une proposition subordonnée relative. *Ex. :* Je cherche un train qui puisse me ramener tôt à Paris.

▸ Le but peut également être exprimé par des noms communs (*Ex. :* le but, l'objectif, la visée, les vues, la cible, l'intention, le projet, le dessein, la perspective, l'ambition, la mission, l'horizon, le terme, la fin…) ou des verbes (*Ex. :* vouloir, chercher à obtenir, se proposer de, avoir envie de, chercher à atteindre, tendre à, essayer de…).

50 L'expression de la comparaison

▶ **La comparaison établit un parallèle entre deux éléments** pour mettre en évidence des ressemblances ou des différences, ou un rapport de mesure.

▶ La comparaison peut être exprimée explicitement par :

un adverbe ou une locution adverbiale	ainsi, de même…	« Voila pourquoy, Magny, je chante jours et nuicts. / Ainsi chante l'ouvrier en faisant son ouvrage. » (Joachim du Bellay)
une locution prépositionnelle	à la manière de, à la façon de, à l'instar de, en comparaison de, à l'image de, à la différence de, contrairement à…	Contrairement à toi, je lis.
une subordonnée circonstancielle introduite par une conjonction de subordination ou une locution conjonctive	comme, comme si, ainsi que, d'autant que…	Il s'entraîne comme s'entraîne un sportif professionnel.

▶ Les groupes de mots introduits par des conjonctions de subordination ou des prépositions constituent des compléments circonstanciels de comparaison.

▶ Les subordonnées de comparaison sont souvent elliptiques :

Ex. : De même que l'air, l'eau est vitale (= de même que l'air est vital).

▶ Les conjonctions de subordination introduisant la comparaison sont suivies le plus souvent de l'indicatif, ou du conditionnel quand il s'agit d'une supposition. Elles peuvent exprimer :

• L'équivalence : comme, comme si, ainsi que, de même (que)…

• La différence : autrement/différemment que, autre… que

• L'égalité : aussi/autant/tel(le)/même… que, tel… tel…

• L'inégalité (supériorité ou infériorité) : plus/plutôt/moins/mieux... que...
Ex. : Elle est plus sage que (ne) l'est sa voisine. (« ne » explétif).

• La proportion : d'autant plus/moins... que, dans la mesure où, suivant/selon que...

▶ Les subordonnants exprimant la comparaison peuvent introduire d'autres circonstances :
– la condition : comme si ;
– la cause : comme, d'autant plus, dans la mesure où ;
– la conséquence : tel que ;
– la concession : aussi que ;
– le temps : comme, à mesure que.

▶ La comparaison peut aussi être exprimée implicitement par :
– une juxtaposition.
Ex. : Plus on monte, moins il y a d'oxygène.
Ex. : Tel est le père, tel est le fils.
– des adjectifs ou des participes construits avec un complément (pareil à, différent de, contraire à, comparé à...).
Ex. : Il est semblable à un fauve à l'affût.

▶ La comparaison peut également être exprimée par des noms communs (*Ex. :* la comparaison, le parallèle, le rapprochement, l'analogie, la similitude, la ressemblance, l'équivalence... la différence, la distinction, la disproportion, l'égalité, la proportion, la mesure, l'harmonie...), **des adjectifs** (*Ex. :* semblable, pareil, similaire, comparable, identique, équivalent, proche...) **ou des verbes** (*Ex. :* évoquer, rappeler, rapprocher, ressembler, faire penser à...).

▶ L'expression implicite de la comparaison constitue une métaphore.
Ex. : « L'homme est un roseau, le plus faible de la nature, mais c'est un roseau pensant. » (Pascal)

51 L'expression de l'opposition et de la concession

▸ **La concession et l'opposition sont deux notions grammaticales très proches.** Bien souvent, seuls le sens et le contexte permettent de les distinguer.

▸ **L'opposition exprime une contradiction,** un désaccord, un refus.

▸ **La concession exprime une contrariété,** une acceptation forcée, un compromis. Traditionnellement, on ne parle d'ailleurs que de concession.

▸ La concession et l'opposition peuvent être exprimées explicitement par :

une conjonction de coordination	mais, or
un adverbe ou une locution adverbiale	en revanche, par contre, au contraire, inversement, contrairement à, néanmoins, cependant, pourtant, toutefois, sans doute, certes... mais..., en réalité, en fait...
une préposition ou une locution prépositionnelle	malgré, excepté, sans, en dépit de, à défaut de, au lieu de, loin de, à moins de...
une subordonnée conjonctive introduite par une locution conjonctive	– bien que, malgré que, quoique, encore que, sans que, loin que, où que, qui que, quoi que, quel que, si/aussi/quelque/pour... que, que... que... (+ subjonctif) – même si, alors que, tandis que, au lieu que, tout/tant... que... (+ indicatif) – quand, quand bien même, alors même que... (+ indicatif ou conditionnel)

▸ Les groupes de mots introduits par des locutions conjonctives de subordination ou des prépositions constituent des compléments circonstanciels d'opposition ou de concession.

▸ Les subordonnants exprimant la comparaison peuvent introduire d'autres circonstances :
– la condition : quand, quand même, quand bien même ;
– la comparaison : aussi que.

▶ L'opposition et la concession peuvent être exprimées implicitement par :
– une juxtaposition. *Ex.* : Le païen priait ; l'idole n'entendait pas.
– la coordination *et*. *Ex.* : Il paraissait riche, et il était sans le sou.
– un participe présent ou passé. *Ex.* : Considéré comme riche, il était sans le sou.
– un adjectif. *Ex.* : Riche en apparence, il était sans le sou.
– une proposition subordonnée relative. *Ex.* : Le païen, qui priait, restait sans le sou.

▶ L'opposition et la concession peuvent également être exprimées par des noms communs (*Ex.* : la contradiction, l'antinomie, l'incompatibilité, la discordance, l'incohérence, le compromis…) ou des verbes (*Ex.* : opposer, s'opposer, contredire, objecter, contrecarrer, interdire, empêcher, concéder, avoir beau…).

52 L'expression de l'interrogation

▶ **L'interrogation a pour but essentiel d'obtenir une information.** Elle s'inscrit dans le présent de l'énonciation.

▶ **L'interrogation totale** porte sur l'ensemble de la phrase et entraîne une réponse par oui ou par non.
   Ex. : Seras-tu là ?

▶ **L'interrogation partielle** porte seulement sur un des éléments de la phrase.
   Ex. : Qui verras-tu demain ? Je me demande qui sera là.

▶ **L'interrogation directe** est constituée d'une phrase indépendante, d'une intonation montante, d'un point d'interrogation, d'une inversion du sujet (sauf à l'oral).

▶ **L'interrogation indirecte** est constituée d'une proposition subordonnée complétive au sein d'une phrase complexe, pas d'intonation montante ni de point d'interrogation, ni de modification dans l'ordre des mots.

▸ Les mots interrogatifs peuvent être :
– des déterminants : Quel ? Quelle ? Quels ? Quelles ? Combien de ?
– des pronoms : Qui ? Que ? Qu' ? Quoi ? Lequel ? Laquelle ? Qui est-ce qui ? (à l'oral) ; Ce qui… (interrogation indirecte)
– des adverbes : Où ? Quand ? Pourquoi ? Comment ? Combien ?…
– une conjonction de subordination : si (pour une interrogation indirecte seulement).

▸ On distingue différentes valeurs de l'interrogation.

Obtention d'information	Paul viendra-t-il ? (réponse oui ou non)
Demande de confirmation	Nous sommes bien lundi ? (réponse oui)
Expression indirecte d'un ordre	Seras-tu bien présent ce soir ? (réponse oui ou non)
Expression d'une condition (fausse interrogation)	Avoue-t-il ? Tous sont contents. (= s'il avoue, tous sont contents)
Expression d'une négation	Es-tu fou ? (réponse non)
Interrogation incitative ou délibérative	Dois-je y aller ? (réponse oui ou non)
Question rhétorique ou oratoire (affirmation déguisée)	Comment, tu ne veux pas en convenir ?

53 L'expression de la négation

▸ **D'un point de vue logique, la négation rend compte de ce qui n'a pas de réalité ou d'existence.**

Ex. : Il n'y a personne.

▸ La négation exclut aussi un fait sans exclure les autres.

Ex. : Il n'y est pas allé, mais d'autres ont pu y aller.

▸ **D'un point de vue grammatical, la négation désigne l'ensemble des mots qui expriment ces sens de façon explicite.**

▸ La négation peut être exprimée par un seul adverbe :
– Non. *Ex. :* Je te dis que non.
– Nenni (littéraire). *Ex. :* Que nenni !
– Ne, n'. *Ex. :* N'aie crainte.
– Ne (explétif, sans valeur négative). *Ex. :* à moins/avant/sans qu'il ne vienne ; elle craint qu'il ne mente ; plus grand qu'il ne pense…
– Ni (coordination négative). *Ex. :* ni ici ni ailleurs.

▸ La négation peut être exprimée par deux mots.

des adverbes exprimant : – une négation absolue – une restriction – une insistance	– ne… pas, ne… point, ne… plus, ne… jamais, ne… nullement, ne… nulle part, non plus – – ne… que, ne… guère – ne… même pas, pas même (l'adverbe peut disparaître à l'oral. *Ex. :* Il y a pas de raison.)
des pronoms indéfinis	personne, rien, nul, pas un… ne
des déterminants	aucun, nul… ne

▸ La négation peut être aussi exprimée de façon implicite par :

des préfixes négatifs	a- (variante an-) (*Ex. :* analphabète) dé- (variante dés-) (*Ex. :* désillusion) dys- (dysharmonieux), in- (variantes im-, ill-, ir-) (*Ex. :* illisible) mal- (*Ex. :* malheureux) mé- (variante més-) (*Ex. :* méconnaître) non- (*Ex. :* non-sens)

| tout mot de sens négatif | noms (*Ex.* : néant, anéantissement, refus…)
 participes (*Ex.* : nié, niant…)
 groupes verbes (*Ex.* : nier, dénier, renier, refuser, réfuter…)
 prépositionnels : sans chaleur <br> adjectifs (*Ex.* : négatif, difficile, hostile…) |

▸ **La négation totale** porte sur l'ensemble de la phrase.
   Ex. : Léonie ne travaille pas.

▸ **La négation partielle** porte seulement sur un des constituants de la phrase ou comporte une restriction.
   Ex. : Léonie ne travaille pas régulièrement.
   Ex. : Léonie ne travaille plus que le jeudi.

▸ Il n'est pas toujours aisé de faire la distinction entre négation totale ou partielle.
   Ex. : Tous les élèves n'étaient pas convoqués.
   La phrase peut se comprendre comme « Aucun élève n'était convoqué (négation totale) » ou comme « Les élèves n'étaient pas tous convoqués » (négation partielle).

▸ Le mode peut déterminer la portée de la négation.
   Ex. : Je ne pense pas qu'il réussit (négation portant sur le verbe).
   Ex. : Je ne pense pas qu'il réussisse (négation portant sur la subordonnée).

▸ Une négation doublée s'annule.
   Ex. : Je ne peux pas ne pas te dire = Je peux te dire.

30 TUTOS VIDÉOS
pour améliorer son orthographe avec

- Vidéo 1 : Accord du participe passé avec l'auxiliaire « être »
- Vidéo 2 : Accord du participe passé avec l'auxiliaire « avoir »
- Vidéo 3 : Dans quels cas le verbe se termine-t-il par « -er » ?
- Vidéo 4 : « Je veux », « je peux », « je vaux »
- Vidéo 5 : Dans quels cas écrit-on « ces » ?
- Vidéo 6 : « La plupart » est suivi du pluriel
- Vidéo 7 : Dans quels cas écrit-on « prêt » ?
- Vidéo 8 : Dans quels cas écrit-on « -cueil » ?
- Vidéo 9 : Accord de « ci-joint » ou « ci-annexé »
- Vidéo 10 : « Parmi », sans s
- Vidéo 11 : Où sont les doubles consonnes dans « appeler » ?
- Vidéo 12 : « -onnel » avec deux n et « -onal » avec un n
- Vidéo 13 : Quand faut-il mettre un s à « vingt » ?
- Vidéo 14 : Quand faut-il mettre un s à « cent » ?
- Vidéo 15 : Jamais de s à « mille »
- Vidéo 16 : « 1,5 kilomètre », sans s
- Vidéo 17 : Participe passé suivi d'un infinitif
- Vidéo 18 : « M. » ou « Mr » ?
- Vidéo 19 : « J'ai été » ou « je suis allé » ?
- Vidéo 20 : « Après qu'il a »
- Vidéo 21 : Les quatres missions
- Vidéo 22 : Il les apportes
- Vidéo 23 : qui me permettrons
- Vidéo 24 : Malgré que
- Vidéo 25 : Une demie-journée
- Vidéo 26 : leurs apporter
- Vidéo 27 : J'attend
- Vidéo 28 : Je les ai contacté
- Vidéo 29 : Cette emploi
- Vidéo 30 : Je concluerai

Retrouvez tous nos tutos vidéos sur notre chaîne ▶ YouTube « Objectif BAC Hachette ».